Die Bestie von Buchenwald

Die Bestie von Buchenwald

Pierre Durand

Mit einem Vorwort von
Alain Decaux,
Mitglied der Französischen Akademie

Militärverlag
der Deutschen Demokratischen
Republik

Titel der Originalausgabe: Pierre Durand, La chienne de Buchenwald. Préface d'Alain Decaux de l'académie française. La vérité vraie – Collection dirigée par Alain Guérin

Die Übersetzung besorgte: Joachim Wilke
Bildnachweis: ADN – Zentralbild; Museum für Deutsche Geschichte; Nationale Mahn- und Gedenkstätte Buchenwald

Durand, Pierre:
Die Bestie von Buchenwald: Mit einem Vorwort von Alain Decaux,
Mitglied der Französischen Akademie/von Pierre Durand. –
3. Aufl. – Berlin: Militärverlag der DDR, 1987. –
191 S.: 21 Fotos
Übers. aus d. Franz.

ISBN 3-327-00043-3

3. Auflage, 1987

Lizenz-Nr. 5
Printed in the German Democratic Republic
Satz und Druck: Druckerei des Ministeriums für Nationale
Verteidigung (VEB) – Berlin 30325-4
Buchbinderische Weiterverarbeitung: INTERDRUCK Grafischer Großbetrieb Leipzig
Lektor: Benno Götzke/Hartwig Eisel
Schutzumschlag und Einband: Peter Mauksch
Typografie: Anne-Katrin Engelstädter
Redaktionsschluß: 20. Juni 1984
LSV: 0545
Bestellnummer: 7466414
00620

Dieses Buch
ist all den deutschen Antifaschisten
gewidmet, die in den
hitlerfaschistischen Konzentrationslagern
gelitten haben und gestorben sind.

Vorwort

In meiner Kindheit war der Krieg von 1914 bis 1918, der Große Krieg, wie wir sagten, allgegenwärtig. Kaum ein Sonntag verging ohne Militärparade als Auftakt zur Enthüllung eines Denkmals, einer Gedenktafel oder wenigstens zu einer Gedenkrede. Wenn wir ins Kino gingen, wurden dort mehrmals im Jahr und ohne Überdruß die Heldentaten der französischen Soldaten, die Odyssee der U-Boote oder die Machenschaften der kaiserlichen Spione vorgeführt. An den Kiosken fanden wir jede Woche die Heftchen der Reihe »Patrie« (»Vaterland«): Der Große Krieg in Volksausgabe.

Warum sollte ich es nicht gestehen? Dieses Übermaß führte bei mir allmählich zur Übersättigung, kurz, das alles widerte mich an. Es war genau das, was spätere Generationen dann »Satthaben« nannten.

Ich habe mich manchmal gefragt, ob diese Generationen – die Generation meiner Tochter, meiner Neffen – nicht dieselbe Bahn durchlaufen haben. Auch sie wurden mit einer unübersehbaren Menge an Literatur über den zweiten Weltkrieg überschüttet, und zahllose Filme und Fernsehspiele zu diesem Thema sind auf sie eingestürmt. Es wäre logisch, wenn auch sie in die gleiche Gemütsverfassung geraten wären wie wir in ihrem Alter.

Aber daß es nicht so ist, beweisen mir täglich Briefe von Jugendlichen, ja auch von Kindern. Das Fernsehen, das gewisse Geistesaristokraten so lang und breit kritisiert haben, erweist sich in Wahrheit als wunderbares Bildungsinstrument und bemerkenswertes Observatorium. Diese jungen Menschen, die mir schreiben, lassen mich immer wieder erstaunen: Mit fünfzehn Jahren entpuppen sich viele von ihnen als erfahrene Fachleute auf einem Gebiet, das sie passioniert verfolgen. Ihre wissenschaftlichen Kenntnisse haben sie auf eigene Faust erworben, denn der offizielle Geschichtsunterricht wird gegenwärtig bekanntlich kurzgehalten. Bei den Themen, mit denen sie sich beschäftigen, steht der zweite Weltkrieg mit Abstand an der Spitze. Warum? Weil diese Jahre die Zeit des Maßlosen waren. Von Grauen gepackt, schlug die Menschheit dermaßen extreme Wege ein, wie man sie zuvor nie erkundet hatte. Diese Realität löst in den jungen Menschen Bestürzung und Schrecken aus. Deshalb sind sie wißbegierig.

Angesichts dessen meine ich: Das Buch, das Pierre Durand uns vorgelegt hat, ist in seiner Art notwendig. Ilse Koch, die er schonungslos porträtiert, hat sich im Rahmen eines menschenverachtenden und menschenvernichtenden Regimes bewegt, dabei aber aus eigenem Antrieb selbst die von diesem Regime gesetzten Grenzen noch überschritten. Diese Frau hat ein System an Scheußlichkeit überboten, das selbst unvorstellbar scheußlich war. Wie konnte es geschehen, daß eine gewöhnliche – und vor allem mittelmäßige – kleine Büroangestellte die größten Henker der Geschichte übertraf? Genau das erklärt Pierre Durand mit dem Scharfblick und dem Können eines großen Historikers.

Besser als viele andere war er gewappnet, über dieses Thema zu schreiben. Als Achtzehnjähriger im Widerstandskampf, wurde er selbst deportiert – eben nach Buchenwald, wo Ilse Koch ihr Unwesen trieb. Er war einer der Stellvertreter Marcel Pauls beim Aufbau der Widerstandsbewegung im Lager und während des Aufstands im April 1945, mit dem sich die Häftlinge selbst befreiten.

Als Journalist hat sich Pierre Durand auf Deutschland und den zweiten Weltkrieg spezialisiert. Er ist Doktor der Politik-, Rechts- und Sozialwissenschaften. Von seinen vielen Büchern liebe ich »Louise Michel«, »Das Liebesleben von Karl Marx« und vor allem »Vincent Moulia«, die erschütternde Geschichte eines irrtümlich verurteilten und wie durch ein Wunder geretteten »Meuterers« von 1917.

Ich bin sicher, daß der Leser der »Bestie von Buchenwald« befinden wird: Diese jüngste Arbeit von Pierre Durand hat das gleiche Niveau wie ihre Vorgänger. Wir wollen verstehen. Dank Pierre Durand verstehen wir.

Wer wird nach dem Lesen dieses Buches sagen, die Geschichte biete keine Lehren?

Alain Decaux
Mitglied der Französischen Akademie

Einleitung

»Wie viele andere, wie alle von Mund zu Mund weitererzählten Geschichten, ist die Geschichte höchstens Bruchstück einer anderen, viel längeren, viel komplizierteren und zuweilen sehr dunklen Geschichte.«

Humberto Costantini

Wozu soll man vierzig Jahre nach Geschehnissen, die den jungen Generationen fast unbekannt und von den älteren vielfach vergessen sind, von Ilse Koch reden? Verdient sie es, die von den deutschen antifaschistischen Häftlingen des Lagers Buchenwald »Die Kommandeuse« genannt wurde und der Journalisten sehr viel später den zweifelhaften, aber die Zeit überdauernden Beinamen »Die Hündin« gaben, aus dem Schatten des Todes hervorzutreten, der sie auf dem Weg ihrer Untaten begleitete?

Ich habe lange gezögert. Ich bin weder für das »Sensationelle« noch für das »Blut auf Seite Eins« oder für billige Sexuologie. Wie Anne Frank glaube ich trotz alledem, daß die Menschen gut sind, und mit Albert Camus meine ich, daß es an den Menschen mehr zu bewundern als zu verachten gibt. Ilse Koch scheint das Dementi zu sein, vom Schicksal unserem Humanismus entgegengesetzt. Sie war grausam, verachtenswert, blutgierig. Ihr schien wohl nichts auf dem Weg des Verbrechens, des Sadismus, der Schändlichkeit Einhalt gebieten zu können. Aber diese eine von mehreren Ausnahmen besagt nichts gegen unsere tiefe Überzeugung. Sie kann nur Aufforderung sein, ihre Grundlagen aufzudecken.

Die Geschichte hat andere Scheusale gekannt, die Lager der Nazis hatten viele Folterknechte. Aber was weiß man schon von Ilse Koch? Daß sie Lampenschirme aus Menschenhaut sammelte: ein wenig verbreitetes widernatürliches Steckenpferd. Daß sie die Ehefrau des SS-Kommandanten von Buchenwald war und sich in dieser Eigenschaft an den Mordtaten ihres Ehemannes beteiligte: eine ungewöhnliche Beschäftigung ... Das ist schon fast alles. Man muß weitergehen: erkennen, ob sie zum Mythos geworden ist oder ob sie eine Realität war.

Von den französischen Deportierten haben sie nur wenige zu erleben brauchen. Sie verließ das Lager Anfang 1943, unter Umständen, die wir schildern werden; die großen Transporte aus Frankreich hingegen trafen erst später ein (der erste, mit 962 Häftlingen aus Compiègne, kam am 27. Juni 1943 in Buchenwald an). Zwar waren von 1940 bis 1941 etwa 200 Franzosen im Lager interniert, fast alle aus den annektierten Gebieten Elsaß und Lothringen, und 1942 etwa 300, aber überlebt haben nur wenige, wahrscheinlich ist, daß diese Franzosen nur kurz in Buchenwald Station gemacht haben, ehe sie in die mitunter sehr weit entfernten Außenkommandos abgingen, wo Ilse Koch keinen Zutritt hatte.

Über die Gerichtsverfahren gegen Ilse Koch, die nach dem Krieg zunächst von den Besatzungsbehörden der USA in Deutschland und dann, in den fünfziger Jahren, von einem Gericht der BRD durchgeführt wurden, ist die französische Öffentlichkeit kaum unterrichtet worden. Damals waren die Zeitungsspalten voll mit anderen Themen, vor allem mit Berichten über den Koreakrieg, und das juristische Geschehen um die Affäre der Bestie von Buchenwald fand in der Presse jener Zeit nur geringen Widerhall. Wer weiß heute noch, daß sie zu lebenslänglichem Zuchthaus verurteilt, begnadigt, dann erneut zur erstgenannten Strafe verurteilt wurde und daß sie 1967 in ihrer Zelle Selbstmord beging?

Wenn wir die Akte Ilse Koch wieder öffnen, geraten wir in die Anfangszeit der nazistischen Konzentrationslager, in jene Periode ihres Bestehens, die die französischen Deportierten im wesentlichen nicht kennengelernt haben, eine Hölle, noch ärger als jene, in der so viele von den Unseren umgekommen sind. Damals gab es zunächst nur deutsche Häftlinge. Später kamen die Österreicher hinzu, danach die Tschechen, darauf die Polen. Erst nach ihnen kamen die Franzosen, die Belgier, die Niederländer, die Luxemburger, die in Frankreich gefangengenommenen spanischen Republikaner, schließlich die Bürger der UdSSR, Ungarns, Jugoslawiens, Griechenlands, Italiens, Rumäniens, Großbritanniens und Norwegens.

Von denen, die Buchenwald aufgebaut hatten, war nur noch eine Handvoll übrig, als wir dort ankamen. Sie waren es, die das Regiment des SS-Kommandanten Karl Koch und seiner Frau in seiner ganzen Entsetzlichkeit kennengelernt hatten. Wenn wir von den Untaten dieser Verbrecher reden, denken wir vor allem an jene Menschen. Humberto Costantini, der argentinische Schriftsteller, der zur Zeit der Niederschrift dieser Zeilen nach Mexiko geflüchtet ist, hat mit Recht gesagt, daß jede Geschichte nur Fragment einer anderen Geschichte, der ganzen Geschichte ist. Was wir erzählen werden, steht im Zusammenhang mit »einer anderen, viel längeren, viel komplizierteren und zuweilen sehr dunklen Geschichte«.

Es geht um ein Stück Geschichte des deutschen Volkes und um die Geschichte eines *Systems, das Verbrechen zeugte,* weil es sich auf die Anbetung der Unwissenheit, auf den Rassismus, auf den künstlich hochgepeitschten reaktionären Nationalismus gründete. Denn, so frage ich: Wieso konnte eine kleine Stenotypistin aus Dresden, der es keineswegs vorherbestimmt war, in die Unterwelt des Verbrechens zu geraten, zur »Bestie von Buchenwald« werden? Wieso ist ein strafrechtlich vorbelasteter Bankangestellter zum Kommandanten eines Konzentrationslagers, zu einem Dieb und Mörder geworden? Und wie wären wohl ihre Opfer, die Unterdrückten, Ausgebeuteten, Gefolterten, ins Verderben Gestürzten, in jene seltsame und schreckliche Welt voller Heroismus und Hingabe, voller Grausamkeit und Wahnwitz gekommen, wenn nicht ihre Geschichte Teil einer viel komplexeren und noch schrecklicheren Geschichte gewesen wäre?

Die »Bestie von Buchenwald« ist keine Skandalgeschichte. Ihr Leben gleicht einem Faden mit tausend Knoten, die noch nicht alle entwirrt sind. William D. Denson, der amerikanische Ankläger in dem 1947 gegen Ilse Koch geführten Prozeß, schrieb in der »Frankfurter Rundschau« vom 8. Oktober 1948, entrüstet über die Herabsetzung des Strafmaßes ein Jahr nach der Urteilsverkündung: »Ich wußte viel mehr über Ilse Koch, als in den Prozeßakten aufgenommen wurde. Die Untersuchungen ergaben ein vollständiges Bild dieser unglaublichen Frau, und viele Einzelheiten konnten vor Gericht nicht vorgebracht werden. Ein großer Teil der Akten über sie kann auch hier nicht wiedergegeben werden, weil es so unaussprechlich unanständig ist. Es genügt zu sagen, daß Ilse Koch eine noch nie dagewesene sadistische Perversität besaß. Allmählich wurde mir klar, daß sie keine Frau im üblichen Sinne war, sondern eine Kreatur aus einer anderen, unmenschlichen Welt.«

William D. Denson hatte womöglich nicht begriffen, daß die Konzentrationslager des Faschismus als Institution eben »eine andere, unmenschliche Welt« waren. Ilse Koch ist eher ihre Widerspiegelung als aktiver Part. Ihre Verbrechen bleiben dennoch Tatsache, durch nichts zu entschuldigen. Aber sie sind Bestandteil der organisierten Verderbtheit, des organisierten Banditentums, die zu den Machtmitteln des Hitlerfaschismus gehörten.

Bankiers und Industrielle haben Hitler unterstützt. Sie haben namentlich durch die Ausbeutung der KZ-Arbeitskräfte Maximalprofite akkumuliert. Aber der Nazismus war nicht nur das. Selbst wenn er ohne die Unterstützung durch die Finanzwelt nie zur Macht gelangt wäre, bedurfte der Hitlerfaschismus doch zur Festigung seiner Herrschaft der Unterwelt; blutbesudelte Mafias mit ihren gegenseitigen Abrechnungen, ihren widerlichen Intrigen, ihrer prinzipiellen Unsittlichkeit machten die Straßen seines Reiches unsicher.

Wenige Regimes haben dermaßen viele, wenn auch stets vertuschte Skandale selbst auf höchster Regierungsebene erlebt. Wenn das Geld, das die mit dem Segen der höchsten Polizeichefs eingesetzten Söldlinge zusammenraubten, in Strömen floß, dann deswegen, weil die Fäulnis notwendiger Dünger für jene Herrschaft ohne Treu und Glauben war, die auf allen Ebenen der Gesellschaft von Banditen ausgeübt wurde, während beispielsweise puritanisch-sittsame Gesänge aus den Werken Richard Wagners dazu beitragen sollten, das Gewissen des Volkes einzuschläfern.

Wenn unsere geduldige und doch unvermeidlich unvollständige Suche dazu geführt haben sollte, das Wesentliche aus dem Leben der Ilse Koch zu erkennen und aufzudecken, ist das Ziel erreicht. Dann haben wir hoffentlich auch zum Nachdenken über bestimmte Aspekte der Geschichte der Menschheit angeregt, einer Geschichte, die mitunter komplizierter ist, als man denkt, und zuweilen dunkler, als man glauben möchte.

Erstes Kapitel

Ein Gangster für Himmler

Aus dem Prozeß gegen Ilse Koch vor dem Schwurgericht in Augsburg: »Sie wurden am 22. September 1906 in Dresden geboren. Ihr Vater war Werkmeister. Sie haben acht Jahre lang die Volksschule und dann zwei Jahre eine Öffentliche Handelslehranstalt besucht. Sie haben im Buchhandel volontiert, danach haben Sie Stenographie und Maschineschreiben erlernt. Sie waren in verschiedenen Betrieben als Sekretärin beschäftigt, zuletzt in der Zigarettenfabrik Reemtsma in Dresden. Kurz nachdem Sie Ihren späteren Ehemann kennenlernten, hörten Sie auf zu arbeiten. Das war 1934 ...«

Ilse Koch, geb. Köhler, hört nicht zu. Die Frau mit den ursprünglich auffallend roten Haaren und den grünen Augen, von den deutschen Häftlingen in Buchenwald als »Die Bestie«, »Die Hexe« oder »Die Kommandeuse« bezeichnet, hat sich die Haare färben lassen. Sie ist heute blond, und ihr Gesicht mit der breiten Stirn spiegelt nichts anderes wider als Gleichgültigkeit und Überdruß. Sie steht zum drittenmal vor Gericht: Während des Krieges hat ein SS-Gericht sie freigesprochen; 1947 hat ein amerikanisches Militärgericht sie zu lebenslänglicher Freiheitsstrafe verurteilt; jetzt, 1951, wird sie schließlich in der bayrischen Stadt Augsburg von ihren Landsleuten aus der BRD abgeurteilt, nachdem sie zuvor freigelassen worden war. Aber ihre ungerechtfertigten Hoffnungen erfüllten sich nicht. Eine lange Geschichte, voller Gerüchte und Wutausbrüche, voll Blut, Verrat und unvorstellbarer Verbrechen.

Man hat behauptet, Ilse Koch habe eine harte Kindheit gehabt; als Tochter einer Prostituierten, mit zwölf Jahren vergewaltigt, habe sie Gefallen an unmoralischen Sitten gefunden, die jedoch von traditionell »sittsamen Gesellschaften« akzeptiert werden. Dieses »Aschenputtel« des Bösen habe im Elend und in den Wirren des besiegten Deutschland von 1918, zwischen Arbeitslosigkeit und Luxus, eine lasterhafte Jugend durchgemacht.[1]

Aber die Ermittlungen der Polizei und der Justiz zum Augsburger Prozeß zeigten, daß sie ein normales Kind war und ein Elternhaus hatte, in dem nichts Ungewöhnliches vorfiel. Ihr Vater, Werkmeister in einer Dresdner

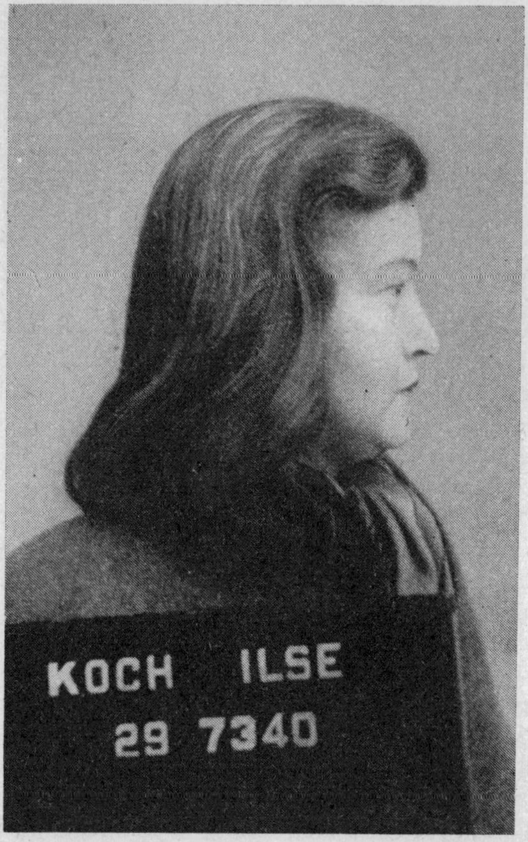

Ilse Koch, die Bestie von Buchenwald

Fabrik, war als ehemals aktiver Sozialdemokrat bekannt. Seiner Tochter hätte man nichts anderes »vorwerfen« können als ihre Schönheit, ein gewisses Geltungsbedürfnis und ihre Versuche, mit Hilfe aller Trümpfe ihrer Jugend den »Märchenprinzen« für sich zu finden. Es gab offenbar nichts, was sie für ihre nachmalige Rolle vorprägte.

Wie viele andere wollte sie »der kleinbürgerlichen Enge ihres Geschickes entrinnen«. Als Adolf Hitler an die Macht gelangt, ist sie 26 Jahre alt. Wie viele Frauen in diesem Land, dessen Männer der Krieg gezeichnet oder vernichtet hatte, ist sie noch unverheiratet. Ob sie irgendwelche Abenteuer erlebte, ist nicht bekannt. Um Politik kümmert sie sich erst kurz vor Errichtung der faschistischen Gewaltherrschaft. Die kleine Angestellte aus Dresden macht es wie viele ihrer Kolleginnen: Sie stimmt für den »Erlöser« und klatscht Beifall bei den kraftprotzenden Aufmärschen seiner uniformierten Parteigänger.

Am 2. April 1932 hatte sie um Aufnahme in die faschistische NSDAP gebeten; bereits am 1. Mai desselben Jahres wurde sie aufgenommen. Ihrem über dieses politische Engagement erstaunten Vater erklärte sie: »Man muß verstehen, mit seiner Zeit zu leben.«[2] Später wird sie diese Tatsache abstreiten und behaupten, sie habe nie der Nazipartei angehört. Erst nach ihrer Inhaftierung im Jahr 1945, nachdem bei einer Durchsuchung ihres letzten Wohnsitzes auf dem Dachboden ihr Mitgliedsausweis gefunden worden war, sah sie sich gezwungen, die Mitgliedschaft einzugestehen.[3]

Am 5. Mai 1934, so geht aus der polizeilichen Voruntersuchung zum Prozeß vor dem Schwurgericht Augsburg hervor, lernt sie den um zehn Jahre älteren Karl Koch kennen, der seit 1931 geschieden ist und ein Kind hat. Karl Koch ist damals Sturmbannführer der kasernierten SS in Dresden. Eine gewisse Ilse Köhler schickt sich an, endlich die Monotonie ihres allzu ruhigen Alltags zu durchbrechen. Sie ist nicht arbeitslos gewesen. Aber die Weltwirtschaftskrise hat bei ihr eine dumpfe Angst hinterlassen, eines Tages doch Krisenopfer zu werden. Sie ist schön, und ihr SS-Mann in der straff sitzenden schwarzen Uniform gehört zur »Herrenrasse«.

Anfang 1935 wird Karl Koch zum Kommandanten der Gestapozentrale in Berlin, später zum Kommandanten der SS-Wachtruppe des KZ Esterwegen und schließlich zum Kommandanten des Konzentrationslagers ernannt. Ilse Köhler, seine Verlobte, wohnt nun meist bei ihm. Im Sommer 1936 wird Karl Koch Kommandant des KZ Sachsenhausen. Dort heiratet er Ilse Köhler im Mai 1937, während die Fackeln in den Händen der SS-Leute gespenstische Schatten über das Todeslager werfen.

Sechs Wochen danach übernimmt er das Kommando über das im Aufbau begriffene Lager Buchenwald; am Jahresende trifft seine Frau ein. Karl Koch bleibt bis Ende 1941 uneingeschränkter Herrscher über Buchenwald, und Ilse Koch, von Sklaven umgeben, die ihr auf Leben und Tod ausgeliefert sind, wird dort die gehaßte und gefürchtete »Kommandeuse«, ist am Ziel ihrer Ambitionen. – »Man muß verstehen, mit seiner Zeit zu leben.«

Vor ihrer Geburt bis zu ihrem Eintritt in die SS-Welt erscheint uns Ilse Koch, geb. Köhler, als Kind, Jugendliche und junge Frau, die sich nicht aus der anonymen Masse der Deutschen ihrer Zeit abhebt. Daß sie ehrgeizig war, ist möglich, aber nicht jeder Ehrgeiz führt zum Verbrechen. Daß sie schön war, ist gewiß, aber Schönheit schließt doch nicht selbstverständlich Verdorbenheit ein. Und selbst die Zugehörigkeit zur Nazipartei – neben Millionen anderen Deutschen[4] – bedeutete nicht unbedingt die Bereitschaft zum Vater- und Muttermord.

Die SS-Welt hingegen war etwas anderes. Nicht, daß sie außerhalb des faschistischen Universums gestanden hätte. Hierzu bemerkt selbst der rechtskonservative BRD-Historiker Joachim C. Fest: »...was in Himmler und der SS zutage trat, war nie etwas anderes als der Vollzug dessen, was Hitler ausdrücklich gewollt hat oder was in der Konsequenz seines Willens lag. Es gab keine Divergenz zwischen den Aktivitäten der SS und der Idee des Regimes.«[5] Selbstverständlich wäre es falsch, diese Aktivitäten von der faschistischen Ideologie oder gar von deren Wurzel, der imperialistischen Klassengesellschaft, zu trennen und darin eine Abweichung von der Theorie zu sehen.

Aber es wäre gefährlich, nicht zu sehen, daß die SS, dieses Lieblingsinstrument der faschistischen Gewaltherrschaft, zugleich Ausdruck eines Größenwahns war, wie ihn die Welt selten gesehen hat. Reichsführer-SS und Chef der deutschen Polizei Heinrich Himmler wähnte sich »mit geheimnisvoller Liebe« des deutschen Volkes bedacht, *gerade weil* es ihn als »harten, liebeleeren Mörder« ansah.[6] Er machte die SS zu einem rassisch organisierten »Orden«, dem um der Schaffung des »germanischen Herrenmenschen« willen alles erlaubt war: der Haß auf eine als »verblödend« diffamierte Kultur; der Haß auf die »minderwertigen Rassen« und das »Recht«, sie mit beliebigen Mitteln zu vernichten; die absolute Mißachtung der traditionellen Moral, wenn es um die Interessen Hitlers und seines Terrorregimes ging; der fanatische Glaube an die unbedingte »Vorrangstellung des Ariers« und vor allem seiner militarisierten »Elite«, der SS.

Zugleich verlangte Himmler, der verkrachte Landwirt mit den nebelhaften Vorstellungen aus dem Sumpf des Obskurantismus und des Esoterismus, von seinen Untergebenen unbedingten Gehorsam, der, »an germanischer Waldläufermentalität orientiert«, die Grundlage für »eine lediglich romantisch verbrämte Verbrechensbereitschaft« bot.[7] Er schrieb den Mitgliedern der SS ihre Lebensweise bis ins Detail vor und ging so weit, persönlich über Heirat oder Scheidung der SS-Führer zu entscheiden. Er machte es ihnen beispielsweise zur Pflicht, Sport zu treiben, und bezahlte sogar die Schulden derjenigen, die sich am meisten kompromittiert hatten.[8]

Man würde sehr wenig vom Milieu einer Ilse Koch begreifen, wenn man nicht parallel zu den Wechselfällen ihres Lebens im SS-Imperium auf die Ideologie einginge, die jenem zugrunde lag. Die Reden Himmlers sind großenteils erhalten, und wir werden verschiedentlich auf sie zurückkommen.[9]

Aber außer den Worten und der ideologischen Einstellung treten andere Realitäten hervor, die zwar gegensätzlich erscheinen mögen, in Wirklichkeit aber einander ergänzen. Die Verbrechen zeugende Natur des Nazismus bedurfte zu ihrer Existenz einer Unterwelt, die bereit war, sich dessen Wesen anzueignen. Und sie wiederum konnte ihre kriminelle Aktivität nicht entfalten, ohne Konkurrenz und Konflikte innerhalb dieses Systems hervorzurufen. Darin besteht die ganze Affäre Ilse Koch. Selbst einflußreiches Mitglied einer enorm verästelten Mafia, ging sie von Verbrechen zu Verbrechen, bis sie in Gegensatz zu anderen Verbrechern – ihren Ehemann eingeschlossen – geriet, und das Lager Buchenwald wurde zum Jagdgrund rivalisierender SS-Banden, die einander schließlich, über die Leichen zu Tode gefolterter Häftlinge hinweg, tödliche Schläge versetzten.

Um eine erste Vorstellung von dieser Realität zu bekommen, muß man wissen, wer Karl Koch war, der »schöne« SS-Mann, dessen Augen so herzlich waren wie Steine und mit dem sie ihr Schicksal verbunden hatte. Er erfreute sich bis zum Schluß der Unterstützung, wenn nicht gar der Freundschaft Himmlers, dessen Vertrauen am Anfang des Aufstiegs dieses Karl Koch, eines Gangsters, zum KZ-Spezialisten gestanden hatte.

Am 2. August 1897 als Sohn eines Standesbeamten in Darmstadt geboren, wird Karl Koch 1916 eingezogen. Als 1918 der Waffenstillstand geschlossen wird, scheidet er aus der Armee aus, tief durchdrungen vom Revanchegeist und von der bereits damals in Militaristenkreisen allgemein herrschenden »antiroten« Mentalität. Er beteiligt sich in den zwanziger Jahren an faschistischen Überfällen auf Arbeiterorganisationen. Wie seine spätere Frau, hat er nach dem Abschluß der Volksschule eine kaufmännische Ausbildung erhalten, und bis 1930 ist er als Buchhalter tätig.

Dreimal wird er bei der Unterschlagung von Firmengeldern ertappt. Er hat sich darauf spezialisiert, Portokassenbelege und Überweisungen zu fälschen. Nach der Entlassung aus dem Gefängnis (1930) schlägt er sich auf krummen Wegen durch. 1931 tritt er der NSDAP bei. Er wird Mitglied der SS und rasch befördert. Die neuen Behörden streichen seine Vorstrafe und orientieren ihn bald auf die Repression gegen die Feinde des faschistischen Regimes – zweifellos, um sich seine »Fähigkeiten« nutzbar zu machen.[10]

Die Vergangenheit des künftigen Kommandanten von Buchenwald erklärt zu einem Teil die Haltung, die er dann bezieht: Ohne übermäßige Gewissensbisse wird er stehlen – und wie! –, sobald sich die Gelegenheit bietet. Die Präsenz eines derartigen Individuums in führenden Kreisen der SS kommt selbstverständlich nicht von ungefähr. Daß dieser heruntergekommene Kleinbürger in die Führungselite des Nazismus berufen wurde, ist kein Ausnahmefall. Der von den Hitlerfaschisten in ihrer Parteihymne besungene »Held« der NSDAP, Horst Wessel, war ja bekanntlich ein Zuhälter. Thyssen und Krupp brachten es fertig, Hitler die Hand zu drücken, obwohl sie wußten, daß die Mordbrenner des Diktators Bücher verbrannten und die Juden und Kommunisten verfolgten, beraubten und ermordeten. Jedes vom Kapital getragene Regime braucht gedungene Verbrecher.

Als Ilse Köhler ihren künftigen Ehemann kennenlernt, gehört dieser den kasernierten SS-Formationen in Dresden an, die Bestandteil der Allgemeinen SS sind. Diese ist unmittelbar aus der ursprünglichen SS hervorgegangen, die zunächst als Schutztruppe für Hitler und bei öffentlichen Versammlungen der Nazipartei gedacht war. Ihr Chef Himmler hatte sie rasch zu einem Überwachungsinstrument ausgebaut, das nach der Röhm-Affäre vom 30. Juni 1934 allmählich alle Bereiche des gesellschaftlichen Lebens durchdrungen hatte, einschließlich der Polizei.

Die SS, der »Stoßtrupp der rassischen Idee«, übernimmt sehr bald anstelle der SA die Bewachung der politischen Gefangenen. Die Konzentrationslager, die nun statt der Gefängnisse und provisorischen Kerker der Anfangszeit (stillgelegte Fabriken, SA-Keller in Wohnhäusern usw.) als Internierungsstätten dienen, werden ihr unterstellt.

1938 war der Aufbau der SS im wesentlichen abgeschlossen. »Die gesamte Schutzstaffel besteht heute aus einer ganzen Anzahl von Zweigen, aus verschiedenartigen Truppenverbänden und sonstigen Einrichtungen«, erläuterte Himmler am 8. November 1938 vor den ranghöchsten SS-Führern. »Ich nenne Ihnen die Allgemeine SS, die Verfügungstruppe, die Totenkopfverbände, den Sicherheitsdienst. Ich nenne mit Absicht dazu jetzt die Ordnungspolizei. Ich nenne Ihnen weiter das Rasse- und Siedlungshauptamt mit seinen Sippenpflegestellen[11] und seiner Siedlungs- und Züchtungstätigkeit, weiter die Schulen, die wirtschaftlichen Betriebe der SS, das Ahnenerbe« (für die Rassenforschung und das Studium der »Ahnentafeln« der Familien – d. Verf.) »mit seinen geistigen Bestrebungen und seinem geistigen Ringen ...

Voranstellen werde ich immer wieder und müssen Sie immer wieder die Allgemeine SS ... Die Allgemeine SS in ihrem heutigen Bestand von rund 100 Fuß-Standarten ist das Fundament unserer Organisation, ist das Fundament auch unseres Gedankengutes. Es ist die Organisation, die die Aufgabe hat, mehr und mehr das wirklich gute Blut Deutschlands zu erfassen, in unsere Reihen zu bringen und bei uns zu erziehen...

Die Verfügungstruppe ist dafür geschaffen, ins Feld zu gehen, in den Krieg zu ziehen. Wenn ich die Gesamtaufgabe der SS damit bezeichne, zusammen mit der Polizei – SS und Polizei sind ja mehr und mehr eins geworden und werden es immer mehr – die Sicherheit Deutschlands im Innern zu garantieren, dann ist diese Aufgabe nur solange durchführbar, als ein Teil dieser Schutzstaffel, dieses Führerkorps an der Front steht und blutet. Würden wir keine Blutopfer bringen und würden wir nicht an der Front kämpfen, hätten wir die moralische Verpflichtung verloren, in der Heimat auf Menschen, die sich drücken und feige sind, zu schießen« (durch Erweiterung dieser Einheiten entstand nach Kriegsbeginn die Waffen-SS; deren erste Truppenteile wurden Offizieren unterstellt, die ab 1934 die Kriegsschulen der SS, insbesondere die Junkerschulen in Bad Tölz und Braunschweig, absolviert hatten – d. Verf.).

»Ich komme jetzt zu den Totenkopfverbänden, bei denen ich etwas ganz klarstellen will. Die Totenkopfverbände sind entstanden aus den Wachtruppen in den Konzentrationslagern. Sie sind – das ist nun einmal, glaube ich, unsere Eigenart – selbstverständlich zu einer Truppe geworden, aus Gefangenenwächtern zu Soldaten... So sind auch diese Wachtruppen... dank der Tätigkeit und Arbeit des SS-Gruppenführers Eicke zu dieser ausgezeichneten Truppe geworden, die heute eine 12jährige Dienstzeit hat...

Im Krieg werden die Totenkopfstandarten – so wie es diesmal bei der Mobilisierung« (im September 1938 – d. Verf.) »der Fall war – auf rund 40- bis 50000 Mann vermehrt. Heute sind sie 8500 Mann stark, wir vermehren sie nach dem jetzigen Etat auf 11000 Mann und stellen weitere Bataillone auf... Ich schätze, die Totenkopfverbände werden auf 15000 Mann in den nächsten Jahren anwachsen. Diese 15000 Mann sind der Stamm für die 50000 Mann Polizeiverstärkung, die aus den Männern der Allgemeinen SS im Alter von 25 bis 35 Jahren aufgestellt werden ...

Ich gehe zu dem nächsten Punkt über, dem grundsätzlichen Aufbau der SS und Polizei. Auf eines kann sowohl die SS als auch die Polizei wirklich stolz sein, nämlich auf dieses von niemandem erwartete reibungslose und geräuschlose Zusammenwachsen von SS und Polizei ... Ich bitte Sie, überall darauf hinzuwirken, daß dieses ideale Zusammenwachsen zwischen SS und Polizei weiterhin so gute Fortschritte macht. Das Zusammenwachsen der SS mit dem Teil der Polizei, der mit ihnen truppenmäßig zusammenkommt, die von unserem Kurt Daluege geführte Ordnungspolizei, und das Zusammenwachsen mit dem anderen Teil der Polizei, den unser Gruppenführer Heydrich aufgebaut hat.«[12]

In einer Rede am 5. März 1936 hatte Himmler präzisiert: »Die erste politische Polizei mit einem ausgesprochenen nationalsozialistischen Charakter als Instrument zur Bekämpfung des jüdischen, marxistischen freimaurerischen Gegners war im Jahre 1919, 20 bis 23 die Abteilung VI a im Münchener Polizeipräsidium unter dem damaligen Polizeipräsidenten Pöhner.«[13] Begründer dieser politischen Polizei war Dr. Wilhelm Frick, den Hitler 1933 zum Minister ernannt hatte.

Die Entstehung der Gestapo als einheitliche Reichsbehörde war ein längerer Prozeß, beginnend 1933, als die politische Polizei zunächst noch den jeweiligen Landesbehörden unterstand, so die preußische Gestapo Hermann Göring und die bayrische politische Polizei Heinrich Himmler. 1936 wurden die Gestapo und die Kriminalpolizei zusammengefaßt. Himmler, Reichsführer-SS und Chef der deutschen Polizei, unterstellte die Sicherheitspolizei dem Chef des SD Reinhard Heydrich. Chef der Ordnungspolizei war Kurt Daluege. Das 1939 gebildete RSHA unter dem Amtschef Heydrich umfaßte ebenfalls die Sicherheitspolizei und den SD. Die Inspektion der Konzentrationslager unterstand vor 1942 dem SS-Hauptamt unter August Heißmeyer. Die Karriere des Karl Koch stimmt völlig mit dem von Himmler umrissenen

Schema überein. Als Führer in der Allgemeinen SS wird er nach seiner Tätigkeit bei Polizeidienststellen, die eng mit dem KZ-System zusammenhängen, zu den Totenkopfverbänden versetzt.[14]

Wir haben gesehen, daß Ilse Köhler in Berlin mit ihm zusammen lebte. Koch ist hier Kommandant des Columbiahauses. Der Name dieses Gebäudes weckt bei allen Berliner Antifaschisten die schlimmsten Erinnerungen, und die künftige »Kommandeuse« von Buchenwald hat zweifellos in seinen Mauern ihre ersten sadistischen Freudenschauer erlebt.

Das Columbiahaus gehörte zu einem militärischen Gebäudekomplex – Kasernen und Gefängnisse –, der im 19. Jahrhundert in einem ehemaligen Waldgelände, der Hasenheide, im Verwaltungsbezirk Tempelhof errichtet worden war. Das Gefängnis stand am Columbiadamm; daher sein Name. Im Kaiserreich unterstand es der Militärjustiz, in der Weimarer Republik diente es als Unterkunft für Reichswehr- und Polizeieinheiten.

Im März 1933, wenige Wochen nach Hitlers Machtergreifung, wurde es der SS übergeben und hatte dann eine Doppelfunktion: zum einen waren dort die von der Gestapo inhaftierten politischen Gefangenen eingekerkert, zum anderen wurden die ohne richterliche Maßnahme festgenommenen Verdächtigen (»Schutzhäftlinge«) dort festgehalten. Alles in allem handelte es sich um ein KZ. Die Häftlinge wurden regelmäßig – gewöhnlich nachts – aus ihren Zellen geholt und von der SS grausam gefoltert. Zahlreiche Antifaschisten sind hier oder auf dem »Transport« ums Leben gekommen, wie die Kommunisten John Schehr, Erich Steinfurth und Rudolf Schwarz.

Kurt Riemer, der hier im Frühjahr 1933 inhaftiert wurde, hat über das Terrorregiment der SS in diesem Haus berichtet. Bei der Einlieferung, nachdem er rücksichtslos geschlagen worden war, fragte ihn ein Sturmführer: »Weißt du, wo du bist?« – »Im Columbiahaus.« – »Nein«, antwortete der Nazi, »auf dem Friedhof!« Kurt Riemer erinnert sich, daß im Frühjahr 1934 ein britischer Journalist, dessen Namen er vergessen hat, im Columbiahaus ermordet wurde. Die Londoner Regierung protestierte. Einige SS-Leute wurden versetzt, aber an den Verhältnissen in diesem Kerker änderte sich nichts. 1936 wurden Kaserne und Gefängnis beim Ausbau des Flughafens Tempelhof abgerissen. Die Häftlinge kamen in andere Einrichtungen, insbesondere in das KZ Sachsenhausen, wo Karl Koch dann zeitweilig Kommandant war.[15]

Nachdem Koch in Berlin gelernt hat, politische Gefangene zu »bewachen« und zu »vernehmen«, wird er, der dem SS-Gruppenführer Theodor Eicke[16] und Himmler selbst als talentiert aufgefallen ist, zum Kommandanten der Wachtruppe des Lagers Esterwegen und schließlich zum Lagerkommandanten ernannt.[17] Ilse Köhler besucht ihn hier häufig.

Esterwegen, eines der ersten großen KZ der Hitlerfaschisten, lag in einem

Moorgebiet in Nordwestdeutschland, dem Emsland. Die wenigen, die dieses Lager überlebten – wir haben einige in Buchenwald kennengelernt –, erinnerten sich voller Entsetzen daran.

Von Esterwegen, wo das Lager aufgelöst wird, kommt Koch nach Sachsenhausen, in das große faschistische KZ bei Berlin, wo später so viele französische Patrioten starben. Dort perfektioniert er seine Terrormethoden.

Es ist im Frühjahr 1937. Vor der Eheschließung mit dem SS-Führer gibt Ilse Köhler offiziell ihren evangelischen Glauben auf und wird »gottgläubig«.[18] Dieser Schritt kennzeichnet ihren Übertritt zum SS-»Orden« und seinem »germanischen« Glauben, ist jedoch keineswegs ein Bekenntnis zum Atheismus; das hätte den Auffassungen des »Großmeisters« der SS widersprochen. Wie andere Nazis auch, erging sich Himmler des öfteren in erstaunlicher mystischer Schwafelei. Aber auf einer Massenversammlung in Goslar am 12. November 1939 hat er seiner Denkweise einen sozusagen mehr »politischen« Ausdruck verliehen: »Es gibt manche Leute in Deutschland«, sagte er, »die glauben, gerade uns SS-Männer gottlos und religionslos heißen zu müssen. Es ist richtig, daß wir uns als Schutzstaffel um Konfession und Kirche des Einzelnen weniger denn irgend jemand in Deutschland kümmern. Es ist jedoch die schwerste Verkennung unserer ganzen Art, wenn irgend jemand glauben sollte, wir könnten uns an die uns vom Führer gestellte Aufgabe und an die uns selbst gegebenen Gesetze heranwagen, wenn wir nicht aus allerinnerster Überzeugung an einen Herrgott glauben und jeden Atheisten als überheblichen, unbescheidenen und törichten Menschen als unbrauchbar für uns ablehnen würden. Seien Sie überzeugt, man kann nicht eingegliedert sein zwischen Ahnen und Kindern in eine für menschliche Begriffe ewige Vergangenheit und für menschliches Rechnen, solange dieser Stern Erde besteht, ewige Zukunft unseres Volkes, wenn man nicht in tiefster Bescheidenheit an ein über uns stehendes göttliches Walten und eine von Gott dem Herrn eingesetzte Ordnung glaubt.«[19]

Ilse Koch dürfte – wenigstens zur Zeit ihrer Allgewalt – kaum mehr als eine Minute ihres Lebens darauf verwendet haben, über metaphysische Probleme zu meditieren. Dennoch hatte sie einige sowohl religionsfeindliche als auch -freundliche Aufwallungen. Man hat ein Notenheft gefunden, das sie 1940 beschaffen ließ, als sie sich in den Kopf gesetzt hatte, Klavierunterricht zu nehmen. Das Heft enthielt einige Weihnachtslieder. Sie hat diese Lieder wütend durchgestrichen und an den Rand geschrieben: Undeutscher Mist – wird bei mir nicht gespielt! Aber das hindert sie nicht, nach dem Krieg aus dem Gefängnis an ihre Kinder zu schreiben: Betet, betet zum lieben Gott, damit Eure Mutti bald wieder zu Euch kommt.[20]

Wir kommen noch auf den Glaubenskanon zurück, der bei der SS in Mode war und alles übersteigt, was man sich an Erschreckendem vorstellen kann. Ilse Koch hat sich jedoch anscheinend wenig darum gekümmert. Ihre Gier nach Reichtum und ihre nymphomanischen Neigungen, von ihrem kriminellen Sadismus ganz zu schweigen, waren kaum mit den Lebensregeln der bestehenden Kirchen zu vereinbaren. An Gott und sein fernes Reich wird sie wie die meisten ihrer Landsleute geglaubt haben. Im übrigen wäre es unpassend gewesen, wenn sie eine allzu bestimmte religiöse Einstellung bewahrt hätte. Die Karriere des Karl Koch hätte darunter gelitten. Ein SS-Mann durfte keine andere Kirche haben als seinen »Orden«, keinen anderen Herrn als Hitler und keinen anderen Propheten als Himmler.

Ilse Köhler hat etwa zwei Jahre lang vor der Heirat ein eheähnliches Verhältnis mit Karl Koch gehabt. Die Ehe wurde geschlossen, als sie ihr erstes Kind erwartete. Alles in allem nichts Außergewöhnliches. Wir wollen jedoch untersuchen, ob diese Situation mit den Einrichtungen und Lebensregeln der SS übereinstimmt.

Auch hier liefert uns Himmler selbst den Schlüssel. Am 2. September 1938 erklärte er in einer Rede: »Unser Volk steht und fällt damit, ob es genügend nordisches Blut hat, ob dieses Blut sich vermehrt oder zu Grabe geht, denn geht es zu Grabe, so bedeutet dies das Ende des ganzen Volkes und seiner Kultur.

Aus diesem Wissen heraus sind wir zum Gedanken der Auslese und der Heiratserlaubnis gekommen. Im Dezember des Jahres 1931 gab ich den Heiratsbefehl der SS heraus, der besagt, daß kein SS-Mann ohne Genehmigung der Reichsführung-SS heiraten darf. Früher hieß es oft: ›Du mußt die und die heiraten‹; wir sagen: ›Du darfst die und die nicht heiraten‹. Wir haben uns mit dieser Frage schon sehr früh befaßt, weil die Frage des Kindes die Lebensfrage der Nation ist. 74 % des Führerkorps der SS sind verheiratet, obwohl wir zahlreiche sehr junge Männer in diesen Reihen haben. Aus meiner Erfahrung als Chef der Polizei bin ich zu der Überzeugung gekommen, daß, so sehr man die frühe Heirat fördert, immer noch ein Rest ungelöster Probleme bleibt. Auch hier sind wir mit gutem Beispiel vorausgegangen.«[21]

Schon am 18. Februar 1937 hatte sich Himmler, den diese Frage sehr beschäftigte, darüber vor den SS-Gruppenführern ausgelassen: »Täuschen wir uns nicht selbst, indem wir sagen, bei uns wird viel geheiratet. Wir haben gar nicht so viele Kinder. Ich habe bei dem Führerkorps einen überschlägigen Durchschnitt ziehen lassen mit dem Ergebnis, daß auf eine SS-Führer-Familie 1,5, 1,8 bis 1,9 Kinder kommen. Das ist vernichtend ... Wir haben allerdings auch – das muß ich wieder zum Ausgleich sagen – eine unerhört starke Heiratsziffer in der gesamten SS. Wir haben seit 2 Jahren pro Monat 1700 bis 2000 Heiratsgesuche. Die SS besteht aus rund 210000 Mann, von denen ungefähr 85 % nicht verheiratet sind. Die Heiratsgesuche sind zur Zeit weit über dem Durchschnitt. Beim Führerkorps, bei dem ich alle Gesuche persönlich sehe, liegen sie ebenfalls über dem Durchschnitt. Ich kann feststellen, daß hier pro Tag ungefähr 3 bis 4 Heiratsgenehmigungen herauskommen; das sind im Monat rund 100, und im Jahr kommen wir ungefähr auf 1000 Heiratsgenehmigungen. Das ist an sich ein gutes Werden und beweist, daß wir dabei sind, das nachzuholen, was die Kampfzeit und was eine früher nicht vorhandene Einstellung zu diesem Problem an Fehlern verursacht hat.«[22]

Daraus geht deutlich hervor, daß Himmler seine Untergebenen energisch zum Heiraten anhielt (sie waren also wegen ihrer Karriere daran interessiert), daß er die Heiratsgesuche der SS-Führer persönlich prüfte (und demnach auch die Verbindung von Karl Koch und Ilse Köhler genehmigt hat) und daß er als Ziel der Ehe vor allem die Fortpflanzung ansah.

Schließlich gibt er seinen SS-Leuten am 28. Oktober 1939 den *Befehl*, Kinder zu zeugen, ehe sie an die Front gehen. »Dieser Befehl«, schreiben die amerikanischen Historiker B. F. Smith und A. F. Peterson, »wurde von zivilen Kreisen, besonders aber von Sprechern der Wehrmacht, scharf mißbilligt. Man zweifelte daran, daß die Aufforderung zu sexuellen Heldentaten der Moral der Wehrmacht förderlich sei.«[23]

Himmler ging in der Rede, die er am 13. März 1940 in Anwesenheit von Hitlers Stellvertreter Rudolf Heß vor Generalen hielt, ausführlich darauf ein. Er rechtfertigte seinen Befehl mit dem Argument, das Reich brauche Kinder, um die bevorstehenden Kriegsverluste ausgleichen zu können. Wieder pochte er auf die Notwendigkeit des Heiratens, behauptete aber unter Hinweis auf den Frauenüberschuß, daß sich zahlreiche unverheiratete Frauen sehnlichst Kinder wünschten.

Himmler äußerte sich dabei zu dem von Generalleutnant Groppe ausgelösten Skandal. Dieser habe, sagte Himmler, »vor den Unteroffizieren seiner Division einen Unterricht gehalten, in dem er erwähnte, ich hätte einen Befehl herausgegeben, daß die zu Hause bleibenden SS-Männer sich auf die Frauen der Krieger stürzen sollen, daß er natürlich für die Familienehre eintritt, und weiter, liebe Kameraden, ihr braucht euch nicht aufregen, ich rufe euch zur rechten Zeit usw.«.[24]

Himmler sah in dieser Reaktion »eine Riesengefahr« für die Moral der Wehrmacht. Er diskutierte die Angelegenheit mit dem Oberbefehlshaber des Heeres, Generaloberst Walther von Brauchitsch. Daraufhin wurde ein neuer »Befehl an alle Männer der SS und der Polizei«, dem der »Brief des Stellvertreters des Führers an eine uneheliche Mutter« beigelegt war, zusammen mit Himmlers altem Befehl »bis zu den Bataillonen in der ganzen deutschen Armee versandt«.[25] Darin wurde die Order vom 28. Oktober 1939, nur etwas diplomatischer kommentiert, erneut bekräftigt. Jeder sollte eben begreifen, daß es nationale Pflicht sei, Kinder in die Welt zu setzen, gleich, ob ehelich oder unehelich. Generalleutnant Groppe aber wurde, wie es hieß, entfernt und zur Disposition gestellt.

Ilse Koch hat Himmlers Befehl jedenfalls nicht verweigert. Ungeachtet ihrer gelinde gesagt eigentümlichen Betätigung gebar sie drei Kinder, kümmerte sich dann allerdings kaum um sie. Einmal daran gewöhnt und weil es dringend geraten schien, brachte sie am 29. Oktober 1947 noch das vierte Kind, Uwe, zur Welt. Sie war zu dieser Zeit im Gefängnis und befand sich seit 1945 in festem amerikanischem Gewahrsam ... Wir kommen noch darauf zurück.

Die Personen sind zur Stelle, die Szene ist gesetzt. Die Tragödie kann beginnen. Es ist 1937. Der Winter geht zu Ende. Karl Koch übernimmt im Juli den Befehl über das noch nicht bestehende KZ Buchenwald. Einige Monate später zieht seine Frau zu ihm.

Zweites Kapitel

Die »singenden Pferde«

»Sie sind gegen Jahresende 1937 in Buchenwald eingetroffen. Können Sie Näheres dazu sagen?«

»Ich kann mich nicht mehr daran erinnern.«

An jenem Tag des Augsburger Prozesses gegen Ilse Koch regnete es in der zur Hälfte zerstörten Stadt. Die Bombenangriffe der Alliierten hatten sich mehr oder minder genau gegen die in der Stadt und den Vororten verstreut liegenden Werke der Messerschmitt AG gerichtet, wo seinerzeit Tausende Zwangsarbeiter aus den von der Wehrmacht okkupierten Ländern arbeiteten, so auch Franzosen. Der Prozeß gegen Ilse Koch hatte Journalisten aus aller Welt angezogen, aber die französische Presse interessierte sich kaum dafür. 26 Zeilen in »La Croix« unter der Überschrift: »Ilse Koch hat sich für 45 Morde im Lager Buchenwald zu verantworten« (29. November 1950), ein paar Zeilen auch in der »Humanité«, danach dort am 5. Dezember ein umfangreicherer Beitrag, in dem präzisiert wurde, daß der Angeklagten 45 Morde sowie 135 Beihilfen zum Mord vorgeworfen werden. »L'Aube«, »Le Populaire«, »Le Monde«, »Franc-Tireur«, »France-Soir« und »Ce Soir« begnügten sich ebenfalls mit sehr kurzen Meldungen.

Einige Wochen zuvor hatte sich die französische Presse einmütig – aber sehr kurz – über die Freilassung der Ilse Koch entrüstet. Der ehemalige Deportierte Louis-Martin Chauffier gehörte zu den französischen Journalisten, die sich in diesem Stadium der Angelegenheit am nachdrücklichsten äußerten. Sein Artikel in der »Libération« (damals als Tageszeitung von Emmanuel d'Astier de La Vigerie geleitet; das Blatt hatte nichts gemein mit der Zeitschrift, die danach unter demselben Titel in Paris erschien) brachte den Zorn der Überlebenden von Buchenwald zum Ausdruck[1]: Die scheußliche Anomalie ist also geschehen: Ilse Koch, die Hündin von Buchenwald, die Hunderte von Deportierten ermordet hat und am Tod von Tausenden anderen mitschuldig ist, die aus der Haut von Häftlingen Lampenschirme schneiderte, wurde gestern früh von den Amerikanern freigelassen und sogleich von den Deutschen inhaftiert.

Zum Tode verurteilt, als Nazis und SS-Leute sich noch nicht des Entgegen-

Von General Lucius D. Clay begnadigt, verläßt Ilse Koch das Gefängnis in Landsberg

kommens der angelsächsischen Besatzer erfreuten, erlebte sie die Umwandlung ihrer Strafe in lebenslange Haft, weil sie schwanger war ... Doch das schien gewissen Kreisen noch eine viel zu schwere Strafe zu sein. General Clay ließ sie auf vier Jahre Gefängnis herabsetzen.

Diese unglaubliche Beleidigung der Gerechtigkeit und der Widerstandsbewegung verursachte ungezählte Proteste in all den Ländern Europas, wo die Gestapo zu Hunderttausenden jene Menschen zusammengetrieben hatte, die als Opfer des todbringenden Wütens und der sadistischen Vergnügungen der Ilse Koch und ihrer Komplizen in allen Konzentrationslagern ausersehen waren.

Aber nichts da: General Clay meinte, daß Folterung und Ermordung von Europäern keinesfalls mehr als vier Jahre Gefängnis kosteten. Zum festgesetzten Termin war sie frei, ohne Schuld und makellos. Frei zum Neubeginn und dazu ermutigt: wozu einer so intensiven Lust entsagen, die so wenig kostet?

Zum Leidwesen für die Frau Koch hatte sie auch den Tod von 29 Deutschen verursacht. Dieses Verbrechen ist unverzeihlich. Sie kam also aus dem amerikanischen Gefängnis in ein deutsches Gefängnis, in Erwartung des Schwurgerichts. Und das nicht ohne lächelnde Pose vor den Fotografen, nicht ohne die Ankündigung vor den Journalisten, daß sie ihre Memoiren schreibe.

Zweifellos werden sich westliche Blätter um diesen »kostbaren« Text reißen. Sein Titel könnte lauten: »Warum habe ich nicht noch mehr gekillt?« Folgen könnte die Ankündigung: »2. Band folgt« und eine Widmung von Lampenschirm-Liebhaber General Clay.[2]

Der Entschluß General Clays, nach dessen Ansicht die Ilse Koch zur Last gelegten Taten nicht eine so schwere Strafe verdienten, hatte heftige Empörung in der antifaschistischen Öffentlichkeit Deutschlands, Frankreichs und der USA ausgelöst. Unter ihrem Druck hatten sich die Justizbehörden – und auch die politischen Behörden – der BRD entschieden, den Fall aufzugreifen. Die ehemaligen Buchenwald-Häftlinge hatten feierlich erklärt: »Das Schwurgericht in Augsburg steht vor der verantwortungsvollen Aufgabe, der friedliebenden Welt den Beweis zu liefern, daß wir Deutschen die faschistischen Greueltaten verdammen und ihre Urheber der gerechten Strafe zuführen.«[3]

Diese Stellungnahmen in Führungskreisen und von nichtoffiziellen Organisationen der BRD waren um so mutiger, als die amerikanische Militärregierung beschlossen hatte, die Entnazifizierung zu beenden, weil sie Washingtons Pläne störte. Als Ilse Koch das amerikanische Gefängnis verließ, um der bundesdeutschen Justiz übergeben zu werden, hatte sie mit brüskierender Offenheit gefragt, weshalb sie vor Gericht solle, da doch die

Amerikaner alle Kriegsverbrecher freiließen. Tatsächlich hatte General Thomas T. Handy, Oberbefehlshaber der amerikanischen Streitkräfte in Europa, im Zuge der großen Amnestie für Nazi-Kriegsverbrecher am selben Tag einen ehemaligen SS-Wachposten des Lagers Mauthausen, Ludwig Dörr, begnadigt.[4]

Im Januar 1951 veröffentlichte das Magazin »Regard« eine eindrucksvolle Bildreportage über eine Menschenjagd in Hamburg. Der »Verbrecher«, der mit aufsehenerregendem Aufwand gejagt wurde, sammelte – Unterschriften gegen die Wiederaufrüstung Westdeutschlands. Es war der Zeitraum, in dem der kalte Krieg in Korea sehr heiß geworden war, und die USA drohten damals unverhohlen, die Atombombe gegen die UdSSR und die VR China einzusetzen. Kurzum, General Clay wollte a tempo über eine schlagkräftige westdeutsche Armee verfügen; er wußte sehr wohl, daß sich für den Aufbau *dieser* Armee die ehemaligen Nazi-Offiziere am besten eigneten. Er verfluchte den Untersuchungsausschuß des Senats seines Landes[5], dessen Vorsitzender Homer Ferguson aus dem Staat Michigan sogar eine »gründliche Reform« der als unglaublicher Versager eingestuften amerikanischen Militärjustiz verlangt hatte. In seinem Abschlußbericht vom 28. Dezember 1948 stellte der Ausschuß fest, die Begnadigung der Ilse Koch sei ungerechtfertigt und müsse aufgehoben werden. Außerdem schlug er vor, das Problem mit einem neuen, nur die Verbrechen gegen deutsche Staatsangehörige betreffenden Verfahren vor einem BRD-Gericht zu lösen (siehe Anhang 1).

So war also der Stand der Dinge. Inzwischen hatte die DDR gefordert, Ilse Koch am Tatort ihrer Verbrechen abzuurteilen, denn Buchenwald liegt ja auf dem Gebiet der DDR. Aber die bayrische Landesregierung und vor allem die US-Amerikaner hatten sich im September 1950 geweigert, sie auszuliefern. Vor dem Augsburger Gericht begann der Prozeß, und dic Angeklagte konnte sich angeblich an nichts erinnern.

Während dieser ersten Sitzung verweist die Angeklagte arrogant auf die Linie ihrer Verteidigung, die auf folgendes hinausläuft: Sie stehe vor einer Verschwörung. Die ehemaligen Häftlinge, die gegen sie ausgesagt haben, hätten ihre »schmutzige Phantasie« spielen lassen und alle diese Sachen erfunden, um sie, die »vollkommen normale und sittenreine Frau und Mutter«, mit Schmutz zu bewerfen. Sie habe zwar gesehen, daß Häftlinge Steine trugen, aber es seien kleine Steine gewesen. Und sie habe nie bemerkt, daß irgendein noch so kleiner Wagen von vorwärtsgeprügelten, zum Singen gezwungenen Menschenkolonnen im Laufschritt gezogen worden sei. Alle Überlebenden sprachen aber von den »singenden Pferden«, die sie in schrecklicher Erinnerung hatten.

Als Ilse Koch in Buchenwald eintraf, war ihr Mann schon ein paar Wochen dort, so lange, wie man braucht, um eine erste Unterkunft bauen zu lassen. Der Ettersberg, etwa 10 km von Weimar entfernt, war noch fast vollständig bewaldet.[6]

Fritz Sauckel, Gauleiter und Reichsstatthalter von Thüringen, der im März 1942 Generalbevollmächtigter für den Arbeitseinsatz (von zwangsverschleppten Ausländern im Reichsgebiet) wurde, wollte eine SS-Garnison im Raum Weimar.[7] Als ihm Himmler vorschlug, in der Nähe der Stadt ein Konzentrationslager anzulegen, erklärte sich Sauckel sehr einverstanden. Eine Baumaterialfirma bot der SS ihre Erzeugnisse an. Dem Besitzer des stillgelegten Steinbruchs am Ettersberg, einem gewissen Elflein, wurde eine hohe Entschädigung geboten, obwohl ein Gutachten besagte, daß die Steine nichts taugten. Die Besitzer des Waldes traten diesen gegen bares Geld bereitwillig ab. Sauckel machte geltend, daß die Häftlinge als billige Arbeitskräfte zur Entwicklung des Gebiets beitragen würden.[8]

Die erste Forderung an Sauckel wurde am 3. Juni 1936 gestellt, und zwar vom Inspekteur der Konzentrationslager, Theodor Eicke. Er hob hervor, daß der thüringische Staat die Baukosten zahlen müsse, aber in wirtschaftlicher Hinsicht Vorteile haben werde. Am 27. Oktober präzisierte er, daß der Flächenraum für 5000 bis 6000 Insassen und ein SS-Bataillon nicht unter 60 ha (zusammenhängend) betragen dürfe. Die Einrichtung müsse auch »den Bedürfnissen eines Krieges in erhöhtem Maße Rechnung tragen«.[9] Der Kriegsfall war also schon vorgesehen. Und das 1936!

Am 5. Mai 1937 ist in neuen Direktiven von 8000 Insassen und 1300 SS-Leuten im Lager und in Weimar die Rede.[10] Binnen zwei Monaten kommen die Dinge ins Rollen. Am 7. Juli 1937 befiehlt Eicke, 150 Häftlinge aus Sachsenhausen, 75 aus Lichtenburg und 75 aus Sachsenburg nach dem neuen Lager zu bringen. Die Auswahl soll SS-Obersturmbannführer Karl Koch treffen, der ab 16. Juli 1937 die neue Lagerkommandantur übernimmt.[11]

Zunächst treffen 149 Häftlinge auf dem Ettersberg ein, darunter 52 politische Häftlinge, viele von ihnen bewährte Kommunisten. Der erste »Appell« findet am 19. Juli 1937 statt. Am nächsten Tag kommen 70 weitere Häftlinge an, am 27. Juli die ersten politischen Häftlinge aus dem Lager Sachsenburg, darunter sieben Zeugen Jehovas oder Bibelforscher. Die Lagerstärke beträgt nun 327 Mann, und im amtlichen Schriftverkehr taucht am 28. Juli erstmals die Bezeichnung »KL Buchenwald« auf (zuvor wurde es »KL Ettersberg« genannt). Am 30. Juli kommen weitere 600 Häftlinge aus dem KZ Lichtenburg hinzu und am 6. August noch ein Transport aus demselben KZ. Der erste Tote wird am 13. August verzeichnet, der 23jährige Arbeiter Hermann Kempek.

Insgesamt werden 1937 in Buchenwald 2912 Häftlinge eingepfercht. Die Anzahl der Zugänge beläuft sich dann auf 20122 für 1938, 9553 für 1939, 2525 für 1940, 5890 für 1941, 14111 für 1942, 42177 für 1943, 97867 für 1944 und 43823 für die ersten drei Monate 1945.[12] Die Gesamtzahl der offiziell registrierten Häftlinge von Buchenwald beträgt demnach 238980. Davon sind 33791 (mehr als 14 Prozent) während der Haft umgekommen.[13] In Wirklichkeit ist die Anzahl der Opfer weitaus höher. Viele »Zugänge« wurden nach mörderischen Transporten tot eingeliefert oder beim Aussteigen aus dem Zug und beim Absitzen vom LKW ermordet und dann nicht in der Lagerstatistik erfaßt.

Außerdem wurden, wie wir sehen werden, zahlreiche sowjetische Kriegsgefangene exekutiert. Diese Mordtaten sind jedoch wohlweislich nicht offiziell registriert worden. »Invaliden« – 94 Deutsche und Polen am 13. Juli 1941, am nächsten Tag weitere 93 Häftlinge – wurden nach dem Sonnenstein bei Pirna gebracht und dort im Rahmen der sogenannten Euthanasie-Aktion liquidiert.

Vom Herbst 1942 an wurden Juden und Zigeuner, die sich schon lange im Lager befanden, nach Auschwitz geschickt. In der Statistik von Buchenwald sind sie als »überstellt« aufgeführt, in Auschwitz jedoch nicht als »Zugänge« erfaßt; das heißt, sie wurden dort vergast. Es handelte sich um 163 Häftlinge – darunter 119 sowjetische Kriegsgefangene –, abtransportiert am 27. Juli 1942, ferner um 200 Zigeuner (26. September 1942) sowie um weitere 1188 Häftlinge. Zahlreiche Lagerinsassen wurden der Gestapo oder der hitlerfaschistischen »Justiz« überstellt; als »Abgänge« verzeichnet, hat man nie erfahren, was aus ihnen geworden ist.[14]

Die ersten, die auf dem Ettersberg hausen, sind also größtenteils politische Häftlinge (mit rotem Dreieck auf dem Sträflingsanzug). Die Aufsicht führen zunächst kriminelle Gefangene (BVer, mit grünem Dreieck), fast ausnahmslos Banditen übelster Art, die ihre Haut zu retten versuchen, indem sie der SS helfen, aus den Antifaschisten ein Maximum an Arbeitsleistung herauszupressen, bis zur »Vernichtung durch Arbeit«. Von Anfang an sind die Verluste erschreckend hoch, und weitere Gefangenentransporte werden nach Buchenwald geschafft.

Paul Woitkowski[15], der im Hochsommer im Lager eintraf, erinnert sich an die glühende Hitze, die an jenem Tag herrschte. Auf dem Appellplatz (der damals noch sehr klein war), standen schwarze Kisten, die Särgen ähnlich sahen. Der Kommandant ließ die Gefangenen mit Knüppelhieben und Kolbenstößen zusammentreiben. »Wer hier nicht pariert«, schrie er, »der wird erschossen. Seht euch die Schweine an, die dort in den offenen Särgen liegen! – So geht es jedem von euch roten Lumpen!«

Die Neuankömmlinge waren fast verdurstet. Die schon früher angekommenen Kameraden, die ihnen mit einem Schluck Wasser helfen wollten, wurden von den SS-Leuten und den »Grünen« zu Boden geschlagen. Die noch nicht fertigen Baracken waren zur Hälfte mit SS-Leuten und zur Hälfte mit Häftlingen belegt. Häufig knallten Schüsse. Der Appell des ersten Tages begann morgens um 4 Uhr. In Gruppen zu 50 Mann mußten die Häftlinge dann zwischen zwei Ketten von ununterbrochen prügelnden SS-Leuten zum Steinbruch rennen. In Woitkowskis Kolonne gab es schon vor der Ankunft an der Arbeitsstelle einen Toten.

Die »Grünen« denunzierten die »Roten« bei der SS. Koch bestimmte, wer »den Steinbruch nicht lebend zu verlassen« hatte. Die gebrochenen Steine wurden in Loren verladen, die je zwölf Mann zu ziehen hatten, bewacht von acht SS-Leuten, die den Häftlingen die Gewehre in die Rippen stießen und mit Knüppeln auf die Hände schlugen. Wer nicht durchhielt, stürzte oder vor Schmerz schrie, wurde durch einen Schuß in den Rücken niedergestreckt und einige Meter weit in den Wald geschleppt. Für diese bestialischen Morde bekamen die SS-Leute doppelte Verpflegung und drei bis fünf Tage Urlaub.[16]

Freizeit und Sonntage gab es für die Häftlinge nicht. An Trinkwasser und Verpflegung gestand man ihnen nur ein Minimum zu. Der erste Winter war furchtbar, bis zu 22 Grad Kälte. Keine Mäntel, keine Pullover. Auf das Tragen von Halstüchern stand die Todesstrafe. Wer es »wagte«, krank zu werden, wurde von dem SS-Mann Weißenborn »untersucht« und bekam Schläge, bis er zusammenbrach. Dann beschimpfte ihn der SS-Hauptscharführer Bräuning als »Dreckschwein«, weil die Häftlingskleidung beschmutzt war, und versetzte ihm Fußtritte, daß die Rippen brachen.

Eines Tages im Dezember 1937 befahl Weißenborn einem »Politischen«, der nicht mehr laufen konnte, in der eisigen Kälte unter einer Regentraufe sitzen zu bleiben. Nach einigen Stunden war der Häftling dort erfroren. Allein von 1937 bis Mitte 1938 wurden 2000 bis 3000 deutsche Antifaschisten in Buchenwald gepeinigt. Etwa 500 von ihnen wurden zu Tode gemartert oder erschossen.[17]

Ilse Koch wußte von alledem angeblich nichts. Beim Augsburger Prozeß sagten aber Dutzende von Zeugen, die nach Ansicht des Gerichts »zweifelsfrei glaubwürdig« waren und ihre Aussagen »frei von persönlichem Haß« machten, einmütig das Gegenteil aus. Das Urteil ging insbesondere auf folgende Momente und Taten ein: Als einzige Frau der SS-Leute aus der Leitung oder aus der Wachtruppe des KZ Buchenwald begab sie sich, obwohl das für Zivilpersonen verboten war, regelmäßig in das Lager, besonders wenn sie ausritt. Sie war nicht nur die Frau des Kommandanten, sondern maßte sich Vorrechte an. Die Häftlinge bezeichneten sie deswegen auch als die Kommandeuse des Lagers. Sie interessierte sich eingehend für das Geschehen hinter dem Stacheldraht. In mindestens zwei Fällen, im Juni und in der Weihnachtszeit 1938, bestand sie darauf, beim Erhängen zweier Häftlinge zuzusehen, die bei einem Fluchtversuch einen SS-Mann getötet hatten.

Ein andermal, als die Häftlinge stundenlang nackt auf dem Appellplatz stehen mußten, weil die SS vermutete, daß einer von ihnen einen Fotoapparat besitzt, sah Ilse Koch bis zum Schluß zu und betrachtete die Gefangenen in ihrer kläglichen Nacktheit. Bei einem anderen Strafestehen wurden die

Der Prügelbock – eine Stätte grausamer Qualen und der Verachtung der Menschenwürde

Häftlinge mit dem Fernglas überwacht; wer die geringste Bewegung machte, dem drohte das Auspeitschen und dabei der Tod. Die Koch verfolgte die Szene mit sichtlicher Befriedigung.

Sie war übrigens sehr oft bei den Appellen zugegen, stand auf dem Wachturm über dem großen Lagertor oder unten in dessen Nähe und ging nie, ehe sie das Schauspiel der »Bestrafungen« genossen hatte, die generell dieser täglichen Häftlingsquälerei folgten. Sie empfand dabei offenbar Behagen, besonders wenn die Opfer vor Schmerz schrien, während sie auf dem »Bock«, jenem Folterwerkzeug, über das sich der Häftling bücken mußte, 25 Stockhiebe, auch über die Nieren, bekamen, was oft zum Tode führte.

Sie interessierte sich lebhaft für die Arbeitsweise des transportablen Krematoriums der Wehrmacht, das im Lager nach Kriegsbeginn (1939) benutzt wurde. In Gesellschaft ihres Mannes und anderer SS-Leute sah sie sich die ersten Leichenverbrennungen an. Als später im Lager Krematoriumsöfen gebaut wurden, betrachtete sie diese eingehend und zwang einen Häftling, in einen Ofen zu kriechen, damit sie sich vorstellen konnte, wie die Sache abläuft.

Ilse Koch hat den Häftlingen unmißverständlich gezeigt, daß sie Mißachtung und Haß für sie empfand. Sie belegte die Gepeinigten mit Ausdrücken wie »Mistvögel, Verbrecher, Saujuden, Schweinehunde, dreckiges Häftlingspack«. Ein Zeuge schilderte, wie sie eines Tages ihren Hund Artus auf einen Häftling hetzte, der dabei grausam zugerichtet wurde. Diese Szene erzählte sie der Stiefschwester ihres Mannes, die damals bei den Kochs wohnte und dann in Augsburg als Zeugin aussagte. Als diese das Opfer bedauerte, erwiderte die Koch ihr geringschätzig: »Hast du aber ein mitleidiges Herz!«

Als Koch das Haus für seine Familie errichten ließ – die prächtige Villa Koch an der »Führerstraße«, die später in »Eickestraße« umbenannt wurde –, überwachte seine Frau persönlich den Fortgang der Arbeiten, die von Häftlingen unter schwersten Bedingungen bei Tag und Nacht zu verrichten waren. Sie hatte in der Nähe eine Tischtennisplatte aufstellen lassen, und mehrere Überlebende erinnerten sich, daß sie selbst gesehen haben, wie die Koch dort mit ihrem Mann Tischtennis spielte, während die »singenden Pferde« unter Prügeln und im Laufschritt vorbeizogen.

Oft ging sie zu den Arbeitsstellen des Lagers und verweilte dort, wenn die SS-Bewacher Greueltaten an den Häftlingen verübten. Mehrere Zeugen hatten miterlebt, wie sie mit SS-Leuten sprach und auf diesen oder jenen Häftling wies, über den der Bewacher dann sofort herfiel. Eines Tages sah sie zu, wie ein SS-Mann die Mütze eines jüdischen Häftlings über die Sperrlinie warf, den Gefangenen zwang, die Mütze zu holen, und ihn dabei erschoß. (Diese Mordart war in Buchenwald üblich: Fehlte dem Häftling die Kopfbedeckung, so war das »Sabotage«; überschritt der Häftling die Postenkette, um die Mütze zu holen, so war das ein »Fluchtversuch«, und das Opfer hatte prompt die Kugel im Leib.)

Im Frühjahr 1938 ertappte die Koch einen Häftling vom Schachtkommando beim Rauchen. Sie rief den SS-Posten. Als dieser sich näherte, versuchte der Häftling zu flüchten, weil er wußte, was ihn erwartete. Er wurde erschossen. Ilse Koch blickte auf die Leiche und sagte im Abgehen: »Gut, daß der Lump erledigt ist!«

Häufig stand sie im äußeren Lagerbereich an dem Weg, den die zur Arbeit ausrückenden Kommandos passierten. Die Häftlinge mußten in perfekt ausgerichteten Fünferreihen im Gleichschritt marschieren. Wenn jemand ins Wanken geriet, denunzierte sie ihn bei den SS-Bewachern. Ebenso verfuhr sie wiederholt mit den Gefangenen, die mit einem schweren Stein auf der Schulter vom Steinbruch zurückkehrten, wenn sie meinte, die Last sei zu leicht. In beiden Fällen wurden die »Schuldigen« auf der Stelle barbarisch mißhandelt, oder sie bekamen nach dem Abendappell 25 Stockhiebe auf das Gesäß.

In den Jahren 1938 und 1939 sah sie mehrmals zu, wenn Hunderte von Häftlingen mit »Sport« bestraft wurden. Sie mußten im Eiltempo robben, rollen, hüpfen und springen, und das bei Kommandogebrüll und wütenden Kolbenschlägen und Fußtritten an den Kopf und in den Bauch. Nach solchen unvorstellbaren Torturen lagen immer Tote und bewußtlose, blutüberströmte Menschen auf dem Platz. Ilse Koch betrachtete sie zufrieden grinsend.

Zahlreiche Häftlinge haben gesehen, wie die Kommandeuse Häftlingen, die ihrer Ansicht nach »zu kleine« Steine trugen, mit ihrer Reitpeitsche ins Gesicht schlug. Im Herbst 1938 warteten 15 Häftlinge vor einer Baracke auf eine Registrierung. Es regnete. Der Kommandant Koch und seine Frau kamen hinzu. Sie sagte zu ihm: »Was die Schweine hier wollen, die sollen sich in den Dreck legen.« Koch befahl dem Scharführer, der die Häftlinge eskortierte, sie durch den Schlamm robben zu lassen. So geschah es, und Ilse Koch sah zu.

Die folgende Szene ereignete sich im Winter 1938/39. Ein Geistlicher mußte einen Sack Zement aus den SS-Garagen holen. Unterwegs begegnete er Koch und seiner Frau. Weil der Kommandant in Zivil war, grüßte der Geistliche nicht (jeder Häftling hatte vor einem SS-Mann die Mütze abzunehmen). Ilse Koch sagte: »Dieses Schwein will mich nicht einmal grüßen.« Koch rief einen SS-Mann und befahl ihm, den Gefangenen bis zur Erschöpfung durch den Schnee kriechen zu lassen.

Ende 1938 passierte es vier Häftlingen, die beim Bau der SS-Garagen ausgehobene Erde an einer Böschung neben der Villa Koch zu verkippen hatten, daß ihnen die Lore die Böschung hinunterglitt. Die Koch kam aus dem Haus gestürzt und schrie: »Sabotage!« Am selben Abend mußten die vier Unglücklichen auf den schrecklichen Bock.

Gegen Ende 1939 kam Ilse Koch mit ihrem Kinderwagen an einem inhaftierten Bibelforscher vorbei. Arglos betrachtete er das Baby. Da rief sie einen SS-Mann. Der allzu neugierige oder allzu naive Häftling bezog 25 Hiebe.

Diese Beispiele für Sadismus und Grausamkeit stehen für viele ähnliche Schandtaten.

Eine Reihe von Zeugenaussagen wirft ein bezeichnendes Licht auf die Bösartigkeit der Koch. So rief sie im Sommer 1939 einen Häftling heran: »Du Mistvogel, komm mal her, du Drecksau wagst mich anzuschauen?« Sie holte ihr Notizbuch hervor und schrieb die Nummer des Gefangenen auf, der am selben Abend auf den Bock mußte.

Wenn es warm war, flanierte Ilse Koch sehr leicht bekleidet durchs Lager. Sie schien es darauf anzulegen, mit ihren grünen Augen diese Männer, die seit Monaten oder Jahren ohne Frau lebten, aufzureizen. Oft rief sie jemand heran, beschimpfte ihn dann unflätig, schrieb seine Nummer auf und ließ ihn schlagen oder auf den Bock schicken. Eines Tages bemerkte sie auf dem Postenweg, daß ein jüdischer Häftling sie ansah. Am Abend wurde er zum Kommandanten befohlen, der ihn anfauchte: »Du jüdische Drecksau, dir werde ich gleich, mit deinen Judenaugen meine Frau besichtigen, du bekommst 25!« Das geschah auf der Stelle.

Ilse Koch ließ einen Zigeuner prügeln. Während sie seine Häftlingsnummer notierte, schrie sie ihn an: »Warum arbeitest du nicht, du Mistvogel, du bist deinen Arsch wohl leid?« Das war im Winter 1939/40. An einem anderen Tag schlug sie einem Häftling aus dem Friseurkommando (das recht groß war, weil alle Häftlinge kahlgeschoren wurden) mit der Reitpeitsche über das Gesicht und rief: »Was stehst du da und glotzt mich so dämlich an, du dumme Sau?«

Ein Häftling schilderte vor Gericht, daß er einmal 25 Hiebe bezog, ohne zu wissen, wofür. Nachdem er die Hiebe erhalten hatte und sich in einem bedauernswerten Zustand befand, zog der SS-Henker einen Zettel aus der Tasche und las: »Bestraft wegen Belästigung der Frau des Kommandanten.« Dem Geschundenen war überhaupt nicht bewußt, daß er ihr begegnet war.[18] Ein anderer Häftling wurde nach einer Beschwerde der Koch schwer bestraft, weil er es gewagt hatte, die Toilette ihrer Villa zu benutzen, wo er Rohrlegerarbeiten ausführte.

Achtundvierzig Fälle dieser Art wurden beim Augsburger Prozeß von Zeugen beschrieben.[19] Einer der Zeugen sorgte für einen aufsehenerregenden Zwischenfall im Gerichtssaal: Er bat den Vorsitzenden um die Erlaubnis, der Angeklagten 13 Zähne auszuschlagen, ebenso viele, wie er unter ihren Reitpeitschenschlägen verloren hatte, als er den Zebraanzug der politischen Häftlinge trug.

Wir haben weitere, bisher unveröffentlichte Zeugenaussagen ausfindig gemacht. Sie decken sich bemerkenswert, ohne den geringsten Widerspruch, mit den vom Gericht angehörten Schilderungen. Peter Neumann, 1908 geboren, politischer Häftling Nr. 6208 im KZ Buchenwald, war mehrmals Zeuge, als die Koch Häftlinge mit der Reitpeitsche schlug. Er sagte, Ilse Koch sei so brutal gewesen, daß die Häftlinge große Angst vor ihr hatten. Jeder ging ihr möglichst aus dem Wege, weil er wußte, welche Folgen eine Begegnung haben konnte.

Konrad Friedrich hat als Häftling Nr. 6165 folgende Szene miterlebt: In der Nähe des SS-Hundezwingers sah er, wie Ilse Koch einen Häftling ertappte, der im Garten des Zwingers Kartoffelreste und anderes Hundefutter in die Tasche steckte. Die Koch rief die SS-Führer Helbig und Taufratshofer. Sie ließen den Häftling eine Wattejacke überziehen. Darauf mußte er im Beisein der Koch die Hunde mit einem Stock durch das Gitter hindurch reizen und scharfmachen, dann mehrmals vom Zwinger zum Zaun und zurück laufen.

Plötzlich öffnete der SS-Mann auf Geheiß von Ilse Koch den Zwinger, und die Meute stürzte sich auf den Häftling, der rasch grausam zerbissen war und blutüberströmt zu Boden stürzte. Währenddessen waren auch zwei Hunde aneinandergeraten; einer wurde verletzt. Ilse Koch ließ ihn sogleich verbinden, aber der Häftling blieb ohne jede Hilfe liegen, bis zum Appell. Als er endlich in den Krankenbau geschafft worden war, stellte der SS-Arzt Dr. Plaza den Tod fest. Der Körper des Unglücklichen war von unzähligen gräßlichen Wunden gezeichnet.

Konrad Friedrich berichtet weiter: Ilse Koch ritt eines Tages in Begleitung von zwei SS-Leuten auf ihrem Pferd in Richtung der Garagen. Da sah er, wie ihr ein Handschuh herunterfiel. Ein in der Nähe arbeitender französischer Häftling vom Kommando Betonträger eilte ihr nach und reichte ihr den Handschuh zwischen den Pferden hindurch. Die Koch nahm den Handschuh und trat dem Häftling lachend ins Gesicht, wodurch der Häftling gegen das Pferd eines der SS-Männer taumelte. Dieser trat ebenfalls mit seinem Stiefel nach dem Häftling, der zu Boden stürzte und liegenblieb. Ilse Koch versuchte nun, über den Unglücklichen hinwegzureiten. Das Pferd scheute aber davor zurück. Nach ihren vergeblichen Versuchen ritt die Koch weiter, begleitet von den beiden SS-Leuten. Am Abend wurde der französische Häftling beim Einrücken auf einer Trage aus Ästen mit ins Lager genommen. Am Tor erschien grinsend Dr. Schiedlausky und schickte die Träger mit dem verletzten Kameraden ins Krankenrevier. Konrad Friedrich erkundigte sich im Krankenrevier nach dem Befinden des Franzosen. Er bekam die Antwort: Der Franzose lebt nicht mehr, der ist abgespritzt worden von Dr. Schiedlausky ...

Derselbe Zeuge schildert, wie eines Tages drei Häftlinge, die auf dem sogenannten Kinderweg zwischen der Villa Koch und der Villa des Verwaltungsführers Otto Barnewald Planierarbeiten ausführten, von der Koch aus einiger Entfernung angerufen wurden. Zwei Häftlinge, darunter Heinz Dose, taten absichtlich, als hörten sie nicht; der dritte, Paul Raschke, lief zur »Kommandeuse« und trat in strammer Haltung, die Mütze in der Hand, vor sie. Die Koch aber, so erzählte er später dem Zeugen, spuckte ihm ins Gesicht und sagte: »Ich habe euch arbeitsscheues Gesindel nicht gerufen und werde eine Meldung über Sie machen!« Der Häftling wurde abends nach dem Appell vom Rapportführer[20] ans Tor zum Schild 3 gerufen. Er kam mit zwei weiteren Häftlingen, die sich dort einfinden mußten, zum Arrest in den Bunker. Nach ungefähr 14 Tagen kehrte Paul Raschke zu Konrad Friedrich in den Block zurück. Er kam förmlich gekrochen, die Hände in die Hüften gestützt, sah aus wie ein Greis und klagte über Nierenschmerzen. Unter Tränen stammelte er, daß er sich in der Strafkompanie melden müsse. Die Kameraden möchten seine Frau und seine Kinder von ihm grüßen, er glaube nicht, daß er durchhalten werde. Dann bat er um ein Stückchen Brot. Die anderen Häftlinge hatten selbst nichts mehr, sammelten aber bis zum nächsten Abend einige Stückchen, und Konrad Friedrich brachte sie zum Vorarbeiter der Strafkompanie. Der sagte ihm jedoch: »Raschke ist gestern auf dem Weg zum Revier zusammengebrochen und verstorben.«

Der Zeuge berichtet weiter, daß beim Abendappell meistens gesungen werden mußte.[21] Die Koch reizte dabei oft den Lagerführer. So sagte sie einmal nahe der Baracke am Tor (Fotoabteilung[22]) zu ihm, man müsse sich ja schämen, so einen Gesang mit anzuhören, worauf der Lagerführer antwortete, er werde es den »Mistvögeln« heute noch beibringen. Das Ergebnis war, daß Tausende von Häftlingen bis kurz vor Mitternacht singen mußten. Oft waren die Häftlinge durchnäßt, es war bitterkalt, und sie hatten Hunger (die Suppe wurde nach dem Appell ausgegeben – d. Verf.). So ist mancher in der Nacht tot zusammengebrochen oder von SS-Leuten niedergeschlagen worden. Beim Abrücken vom Appellplatz lagen mehrere Tote am Boden.

Hermann Nagel, 1910 geboren, Häftling Nr. 4415, mußte in der Villa Koch Kohlen aus dem Keller holen. Dabei hinterließ er in einem Zimmer Schuhspuren. Ilse Koch beschimpfte ihn: »Du Dreckschwein!« Sie schrieb seine Häftlingsnummer auf; die Folge war, daß er die fürchterlichen 25 Hiebe bekam.

Fritz Liebscher hatte die Häftlingsnummer 1761; er gehörte zu den ersten Insassen von Buchenwald; 1939 wurde er entlassen. Er erinnert sich, daß Ilse Koch unter den Gefangenen den Namen »Bestie von Buchenwald« hatte. Er arbeitete in der Lagertischlerei und mußte die Villa Koch mit einrichten. Folgendes hat er mit eigenen Augen gesehen: Ein Gefangener stieß in einem Raum der Villa versehentlich eine Vase um; er wurde sofort auf Verlangen der Koch nach dem Lager geschafft und erhielt 25 Peitschenhiebe. Danach kam er in das Steinbruchkommando, das für seine hohe Totenrate bekannt war. Ebenso ließ die Koch mit einem anderen Gefangenen verfahren, den sie überrascht hatte, als er sich im Keller hingesetzt hatte, um einige Minuten auszuruhen. Eines Tages meinte sie, ein Gefangener aus einem Kommando, das zur Arbeit marschierte, habe sich nach ihr umgeschaut. Sie ließ das Kommando halten und schlug dem Betreffenden mit der Peitsche ins Gesicht. Er wurde sofort ins Lager und auf den Bock gebracht. Als ihr Dienstmädchen einem Häftling ein Stück Brot gab, veranlaßte die Koch, daß die ganze Kolonne, zu der dieser unglückliche Gefangene gehörte, sofort 25 Stockschläge erhielt.

Konstantin Severin hat als Häftling im Winter 1938 folgendes miterlebt: Ein jüdischer Häftling, der einen Stein schleppte, wurde von einem SS-Mann so ins Gesäß getreten, daß er zu Boden stürzte und die Mütze verlor. Die Koch gab dem Posten ein Zeichen. Daraufhin nahm der SS-Mann die Mütze und warf sie hinter die Postenkette. Als der Häftling die Mütze holen wollte, wurde er von dem dort stehenden Posten erschossen.

Alban Ludwig hatte gesagt, Hindenburg sei der größte Massenmörder und Hitler ein Verräter am deutschen Volk. Dafür kam er ohne Gerichtsurteil ins KZ, von 1936 bis 1939. In Buchenwald mußte er die Kommandantenvilla mit aufbauen. Wie seine Mitgefangenen spricht er von der Grausamkeit Ilse Kochs. Ein Häftling, so berichtet der Zeuge, wurde auf dem Bock zu Tode geprügelt, weil die »Kommandeuse« gesehen haben wollte, daß er Radieschen aus dem Garten gestohlen hatte. Wie sich später herausstellte, war das in Wirklichkeit ein SS-Mann gewesen.

Alban Ludwig erinnert sich gut an den Kommunisten Oskar Fischer, der sich oft für seine Mitgefangenen einsetzte und sich auch öffentlich mit Ilse Koch anlegte. Nach einem Streit mit ihr wurde Fischer beim Appell zum Lagerkommandanten Koch gerufen. Er ging an dem Zeugen vorbei und sagte: »Paß auf, Alban, jetzt passiert mit mir etwas, wir sehen uns nicht wieder.« Tatsächlich verschwand Fischer danach. Es hieß, er sei erschossen worden.[23]

1938 mußte Alban Ludwig, wie alle Lagerinsassen, die Hinrichtung zweier flüchtig gewordener Häftlinge mit ansehen. Dabei bemerkte er, wie die Koch, die auf einem Wachturm stand, bei der Erhängung in die Hände klatschte und »bravo!« schrie.

Max Schneider, Kommunist aus Leipzig, war Vorarbeiter der Gärtnerei und hatte die Gartenanlagen der Villa Koch in Ordnung zu halten. Eines Tages im Spätherbst 1939 oder 1940, als es schon anfing zu schneien, wollten sich die Gärtner an einem offenen Kellerfenster an der von der Zentralheizung aufsteigenden Luft die Hände wärmen. Die Koch sah das und veranlaßte, daß die Gärtner 20 Minuten Baumhängen bekamen. Bei dieser Strafe wurden die Opfer mit den rücklings zusammengebundenen Händen so an Bäume gehängt, daß die Füße 30 bis 40 Zentimeter über dem Erdboden schwebten. SS-Leute ergänzten die furchtbare Tortur durch Schläge mit dem Ochsenziemer. Mancher überlebte das, so auch Max Schneider, aber viele starben dabei unter entsetzlichen Qualen.

Derselbe Zeuge hat von anderen Häftlingen gehört, daß Ilse Koch in der Trunkenheit geäußert habe, sie wolle viele Häftlinge dermaßen »Sport« treiben lassen, daß sie dabei kaputtgehen. »Sport« war das bereits erwähnte Strafexerzieren, bei dem die Häftlinge bis zur völligen Erschöpfung sich hinwerfen, aufspringen, hüpfen, rennen, kriechen und robben mußten.

Karl Straub arbeitete in der Wäscherei, die auch für die SS-Leute und somit auch für die Familie Koch zuständig war. Eines Tages wurde die Wäsche zu heiß gewaschen, so daß einiges einlief, darunter Damenstrümpfe. Darauf ließ der Kommandant im Einvernehmen mit der »Kommandeuse« das ganze Kommando antreten und drohte für den Wiederholungsfall mit Erschießung wegen Sabotage.

Paul Bährenholz erinnert sich, daß Anfang Mai 1940 ein Häftling aus einer Kolonne von 250 Steinträgern die vorbeireitende Koch ansah. Dieses »Ver-

Eine der brutalsten Foltermethoden: das Baumhängen

brechen« führte für das ganze Lager zu einem Tag Kostentzug. Die offizielle Begründung lautete: »Ein Schweinehund hat sich erlaubt, Frau Koch anzusehen.«

Adolf Pauer, Häftlingsnummer 1368, wurde als Klempner wiederholt zu Dacharbeiten an der Villa Koch eingesetzt. Er sah vom Dach aus die »Kommandeuse« vor dem Haus, wie sie das Arbeitstempo der Häftlinge in der Umgebung überwachte. Er wurde Augenzeuge eines Vorfalls auf dem Leidensweg des Pfarrers Paul Schneider. Als dieser am Kommandantenhaus das Gelände planieren mußte, hetzte die Koch ihren Hund auf den Pfarrer; anschließend verbot sie, die blutenden Bißwunden zu verbinden, und zwang Schneider, in schnellem Tempo weiterzuarbeiten.[24]

Curt Ködderitzsch hat gesehen, wie die Koch ihren Hund auf den Häftling Alfred Walter hetzte und das Opfer obendrein mit 25 Stockhieben traktieren ließ; aber es wurde nicht bekannt, daß Walter in irgendeiner Weise gegen die Vorschriften verstoßen hätte.

Alle diese Zeugenaussagen[25] wurden im Frühjahr 1950, nur fünf Jahre nach Kriegsende, vor Untersuchungsrichtern unter Eid abgegeben oder als eides-

In dieser Zelle des Bunkers wurde Pfarrer Paul Schneider bestialisch zu Tode gequält

stattliche Erklärungen eingereicht. Wenn sie beim Augsburger Prozeß gegen Ilse Koch unberücksichtigt blieben, dann nicht deswegen, weil die Justiz der BRD sie angezweifelt hätte. Der Grund war vielmehr, daß der Prozeß wegen der von den Westmächten verursachten internationalen politischen Schwierigkeiten nicht, wie es sich gehört hätte, in Weimar stattfand, in der Stadt also, deren Gerichte für den Schauplatz der Verbrechen zuständig sind (siehe Anhang 1: Die drei Prozesse gegen Ilse Koch).

Jedenfalls decken sich diese Aussagen, wie bereits gesagt, eindeutig mit den belastenden Angaben über die Angeklagte, welche die in Augsburg angehörten Zeugen gemacht haben. Vielleicht hat mancher von ihnen das eine oder andere Detail hinzugefügt oder vergessen, Daten verwechselt oder über Fakten berichtet, die er nicht selbst erlebt hatte; nichtsdestoweniger sind ihre Berichte im wesentlichen unzweifelhaft. Ilse Koch hat sich in Buchenwald tatsächlich wie ein sadistischer Folterknecht aufgeführt, sie trägt Schuld an Hunderten, wenn nicht Tausenden von Verbrechen. Wir werden noch sehen, daß sie etliche weitere Straftaten begangen hat.

Ihr grausames Verhalten könnte freilich auf irgendwelche persönlichen Psychosen zurückgeführt werden. Aber selbst bei Berücksichtigung eines solchen mehr oder weniger medizinischen Standpunktes geht es doch vor allem darum, die Ursachen jener Psychosen zu untersuchen. Vielleicht wurden sie durch irgendeine »Veranlagung« verstärkt, die aber bei Ilse Koch nicht den Ausschlag gab. Diese Psychosen sind vielmehr die unmittelbaren Auswirkungen der faschistischen Ideologie, die sich die »Kommandeuse« zu eigen gemacht hatte, sowie der Umgebung, in der sie lebte.

In der schon zitierten Rede vor den SS-Gruppenführern im Führerheim der SS-Standarte »Deutschland« vom 8. November 1938 erläuterte Heinrich Himmler, weshalb sich ältere Menschen nicht für Wachmannschaften der Konzentrationslager eigneten. Sie würden »so eine Art Gesundbeter, die immer Mitleid mit den Gefangenen haben«, und hielten sich nicht an »das Prinzip, das wir als Herrenvolk haben müssen: Ein Herrenvolk muß in der Lage sein, Menschen, die für die Gemeinschaft schädlich sind, aus der Gemeinschaft ohne christliche Barmherzigkeit auszuschalten ... Ein Herrenvolk muß in der Lage sein zu schießen, wenn der Schädling flieht ...«[26] Dazu würden sich harte und grausame junge Männer besser eignen als ältere Leute.

Bereits in einer Rede am 18. Februar 1937 hatte Himmler eine später in Buchenwald häufig angewandte Methode angepriesen: Bestimmte Gegner des Reiches würden »auf meine Anordnung hin in ein Konzentrationslager gebracht und ... im Konzentrationslager auf der Flucht erschossen«.[27]

Am 8. November 1937 erläuterte er vor den SS-Gruppenführern, man werde trotz der Einrichtung »eines großen Lagers in der Nähe Weimars, des Konzentrationslagers Buchenwald ..., im Falle eines Krieges auch damit nicht auskommen«. Er vertrat die Ansicht, man müsse einen großen Teil »von politischen und kriminellen Verbrechern ... viele Jahre ihres Lebens ... in den Lagern behalten«, und fügte hinzu: »... mindestens aber so lange, bis sie sich an Ordnung gewöhnt haben, und zwar nicht, daß sie nach unserer Überzeugung ordentliche Menschen geworden sind, *sondern gebrochen in ihrem Willen«* (Hervorhebung vom Verf.). »Es wird sehr viele geben, die wir niemals herauslassen dürfen«, fuhr er fort, »denn seien wir uns darüber klar, breite Massen unseres Volkes werden in den nächsten Jahren und Jahrzehnten immer wieder einmal anfällig sein für das Gift des Bolschewismus ... Lassen wir ihre Funktionäre heraus, dann sind sie dem Gift verfallen, nehmen wir ihnen aber die Köpfe und das Führerkorps weg, lassen sie eingesperrt, dann wird der gute Geist im Deutschen ... überhandnehmen ...«[28]

Jahre später, am 5. Mai 1944, rühmte sich Himmler in einer Rede vor Generalen in Sonthofen, er sei »gegen das Geschrei« in Deutschland und der Welt und trotz fehlender Rechtsgrundlagen »dazu übergegangen, alle Menschen, die wirkliche Verbrecher waren ..., vorher einzusperren«. Er sagte dazu: »Ich habe damals und bis zum heutigen Tage viele Dinge getan ..., die nach den geschriebenen Gesetzen nicht möglich, nach den Gesetzen des Verstandes und der natürlichen Erkenntnis aber geboten waren.«[29]

Vor demselben Zuhörerkreis erläuterte er am 21. Juni 1944: »... ein Lager mit 40- bis 50000 Mann könnte, geführt von irgendeinem entschlossenen Kopf, eine Gefahr sein. Sie ist aber keine. Denn sehen Sie, diese rund 40000 deutschen politischen und Berufsverbrecher – ich bitte Sie, nicht zu lachen – sind mein ›Unteroffizierskorps‹ für diese ganze Gesellschaft (*Lachen*). Wir haben hier – das ist eine Einteilung, die Obergruppenführer Eicke durchführte, der überhaupt diese Organisation dieses verdienstvollen Niederhaltens der Untermenschen geschaffen hat – sogenannte Kapos eingesetzt. Also einer ist der verantwortliche Aufseher, ich möchte sagen, Häftlingsälteste über 30, 40, über 100 andere Häftlinge. In dem Moment, wo er Kapo ist, schläft er nicht mehr bei denen. Er ist verantwortlich, daß die Arbeitsleistung erreicht wird, daß bei keinem eine Sabotage vorkommt, daß sie sauber sind, daß die Betten gut gebaut sind ... In dem Moment, wo wir mit ihm nicht zufrieden sind, ist er nicht mehr Kapo, schläft er wieder bei seinen Männern. *Daß er dann von denen in der ersten Nacht totgeschlagen wird,* das weiß er« (Hervorhebung vom Verf.). »Der Kapo bekommt bestimmte Vergünstigungen. Ich habe hier – das darf ich mit aller Deutlichkeit aussprechen – ja kein Wohlfahrtssystem auszudenken, sondern ich habe für Deutschland den Untermenschen von der Straße zu bringen und für die Arbeit, für den Sieg einzusetzen.«[30]

Diese Erläuterungen Himmlers stammen zwar aus der Zeit ein Jahr vor Kriegsende, in der die Konzentrationslager voller ausländischer Deportierter steckten, die das »Dritte Reich« bis zum letzten ausbeuten wollte. Dennoch sind diese Ausführungen fundamental. Sie behandeln tatsächlich ein System, das seit der Anfangszeit der Konzentrationslager bestand, das Kapo-System, bei dem Kriminelle mit Vorrechten ausgestattet und als Aufseher über die »Politischen« eingesetzt wurden, um jedes Aufbegehren, vor allem jedes gemeinschaftliche Aufbegehren, zu unterdrücken. Wir werden noch sehen, wie es den »Politischen«, den »Roten«, allmählich gelang, dieses System gegen die SS und die »Grünen« auszunutzen.

Himmler kümmerte sich bis in die Einzelheiten um die Konzentrationslager. Dazu folgen hier noch Beispiele aus Buchenwald Eine Vorstellung davon gibt folgendes geheime Schreiben, das er am 8. Februar 1943 an den Chef des WVHA, SS-Obergruppenführer Oswald Pohl, und an den Chef der Amtsgruppe D (Inspektion der Konzentrationslager) des WVHA, SS-Brigadeführer Richard Glücks, richtete: »Lieber Pohl! Lieber Glücks! Je länger der Krieg dauert, je größer die Belastung wird und je mehr wir mit Luftangriffen auch auf Konzentrationslager rechnen müssen, um so mehr haben wir alle Dinge vorauszudenken, um das Ausbrechen von Häftlingen aus einem KL zu verhindern. Die Möglichkeiten dazu sind folgende:

1. Wir müssen innerhalb der Lager gewisse Abschlüsse und Quartiere schaffen. Also ein Lager, in dem 12000 Menschen Platz haben, muß mindestens in vier Viertel eingeteilt sein. Diese Einteilung kann aus Stacheldrahtverhauen bestehen, innerhalb deren Gassen sind, so daß unsere Posten auch innerhalb des Lagers gehen können. Sollte also an irgendeiner Außenmauer durch einen Fliegerangriff etwas passieren, so wäre wenigstens nur die Gefahr, daß ein Lager-Viertel den Versuch eines Ausbruchs machen könnte. Diese Maßnahmen sind sofort auszuführen.

2. Das Lager ist ja durch hohe Mauern geschützt. Vor diesen Außenmauern läuft meistens ein Drahtverhau, so daß zwischen der Mauer und dem Drahtverhau eine Gasse ist, in der die Hunde revieren können. Ich wünsche, daß dieser Drahtverhau so hoch und so breit ist, daß niemand darüberspringen kann. Dann wünsche ich, daß in einer entsprechenden Entfernung, die ebenfalls nicht zu überspringen ist, nochmals ein Drahtverhau angelegt wird, so daß in der dadurch entstehenden Gasse zwischen den beiden Drahtverhauen Minen gelegt werden können. Dies ist für den Fall gedacht, daß durch eine Bombe die Außenmauer einstürzt und damit die Häftlinge des Lagers bzw. des einen Viertels den Weg in die Freiheit hätten. Sie müßten dann über den ersten Drahtverhau und kämen dann in die Gasse mit den Minen.

Einen Brief an Glücks wegen der Behandlung der Hunde lege ich in Abschrift bei. Hunde, die an der Außenseite des Lagers revieren, müssen zu derartig reißenden Bestien erzogen werden, so wie es die Hetzhunde in Afrika sind. Sie müssen so abgerichtet sein, daß sie mit Ausnahme ihres Wärters jeden anderen zerreißen. Dementsprechend müssen die Hunde gehalten werden, damit kein Unglück passieren kann. Sie sind eben nur bei Dunkelheit herauszulassen, wenn das Lager geschlossen ist, und müssen morgens wieder eingefangen werden.

Mein Vorschlag wegen der Einteilung der Lager in Viertel braucht selbstverständlich nicht eng genommen zu werden. Genau so kann man das Lager in Sechstel oder Achtel unterteilen, wodurch eine größere Sicherheit hervorgerufen wird. Ich habe versucht, in einer Skizze meine Gedanken zu erklären. Heil Hitler! Ihr gez. H. Himmler.«[31]

Bemerkenswert ist besonders, was Himmler von den Hunden schreibt. Diese Tiere wurden in Buchenwald von Anfang an gegen die Häftlinge eingesetzt. Die Bewachung des Lagers besorgte anfangs die 3. SS-Totenkopfstandarte (einem Regiment entsprechend) unter dem Befehl des SS-Standartenführers Karl Koch. Jedes Bataillon besaß eine Hundestaffel mit Blut- und Wolfshunden, die speziell dazu abgerichtet waren, auf Befehl jede Person in Zebrabekleidung zu zerreißen.

Das Verhalten der Ilse Koch hatte, bezogen auf das Wesen eines hitlerfaschistischen Konzentrationslagers, nichts Abwegiges. Als Frau eines hohen SS-Führers und als Mitglied der faschistischen Partei war sie Rassistin und meinte, einer »Herrenrasse« anzugehören, die allen anderen Menschengruppen überlegen und daher befugt sei, über die »Untermenschen« zu herrschen. Zu diesen zählten die Kommunisten und andere Demokraten verschiedener Richtungen, die Juden sowie alle jene, die ihnen mit gehöriger Inkonsequenz gleichgestellt wurden, so vor allem Jesuiten, Bibelforscher, Freimaurer und Homosexuelle. Sie sollten moralisch gebrochen, physisch ruiniert und schließlich umgebracht werden; sie galten als verächtlich, hatten zu schuften und zu parieren, und wenn sie es wagten, einen Nazi-Führer oder gar eine Nazi-Führerin anzuschauen, dann verdienten sie mindestens Schläge, wenn nicht den Tod.

Im Augsburger Prozeß wurde nachgewiesen, daß die Frauen der anderen SS-Führer von Buchenwald das Lager sorgfältig gemieden haben. Einige Zeugen haben sogar angegeben, daß manche dieser Frauen Mitgefühl mit den Häftlingen zeigten und zuweilen versuchten, ihnen heimlich ein Stück Brot oder eine Zigarette zu geben.[32]

Nichts dergleichen bei Ilse Koch. Sie hielt sich bedingungslos an die Weisungen Himmlers: »... auch die Frau gehört mit zur SS, sie ist ein Teil der SS, da wir nicht nur ein soldatischer Verband, sondern eine Gemeinschaft, ein Orden sind. Auch die Frau hat hier zu gehorchen. Ich habe mir schon manche Frau bestellt und ihr gesagt: Ich wünsche dieses und jenes nicht.«[33] Selbstverständlich bleibt die Frau dem Manne untertan: »Ich sprach schon oft aus: Führer, die nicht fähig sind, eine Rotte zu führen, nämlich sich und ihre

Frau, die sind auch nicht fähig zu größeren Dingen. Ich bitte Sie, dafür zu sorgen – Sie kennen die Helden wahrscheinlich ebenso wie ich, und wenn Sie sie nicht wissen, kann ich sie Ihnen nennen –, daß Sie solche Kameraden zu sich holen und in ganz taktvoller und klarer Form einmal sagen: Mein Guter, das geht nicht, daß Du in der Öffentlichkeit von Deiner Frau blamiert wirst. Es geht nicht, daß man überall merkt, Du darfst eigentlich nicht, Deine Frau erlaubt Dir das nicht. Das erleben Sie sehr oft auch im Volk. Nur wünsche ich nicht, daß das in der SS vorkommt.«[34]

Ilse Koch verhält sich wie ein Mitglied des SS-Ordens. Sie »blamiert« ihren Mann nicht, indem sie ihm etwa nicht erlauben würde, grausam zu sein. Sie hilft ihm dabei. Sie ist eine gute, eine echte Faschistin. Genauer gesagt, sie hat sich im Umgang mit Verbrechern wie ihrem Mann dazu entwickelt.

Drittes Kapitel

Das Familienleben

Aus freien Stücken hatte Ilse Koch der Erhängung der beiden Häftlinge beigewohnt, und zwar, wie Zeugen aussagten, mit sichtlicher Befriedigung (siehe zweites Kapitel). Man muß die Angelegenheit jedoch in ihren Zusammenhang einordnen und auf ihre Begleitumstände eingehen. Die Aussagen im Augsburger Prozeß, die nur die unmenschliche Haltung der »Kommandeuse« beschreiben, geben nicht Aufschluß darüber, daß Himmler selbst diese Exekutionen gefordert hatte und daß die Anwesenheit der SS-Führer, einschließlich der Frau des Lagerkommandanten, an der Richtstätte einem barbarischen Zeremoniell entsprach, das die Eheleute Koch deswegen einhielten, weil sie eingefleischte SS-Leute waren.

Bestimmte Stellen der zivilen faschistischen Justiz hatten an den außerordentlich hohen Totenzahlen in den Konzentrationslagern Anstoß genommen. Mit aller Vorsicht waren sogar offiziell Bedenken wegen der hohen Anzahl der »auf der Flucht« erschossenen Häftlinge geäußert worden. Das belegt ein Schreiben Himmlers an den Reichsjustizminister Dr. h. c. Franz Gürtner, und zwar gerade im Zusammenhang mit den erwähnten Erhängungen in Buchenwald. Dieses Schreiben vom 16. Mai 1938 lautet: »Sehr geehrter Herr Minister! Vor rund zwei Monaten sprachen Sie mich darauf an, daß Ihrer Ansicht nach in den Konzentrationslagern zu viele Leute beim Fluchtversuch erschossen würden. Obwohl ich persönlich nicht der Ansicht war, da in den bisher vorgekommenen Fällen die Schüsse immer in einer Entfernung von 30, 40, 50, 60 oder 80 m abgegeben worden waren, habe ich SS-Gruppenführer Eicke den Befehl gegeben, den Totenkopfverbänden, die die Bewachung der Konzentrationslager durchführen, erneut einzuschärfen, daß nur im äußersten Notfall geschossen werden dürfte. Der Erfolg ist ein für mich erschütternder!

Ich war vorgestern im Lager Buchenwald und man zeigte mir die Leiche eines braven 24jährigen SS-Mannes, dem von 2 Verbrechern mit der Schaufel der Schädel eingeschlagen worden war. Die beiden Verbrecher sind entkommen. Ich habe mir erneut die Insassen des Lagers angesehen und bin tief betrübt bei dem Gedanken, daß durch zu große Milde, die immer in einem Bremsen bezüglich der Dienstvorschriften des Schießens bei Fluchtversuchen liegt, nun einer meiner anständigen Männer das Leben lassen mußte. Ich darf Sie davon unterrichten, daß ich meinen Befehl, nur im äußersten Notfall zu schießen, aufgehoben habe und die alte Anordnung, daß streng nach der Dienstvorschrift nach dreimaligem Anruf oder bei tätlichem Angriff ohne Warnungsruf geschossen wird, wieder in Kraft getreten ist.

Zwei weitere Verbrecher, die offenkundig von dem geplanten Ausbruchsversuch wußten, wurden – nachdem der SS-Mann erschlagen worden war – auf dem Heimweg ins Lager in der Entfernung von 50 oder 60 m auf der Flucht erschossen. Nach den beiden eigentlichen Mördern habe ich alle Mittel der Fahndung angesetzt, um ihrer habhaft zu werden.

Ich darf heute schon mitteilen, daß ich den Führer bitten werde, wenn das ordentliche Gericht das Todesurteil über beide gesprochen hat, dieses nicht auf dem Hof eines Justizgebäudes, sondern im Lager vor den angetretenen 3000 Häftlingen – möglichst durch den Strang am Galgen – vollziehen zu lassen. Heil Hitler! Ihr gez. H. Himmler.«[1]

Himmler wußte natürlich genau, daß in Buchenwald mit den Häftlingen kurzer Prozeß gemacht wurde. Die Quälereien und Morde dort und in den anderen KZ hatte er persönlich mit sorgfältig ausgeklügelten drakonischen Vorschriften inszeniert, die der Form halber auch einige bürokratische Regeln enthielten. Die SS tat so, als ob sie diese Regeln einhalte, und entwickelte dazu einen pedantischen Papierkrieg, der von A bis Z auf pure Fälschung hinauslief.

Auf einem »Nationalpolitischen Lehrgang« der Wehrmacht, dessen Materialien gedruckt verbreitet wurden, hatte der Reichsführer-SS 1937 in seinem Referat erklärt: »Die Lager sind umzäunt mit Stacheldraht, mit elektrischem Draht. Es ist selbstverständlich: Wenn einer eine verbotene Zone oder einen verbotenen Weg betritt, wird geschossen. Wenn einer auf dem Arbeitsplatz, sagen wir im Moor[2] oder beim Straßenbau oder sonstwo, auch nur den Ansatz macht, zu fliehen, wird geschossen. Wenn einer frech und widersetzlich ist, und das kommt hier und da vor, wird wenigstens versucht, kommt er entweder in Einzelhaft, in Dunkelarrest bei Wasser und Brot, oder – ich bitte hier nicht zu erschrecken, ich habe die alte Zuchthausordnung Preußens vom Jahre 1914 bis 1918 genommen – er kann in schlimmen Fällen 25 Hiebe bekommen. Grausamkeiten, sadistische Sachen, wie es die Auslandspresse vielfach behauptet, sind dabei völlig unmöglich. Erstens kann die Strafe nur der Inspekteur sämtlicher Lager verhängen, also nicht einmal der Lagerkommandant, zweitens wird die Strafe von einer Bewachungskompanie vollzogen, so daß also immer ein Zug, 20 bis 24 Leute, dabei sind, schließlich ist bei der Bestrafung ein Arzt dabei und ein Protokollführer. Also mehr kann man an Genauigkeit nicht tun.«[3]

Die vielen Zeugenaussagen, die in dem Schwurgerichtsverfahren gegen Ilse Koch eingeholt und in aller Form in den Prozeßdokumenten festgehalten wurden, belegen eindeutig, was es mit dieser »Genauigkeit« auf sich hatte: Die von Himmler aufgeführten vorschriftsmäßigen »Garantien« waren leeres Geschwätz. In der Anklageschrift gegen Ilse Koch aus dem Jahr 1950 hieß es dazu: »Entsprechend dem Prinzip der SS, die Häftlinge ständig in Angst und Furcht zu erhalten, um sie so leichter beherrschen zu können, und um sie körperlich und seelisch zu brechen, hatte sie eine umfangreiche Skala drakonischer und unmenschlicher Strafen ausgebildet. Es gab nichts, was nicht der SS Grund und Anlaß zur Bestrafung gegeben hätte: Hände in den Hosentaschen bei Kälte, hochgeschlagener Rockkragen bei Wind und Regen, Schmutzflecke an der Kleidung, nicht gründlich gesäuberte Schuhe bei hohem Schlamm, aber auch zu blank geputzte Schuhe, ein Zeichen wiederum, daß man sich vor der Arbeit gedrückt habe, Verletzungen der Grußpflicht, schlechte Haltung beim Grüßen, Betreten des Blocks während der Arbeitszeit, auch nur einmaliges Aufrichten derer, die in gebückter Haltung arbeiten, Essen während der Arbeit, Rauchen außerhalb der Freizeit oder im Block, das Aufheben von Zigarettenstummeln ..., das ›Abkochen‹, worunter der Versuch verstanden wurde, sich außer der zugeteilten Verpflegung anderweitig Lebensmittel zu erbetteln.

Wegen sog. Faulheit bei der Arbeit erstatteten Scharführer oder mißgünstige Kapos eine Meldung. Nummernverwechslung war dabei nicht selten, so kamen statt der vermeintlich Schuldigen völlig Unschuldige zur Bestrafung. Rechtfertigungen irgendwelcher Art waren ganz und gar ausgeschlossen ...

Mißhandlungen durch Faust- und Knüppelschläge, Fußtritte, schikanöses Hin- und Herhetzen bis zur Erschöpfung waren Maßnahmen, die nicht als besondere Strafen empfunden wurden. Sie ereigneten sich täglich je nach Lust und Laune von SS-Führern und -Wachen. Man nahm sie als unvermeidlich hin.

Daneben gab es das System der eigentlichen Lagerstrafen. Sie sollten förmlich verhängt und vollstreckt werden. Daran hielt man sich aber nicht. Man machte kurzen Prozeß. Nach Meldungen durch den Kommandoführer oder den Blockführer, aber auch nach Meldung oder Anzeige von dritter Seite an den Rapportführer wurde die Strafe vom Kommandanten oder vom Schutzhaftlagerführer verhängt, beim Appell bekanntgegeben und regelmäßig sofort vollstreckt. Die Strafarten, die verhängt werden konnten, bestanden in Essensentzug, Torstehen, Strafarbeit, Strafexerzieren, Versetzung in die Strafkompanie, Kommandoverschlechterung, Ausprügeln, Baumhängen (an den hinter dem Rücken gefesselten Handgelenken – d. Verf.), Arrest (Bunker), Erschlagen, Erhängen,

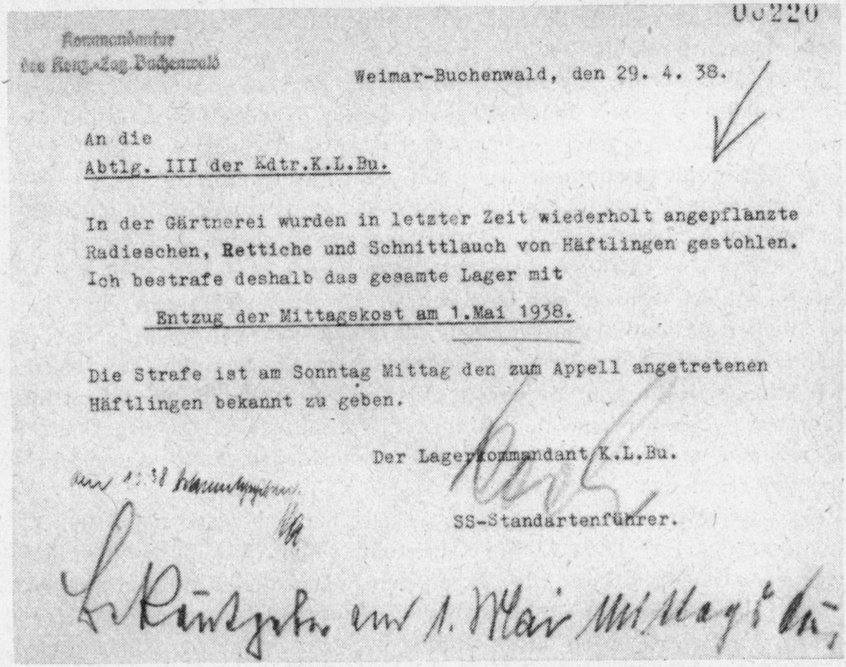

00220

Kommandantur des Konz.-Lag. Buchenwald

Weimar-Buchenwald, den 29. 4. 38.

An die
Abtlg. III der Kdtr.K.L.Bu.

In der Gärtnerei wurden in letzter Zeit wiederholt angepflanzte Radieschen, Rettiche und Schnittlauch von Häftlingen gestohlen. Ich bestrafe deshalb das gesamte Lager mit

Entzug der Mittagskost am 1.Mai 1938.

Die Strafe ist am Sonntag Mittag den zum Appell angetretenen Häftlingen bekannt zu geben.

Der Lagerkommandant K.L.Bu.

SS-Standartenführer.

Den hungernden Häftlingen wurde rigoros das Mittagessen entzogen

Erschießen und in einer im einzelnen nicht zu schildernden Fülle ausgesuchtester Quälereien.

Beim Kostentzug erhielt der solcherweise Bestrafte an einigen Sonntagen kein Essen. Dazu mußte er gewöhnlich noch viele Stunden am Tor stehen, d. h., er hatte sich an einem der am Appellplatz nahe dem Tor angebrachten Schilde aufzuhalten und so für mehrere Stunden regungslos mit dem Gesicht zur Wand zu verharren, oft mit dem sog. Sachsengruß, wobei die Hände hinter dem Kopf verschränkt gehalten werden mußten. Zuweilen wurde als Kollektivstrafe Stehen des ganzen Lagers, verbunden mit Kostentzug, angeordnet. So bei der Flucht von Häftlingen oder wegen ungeklärter angeblicher Diebstähle von Dingen, die für die SS bestimmt waren. Diese Strafe, die über viele Stunden, mitunter die ganze Nacht über ausgedehnt wurde, forderte besonders in der schlechten Jahreszeit zahlreiche Opfer unter den vor Erschöpfung und Kälte zusammenbrechenden Häftlingen.«[4]

Die Anklageschrift beschreibt anschließend das Strafexerzieren und die entsetzlichen Arbeitsbedingungen in der Strafkompanie. Sie schildert das Auspeitschen auf dem Bock, wo der bewegungsunfähig gefesselte

Häftling 25 oder mehr Schläge mit daumendicken Bambusstöcken oder Ochsenziemern erhielt.

Diese Strafe sollte eigentlich von Berlin genehmigt werden, aber in Buchenwald kümmerte man sich nicht darum. Wurde aber doch hin und wieder bei den vorgesetzten Stellen nachgefragt, die stets zustimmten, dann führte das gewöhnlich dazu, daß das Opfer zweimal über den Bock ging, das erste Mal bei Beantragung der Strafe, das zweite Mal nach Eintreffen der Genehmigung. Die Prozedur fand meist auf dem Appellplatz statt, vor allen Häftlingen. Der Bestrafte mußte die erhaltenen Schläge laut mitzählen; wenn er sich irrte, wurde von vorn angefangen. Als Schläger fungierten die SS-Scharführer, unter denen sich mehrere Prügelspezialisten befanden, so der Bunkerkommandant Martin Sommer, der absichtlich Schläge in die Nierengegend setzte und so mehr als einen Häftling umbrachte. Das Schreien der Mißhandelten sollte von der Lagerkapelle oder einem von den Häftlingen gezwungenermaßen angestimmten Lied übertönt werden.

»Tausende von Häftlingen«, so präzisiert die Anklageschrift, »sind namentlich in der Zeit, da KOCH Lagerkommandant war, ›über den Bock gegangen‹, ungezählt sind die, die an den Folgen dieser Behandlung verstarben. Bei vielen führte allein schon die Schockwirkung zu einem Herzkollaps. Anderen wurden durch bewußt zu hoch angesetzte Schläge buchstäblich die Nieren zerquetscht. Den meisten platzten die Gesäßadern, es kam zu Blutergüssen oder zu Blutstauungen, die zu Blutgerinnseln und Embolien führten.«[5]

Eine Krankenbehandlung nach dieser Tortur, die immer – bestenfalls – unerträglich schmerzende Wunden hinterließ, war verboten. Nur heimlich konnten sich die Kameraden der Gequälten bemühen, ihnen Linderung zu verschaffen.[6]

Die Prozeßdokumente nennen noch weitere Quälereien mit Todesfolge, an denen Koch und seine Frau unmittelbar beteiligt waren. Wir werden darauf zurückkommen.

Das Fotoalbum der Familie Koch zeigt uns ein lächelndes Paar, eine junge Frau mit zum Nacken herabfallendem Lockenhaar, schmaler Taille und attraktiven Rundungen, einen Mann von größerem Wuchs, die hohe Stirn mit kahlen Ecken, die Brauen schräggestellt und dicht. Meist trägt er die strenge Uniform eines SS-Obersten, seltener geht er in Zivil, dann aber stets gut und elegant gekleidet. Sie ist im langen Kleid mit Blumenschmuck beim Tanz mit ihrem Mann zu sehen, auch im maßgeschneiderten Kostüm mit Filzhut, manchmal mit ihren Kindern und ihrem Hund, zuweilen schließlich im Badeanzug, so am Seeufer, am Meeresstrand oder im Liegestuhl in den Anlagen der Villa Koch. Nichts läßt ahnen, daß die

Häftlinge von Buchenwald dieses Ehepaar als teuflisch kennengelernt haben. Das Familienalbum zeigt nicht die geringste Spur vom *anderen Leben* der Kochs.

Gerhart Hermann Mostar schrieb als Augenzeuge des Augsburger Prozesses über Ilse Koch: Sie muß immer kalt und berechnend gewesen sein. Mein Gott, solche gibt es viel, und der Schaden ist gewöhnlich nicht so groß. Aber 1500 Mark Löhnung pro Monat (als Stenotypistin hatte sie vorher 200 bis 250 RM Monatsgehalt – d. Verf.), eine Villa mit acht Zimmern, Tausende von SS-Leuten als Untergebene und Hunderttausende von KZ-Sklaven – das hat sie ebensowenig vertragen wie ihr Mann. Der kleine Dieb Karl Koch wurde dadurch zum eingefleischten Killer, seine schöne Frau zu einem ebenbürtigen Ehegespons. Dachte sie in ihrem Spatzengehirn, daß diese »Mistvögel« und »Schweine« nur bekamen, was sie verdienten, oder hat sie mit ihrem Gehirn überhaupt nie nachgedacht? War sie noch die Tochter ihres Vaters, des Vorarbeiters, oder fühlte sie sich bloß als das, was sie geworden war?[7]

Wenn sie in vollem Galopp auf ihrem Pferd »Puppe« durch das Lager ritt, angetan mit der auffälligen Jacke eines ermordeten Zigeuners und den Pelzstiefeln eines zu Tode gequälten polnischen Priesters, hatte sie zweifellos nichts mehr gemein mit ihrer früheren Existenz als kleine Angestellte in der Kunst- und Kulturstadt Dresden. Sie schien sich zu fühlen, als hätte sie den Gipfel der faschistischen High Society erklommen – Frau eines SS-Obersten, eines Günstlings, wenn nicht gar Freundes des allmächtigen Chefs des Schwarzen Ordens und der Polizei, des Herrn, vor dem alles katzbuckelte und zitterte, jenes Heinrich Himmler, dem Hitler die volle Verantwortung für den rassistischen Terror und die Pseudowissenschaft des deutschen Faschismus übertragen hatte.

Himmler hat das KZ Buchenwald mehrmals inspiziert.[8] Seine Besuche wurden streng geheimgehalten. Er war beeindruckt von der Ordnung im Lager, von der Disziplin der Häftlinge, von den Blumenbeeten vor den Bretterbaracken und Betonbauten, in denen sie untergebracht waren. Die SS-Kasernen glänzten in militärischer Schönheit, wie man vielleicht sagen könnte, wenn Schönheit und Militarismus vereinbar wären, und das strenge Wachsystem an dem doppelten Sicherungsgürtel des Lagers war ohne Fehl und Tadel. Die Lagerstatistik enthielt Zahlenkolonnen, die dem Reichsführer-SS Genuß bereiteten und ihn anregten. Man müßte untersuchen, meinte er, weshalb die Sterblichkeit an Krebs unter den Lagerinsassen unter dem Landesdurchschnitt liege. Dort sterbe niemand an Krebs. Das sei sehr interessant. Die Lebensweise in den Lagern schließe anscheinend das Risiko dieser Krankheit aus.[9]

Himmler wußte natürlich, wie die Häftlinge lebten und woran sie starben. Aber sein abwegiges Denken und seine krankhafte »Wissenschaft« führten ihn zu seltsamen Ergebnissen. Es ist gut vorstellbar, wie seine Äußerungen auf den für ihn gegebenen Empfängen in Weimar, wo die Kochs zu den prominentesten Gästen zählten, gewirkt haben dürften.

»Wir müssen hart sein, sehr hart«, sagte er oft. Sein fades, praktisch ausdrucksloses Gesicht wurde lebhaft, wenn er auf den Tisch hieb und Dinge sagte wie: »Wir sind härter ... Wir müssen letzten Endes den Willen haben und wir haben ihn, denjenigen, der an irgendeiner Stelle nicht mehr mittun will in Deutschland, ... kühl und nüchtern umzubringen. Lieber stellen wir so und so viele an die Wand, als daß an irgendeiner Stelle ein Bruch entsteht.«[10]

Wenn er von den Insassen der KZ sprach, hatte er für diesen »Abhub von Verbrechertum, von Mißratenen« nur Verachtung übrig. Es seien »Leute mit Wasserköpfen, Schielende, Verwachsene, ... eine Unmenge rassisch minderwertigen Zeugs«.[11] Mit ihnen könne man kein Mitleid haben.

Der Reichsführer-SS widmete den Familien seines Höheren Führerkorps große Aufmerksamkeit. Es gab Geschenke zu Hochzeiten oder Geburten[12], Geschenke zum »Julfest«, der altgermanisch-mythologischen Entsprechung zum christlichen Weihnachtsfest, das Himmler durch »arische« Bräuche ersetzt sehen wollte[13], aber auch väterliche Ermahnungen wie etwa: Sie sollten mehr Sport treiben, lieber Koch! oder galante Komplimente: Die Frau eines SS-Führers muß besonders elegant sein; Sie sind darin vorbildlich, liebe Frau Koch ... Sie haben eine nahezu griechische Nase.[14] Kalte Augen hinter der Metallbrille, plötzliches, wenn auch seltenes Auflachen als Begleitmusik zu geheimnisvollen Anspielungen, die jeder geflissentlich als intime Gunstbezeugungen wertete: Was der allmächtige kleine Mann von sich gab, erschloß Ilse Koch die Welt der Herrenmenschen im Zerrspiegel der Nazitheorien.

»Wissen Sie, meine Liebe, daß an den Stellen, wo im Mittelalter Hexen verbrannt wurden, nach Jahrhunderten noch immer die Raben kreisen? Das muß doch einen Grund haben. Ich habe unsere Wissenschaftler ersucht, dieser Frage nachzugehen.«[15]

Merkwürdig, diese Geschichte mit den Raben. In der Anfangszeit des KZ Buchenwald gab es in den Bäumen auf dem Ettersberg, wie in allen Wäldern Deutschlands, Singvögel zu Tausenden. Nach und nach verschwanden sie. Ob Ilse Koch das überhaupt bemerkt hatte? Lediglich die Raben flogen manchmal – äußerst selten – in großer Entfernung über den Ettersberg, nicht besser sichtbar als Flugzeuge in mehreren Kilometern Höhe.

Und die Erde, auf der wir leben, diese seltsame, flache, aus Eis geborene Himmlersche Hohlwelt, die dieser zuweilen vor respektvoll staunenden Zuhörern erstehen ließ – Karl Koch wird darüber wahrscheinlich nur etwas erschrocken gespöttelt haben. Er hatte andere, mehr materielle und weniger philosophische Sorgen. Und Ilse Koch? Wenn sich Himmler in seinen merkwürdigen Betrachtungen erging, konnte sie kaum etwas anderes daraus entnehmen, als daß *sie selbst auch* zu jenem privilegierten Kreis von Eingeweihten gehörte, dessen vernichtender Arm die SS war.

»Ich glaube zutiefst an den absoluten Wert der Lehre des großen Hörbiger«, erklärt Himmler. »Der Führer ist übrigens derselben Ansicht. Entgegen den Behauptungen unserer Handwerksgesellen der Wissenschaft ist unser Planet durch Zusammenwachsen von frei im Weltall kreisenden Eisteilchen entstanden. Ich habe vor einiger Zeit einen sehr interessanten Aufsatz ›Schmetterlinge fliegen von Südafrika bis Island‹ gelesen. Das ist natürlich ein Beweis für die glaziale Entstehung der Erde, den unsere Hochschulprofessoren in ihrer eingebildeten Art nicht einmal erkennen. Ich habe Prof. Tratz gebeten, das an seiner Abteilung untersuchen zu lassen.«[16]

Ilse Koch betrachtet den Chef verzückt. Ihre üppigen Brüste spannen das eng anliegende seidene Mieder. Unter den Kronleuchtern im großen Restaurant des Hotels »Elephant« in Weimar, wo stets Zimmer für die Nazigrößen reserviert sind, treten ihr Schweißtropfen auf die Stirn. Himmler richtet seinen aufmerksamen, kalten, undurchdringlichen Blick auf sie. Die Nase ist klein, die Stirn hoch, die Oberlippe wölbt sich über dem kleinen Mund. Seine Stimme wird nahezu vertraulich: »Ich habe entdeckt, daß es sogar in der SS Gegner der Welteislehre Hörbigers gibt. Ich habe einen Sachbearbeiter vom Hauptamt Sipo beurlaubt, als ich merkte, daß er dauernd gegen unsere wissenschaftlichen Ideen schoß. Ich trete für die freie Forschung in jeder Form ein, aber alles hat seine Grenzen ...«[17]

Was Thüringens »gute Gesellschaft« an namhaften Vertretern der nazistischen Industrie, Politik, Wissenschaft und Kultur aufzuweisen hat, drängt sich um den Reichsführer – mitunter erstaunt, aber immer achtungsvoll. Man munkelt, daß er sich eines Astrologen bediene und manchmal ausführliche Horoskope für gewisse Untergebene, denen er mißtraut, aufstellen lasse.[18] Karl Koch gehört zu jener Zeit nicht dazu. Er zählt bei allen Empfängen zur ersten Garnitur. Himmler kennt ihn seit langem und schätzt seine Verdienste als erfahrener KZ-Kommandant. Bestehen zwischen ihnen noch spezielle kriminelle Beziehungen außer den Verbindungen, die sich bei der Realisierung des KZ-Systems ergeben haben?

Manche Dokumente des Buchenwald-Archivs legen den Gedanken nahe, daß Koch direkt an der Ermordung des SA-Stabschefs Röhm beteiligt gewesen sein könnte. Damals – 1934 – amtierte er in der SS- und Polizeizentrale im Columbiahaus in Berlin. Wie wir gesehen haben, wurde Röhm von Eicke, begleitet durch den SS-Mann Lippert, in einer Zelle der Haftanstalt Stadelheim ermordet; das wurde 1957 in dem Münchener Prozeß zur »Nacht der langen Messer« nachgewiesen.[19] Koch muß die Fakten gekannt haben und hat möglicherweise von den Vorbereitungen gewußt. Jedenfalls hat Himmler ihn, wie dieser Bericht im weiteren zeigen wird, bis zum Schluß protegiert, und Eicke war sein direkter Vorgesetzter. Koch ließ übrigens die »Führerstraße« in der Buchenwalder SS-Siedlung in »Eickestraße« umbenennen.

Himmlers Leibwächter Kirrmayer, der seinem Chef nach dem Essen die übliche große Zigarre reichte, verhielt sich zu den Kochs besonders aufmerksam, was unterrichtete Leute als nicht unwichtiges Zeichen werteten.[20]

Wie dem auch sei, Karl und Ilse Koch glänzen auf diesen Gesellschaften in Weimar am Firmament der Macht. Der Gauleiter Sauckel, waschechter Nazi, aber nicht SS-Angehöriger, hat auch als Reichsstatthalter von Thüringen kein Weisungsrecht gegenüber dem Kommandanten von Buchenwald; ihre Beziehungen sind rein ökonomischer Art, denn die SS-Industrie ist für Sauckel und gewisse Leute aus seiner Umgebung sowohl Profitquelle als auch Konkurrent.

Wichtiger für Koch ist der Freundfeind Josias, Erbprinz zu Waldeck-Pyrmont. Er gehört zu den von der SS umworbenen Aristokraten. Es muß hervorgehoben werden, daß die Grausamkeiten der SS ebensosehr auf Banditen wie Koch oder lumpenproletarische Landsknechtstypen zurückgingen wie auf eine »Elite« von verbiesterten Intellektuellen, Großbourgeois und Hocharistokraten. Erwähnt sei in diesem Zusammenhang, daß die SS-Führer in Frankreich, die den Hinrichtungskommandos und Gaskammern Arbeit beschafften, meist promovierte Leute waren, obendrein noch auf dem Gebiet der Rechtswissenschaft.

Während Karl Koch aus dem kränkelnden Kleinbürgertum kam und der erste Schutzhaftlagerführer in Buchenwald, der »Blutordensträger« Rödl, sowie sein Stellvertreter, der ehemalige Gefängniswärter und SS-Hauptmann Weißenborn, tatsächlich echte Kriminelle waren, so hatte die SS doch auch Verbrecher ganz anderer Herkunft und »Bildung« in ihren Reihen.

Ein Kenner des SS-Staates, der katholische ehemalige Buchenwaldhäftling Eugen Kogon[21], hat erläutert, wie und weshalb Leute aus unterschiedlichen Schichten in die SS gekommen sind. Anfangs war diese Formation nur ein Saalschutz, eine kleine disziplinierte Schlägertruppe, vorwiegend aus Arbeitslosen bestehend. Als die Allgemeine SS von 1933 an ausgebaut wurde, wandte sich Himmler mit Vorliebe an Adlige, Intellektuelle und reiche Bürgersöhne. Der Elitegedanke, sagt Kogon, wurde lebhaft in den Vordergrund gestellt.

Die SS-Leute brauchten damals nur wenig Dienst zu machen; sie wurden angeregt, »vornehmen Sport« zu treiben. Zu jener Zeit wurde viel von der Reiter-SS gesprochen. Man brauchte sogar nur einen hohen Beitrag zu zahlen, um die SS-Uniform tragen zu dürfen.

Diese »Herrenklub-Welt« taugte natürlich nicht zu allen Aufgaben, die Hitler und Himmler der SS stellen wollten. Der Reichsführer-SS beauftragte deshalb Eicke, die Totenkopfverbände aufzubauen. Er holte sich die Männer aus den ehemaligen »Politischen Bereitschaften« der Nazipartei, die der Polizei als »Feldjägerkorps« beigegeben und dann in sie aufgenommen worden waren. »Als Mannschaften und Führer«, schreibt Kogon, »wurden alle Arten von Sozialdeklassierten aufgenommen, vor allem nationalsozialistische Flüchtlinge aus Österreich und den Balkanländern, also Knüppel- und Revolveraktivisten, die jeden sozialen Halt unter den Füßen verloren hatten, Wanderburschen, verkrachte Fuhrleute, Forstgehilfen, Friseure, Handelsangestellte, Studenten, Gefängniswärter, in das Führerkorps ehemalige Baltikum- und Freikorpskämpfer, Wehrmachts- und Polizeioffiziere, die nicht weitergekommen waren oder aus irgendwelchen Gründen ihren Dienst hatten quittieren müssen, Landsknechte mit so etwas wie militärischen Kenntnissen und Erfahrungen. Sie drillten und wurden gedrillt à la Fridericus Rex.«[22]

Diese Clique bildete die Grundlage für die späteren SS-Regimenter, so auch für die Truppenteile der Waffen-SS. Außerdem dienten Leute aus diesem Kreise für den Aufbau der Gestapo und ihrer Gliederungen, die Häftlinge in die Lager einzuliefern hatten. Politische Schulen – Napolas und Junkerschulen[23]. – bildeten die »Intellektuellen« für diese »Elite«-bande heran, die auch ihre »Doktoren« der Medizin, der Rechte oder der Ökonomie besaß. Das Ganze bildete jedoch nach einiger Zeit ein sehr homogenes Korps, worin alle mehr oder weniger »zusammenhielten«.

Manche Autoren meinen, das intellektuelle Element habe großen Anteil an der SS-Mitgliedschaft gehabt. Der Historiker Ernst Niekisch schreibt beispielsweise: »Die SS hatte eine andere Zusammensetzung als die SA; sie war besserer, vornehmerer Herkunft. Sie umfaßte die jeunesse dorée, die gebildeten Kreise, gutsituiertes Bürgertum, wohlhabende Bauern.«[24]

Lassen wir die »Vornehmheit« der Folterknechte dahingestellt und kommen wir auf die Aristokraten zurück. Tatsächlich waren viele von ihnen SS-Leute – teils schon vor 1933 –, und nicht die Geringsten. Aus der ersten Gruppe sind der Erbgroßherzog von Mecklenburg, die Prinzen Wilhelm und Christoph von Hessen, die Grafen von Pfeil-Burghaus und Bassewitz-Behr, die Freiherrn von Tüngen, von Malsen-Ponickau, von Reitzenstein, von Geyr usw. zu nennen, aus der zweiten der Prinz von Hohenzollern-Sigmaringen, der General Friedrich Graf v. der Schulenburg. Sie haben alle eine wichtige Rolle in der SS-Führung gespielt, und mit ihren Verbrechen standen sie den Nichtadligen um keinen Deut nach.[25]

Josias Erbprinz zu Waldeck-Pyrmont gehörte zur erstgenannten Gruppe. Er wurde am 13. Mai 1896 in Pyrmont als ältester Sohn des Fürsten Friedrich geboren, der in Arolsen regierte und dort am 26. Mai 1946 starb. Der Erbprinz nahm am ersten Weltkrieg teil; danach trat er den Freikorps in Oberschlesien bei. Anschließend kümmerte er sich um die Verwaltung seines Gutsbesitzes. 1929 wurde er in München SS-Mitglied. 1933 ist er Chef des Persönlichen Stabes des Reichsführers-SS, danach Verbindungsmann zu Hitler im Ministerium für Auswärtige Angelegenheiten. Als Legationsrat nach Wien gesandt, unterstützt er die dort damals verbotene Nazipartei und wird deshalb aus Österreich ausgewiesen. 1934 wird er in München mit der Einleitung eines Verfahrens gegen die mutmaßlichen Teilnehmer eines Mordkomplotts gegen die SA-Führung befaßt. Das Verfahren bleibt ohne Folgen. Die »Nacht der langen Messer«, der 30. Juni 1934, wirft ihre Schatten voraus.

Der Erbprinz, inzwischen SS-Obergruppenführer (General), beschäftigt sich mit Pferdezucht und Pferderennen. Das hindert ihn nicht, die SS im Abschnitt Fulda-Werra zu befehligen und dort zugleich als Polizeiführer zu fungieren. Er wird danach Höherer SS- und Polizeiführer im Wehrkreis IX (Weimar) und damit auch Oberster Gerichtsherr für das KZ Buchenwald. **Diese Funktion behält er bis zum Kriegsende, und wir werden ihm in diesem Bericht noch begegnen.[26] Bei Himmler, der »seinen Prinzen« besondere Aufmerksamkeit widmet, ist er sehr gut angeschrieben.[27]**

So sieht also die »gute Gesellschaft« aus, der Ilse Koch angehört, seit ihr Mann das KZ Buchenwald befehligt. Sie fährt im »Mercedes« mit eigenem

Das Wohnhaus des KZ-Kommandanten und seiner Frau, die Villa Koch

SS-Fahrer, ist Kundin bei Luxusschneidern und erstklassigen Friseuren, trifft sich zum Tee mit Gräfinnen, ja mit Fürstinnen. Sie nimmt Tanz-, Klavier- und Reitunterricht. Erbprinz Josias, der Ilse Koch galant die Hand küßt, ist ihr kompetenter Berater bei der Auswahl der Rassepferde.

Aber wie lebt Ilse Koch in ihrer prächtigen Buchenwalder Villa, zwischen den damals in der Nazibourgeoisie modischen neugotischen Möbeln, mit ihrem Hauspersonal und ihren Kindern? Denn sie hat Kinder, wie es sich für jede »gute Deutsche« und erst recht für die Frau eines hohen SS-Offiziers gehört. Am 17. Januar 1938 bringt sie den Sohn Artwin zur Welt. Wenig später kommt Kochs Sohn aus erster Ehe, Manfred, nach Buchenwald. Er ist wohl etwas zurückgeblieben, die Koch kann ihn nicht leiden, und er wird bald in ein Pensionat nach Gera abgeschoben.

Die Kochs verbringen in diesem Jahr drei Urlaubswochen an der See. Am 26. April 1939 wird die Tochter Gisela geboren, am 11. Dezember 1940 das dritte Kind, Gudrun, das am 28. März 1941 stirbt. Vom Mai bis zum Jahresende wird die Villa um zwei Zimmer erweitert, und Ilse Koch verbringt zwei Monate in den Niederlanden, wo ihr Mann einen Auftrag zu erledigen hat.[28]

Das Ehepaar scheint nicht gut zu harmonieren. Koch sagt später während des Verfahrens vor dem »SS-Gericht«, daß er sie nie geheiratet hätte, wenn sie ihm nicht dauernd nachgelaufen wäre. Tatsächlich ist bei ihnen nur sehr wenig von einem Familienleben zu spüren. Zahlreiche Zeugenaussagen[29] belegen, daß Karl Koch, von seinen Aufgaben im Lager und seinen häufigen Fahrten nach Weimar und anderen Orten sehr in Anspruch genommen, oft nicht zu Hause war. Er kümmerte sich kaum um seine Kinder.

Auch seine Frau verschwand oft tagsüber aus der Villa, um auszureiten oder nach Weimar zu fahren. Sie besaß einerseits sozusagen »klassisches« Hauspersonal, Dienstmädchen aus den Nachbardörfern, die sie oft nach heftigen Zornausbrüchen hinauswarf, und andererseits ein ganz spezielles Personal, nämlich Häftlinge, die als »Kalfaktoren« eingesetzt wurden.

Die einzigen Fälle, in denen Ilse Koch während des Augsburger Prozesses zugab, ihrem Mann Häftlinge wegen Fehlverhaltens zur Bestrafung angegeben zu haben, betreffen Kalfaktoren: einen gewissen Titz, den sie getroffen haben will, als er betrunken gewesen sei und ihre persönliche Wäsche angezogen hätte; den Häftling Eglinski, der Schnaps gestohlen haben soll; den Kalfaktor Schürmann, der versucht habe, seine religiösen Überzeugungen als Bibelforscher in der Familie Koch zu verbreiten. Sie gestand außerdem, einen Häftling denunziert zu haben, der im Keller der Villa betrunken aufgefunden worden sei.

In dem Lotterleben der Ilse Koch hat der Alkohol jedenfalls eine große Rolle gespielt. Alle Zeugen sagen übereinstimmend, daß sie viel und pur trank – das war übrigens in der SS unter Mannschaften und Offizieren sehr verbreitet[30] – und daß sie ungewöhnlich oft betrunken war.

Wir besitzen den Erlebnisbericht des Kalfaktors Kurt Titz; er gibt zu, daß er sich aus Verzweiflung mit Wein aus dem Keller der Kochs betrunken hat, bestreitet aber, sich bei diesem Anlaß als Frau verkleidet zu haben. Wie dem auch sei, die Sache hat ihn beinahe das Leben gekostet, und nur die rechtzeitige, entschlossene Hilfe der politischen Kameraden im Lager, die ihn wegen seiner wertvollen Informationen schätzten, hat ihn vor dem »Abspritzen« bewahrt.

Kurt Titz wurde am 25. Dezember 1914 in Dortmund geboren. Er war am 28. März 1939 in Stuttgart wegen Fahnenflucht festgenommen worden und über die Konzentrationslager Welzheim und Dachau im September 1939 nach Buchenwald gekommen. Er hatte die Häftlingsnummer 221. Der Lagerkommandant suchte damals einen jungen Kalfaktor. Einer seiner Vertrauensleute, der Hauptscharführer Michael, schlug Titz vor, der sich gut benehmen konnte. Dessen Aussage enthält einige Dunkelzonen und zweifelhafte Behauptungen. Was unser Anliegen betrifft, gestattet sie jedoch, das Porträt der Ilse Koch in bestimmter Hinsicht zu ergänzen. Es zeigt sich z. B., daß sich die Koch selbst in den Adelsstand erhoben hatte. Das Personal durfte sie nur in der dritten Person und mit »gnädige Frau« anreden. Um den Haushalt kümmerte sie sich überhaupt nicht; alle materiellen Angelegenheiten waren dem Personal überlassen. Titz bohnerte das Parkett, klopfte die Teppiche, putzte die Schuhe. Er durfte die Toiletten des Hauses nicht benutzen und bekam nur die übliche Häftlingsverpflegung, abends, wenn er wieder in seinem Block war. Die »gnädige Frau« hat ihm nie etwas zu essen oder zu trinken angeboten.

Jeden Morgen gegen 5 Uhr brachte ihn ein SS-Mann zur Villa, wo er auf Befehle warten sollte. Sehr oft war Ilse Koch noch nicht zu Bett. Sie geisterte betrunken durchs Haus, nachdem sie die letzten Gäste eines der Trinkgelage fortgeschickt hatte, die dort sehr häufig stattfanden, gleich, ob Karl Koch zugegen war oder nicht. Wenn sie etwas ausgenüchtert war, klingelte sie gegen 8 Uhr nach ihrem Kalfaktor. Er gibt an, sie habe dann in sehr anregenden Stellungen und weniger als halb bekleidet dagelegen und ihm befohlen, die Kinder zu wecken und Kaffee und Kakao zu bereiten.

Titz behauptet, und ich gebe hier seine Aussage wieder, ohne mehr dazu sagen zu können: Inzwischen bekam die »Gnädige Frau« Appetit. Sie klingelte abermals und befahl mir, Kaffee und Brötchen ans Bett zu bringen. Bei dieser Gelegenheit zeigte diese »Edelgermanin« schamlos, in halbnacktem Zustande, fast alle ihre Reize und versuchte immer wieder, mich zu einer Handlung zu verleiten, die mir bestimmt das Leben gekostet hätte. Mit aller Energie beherrschte ich mich, obwohl ich am ganzen Körper vor Aufregung zitterte. Mit allen nur möglichen Ausreden versuchte ich immer, möglichst schnell aus diesem gefährlichen Raum herauszukommen. –

Kurz vor Mittag verließ Ilse Koch ihre Gemächer und begann das Hauspersonal zu schikanieren. Sie besaß eine umfangreiche Garderobe von exklusiver Kostbarkeit. Das Mittagessen nahm sie im Hause ein. Es wurde nach ihrem Wunsch in der SS-Offiziersküche zubereitet. Nachmittags empfing sie ihre Liebhaber, ritt aus oder fuhr nach Weimar. Titz mußte den Kindern in ihrem Zimmer Märchen vorlesen, während sich die Koch mit ihren eigentümlichen Gästen beschäftigte.

Dienstmädchen waren schwer zu finden und blieben nie lange in der Villa Koch. Meist mußte Titz die Betten richten und den Abwasch erledigen, den Kindern den Popo abwischen, den Hund versorgen und den Haushalt aufräumen, den die »Hausfrau« gekonnt in beispiellose Unordnung brachte. Der Hund Artus war ein Drahthaarterrier, dessen Fell täglich gekämmt und gebürstet werden mußte. Er wurde aus Beständen der Kommandantur- und der Häftlingsküche gefüttert und bekam pro Tag etwa zwei Kilo bestes Fleisch. Er schlief im Hause, auf einem kostbaren Pelz in der Diele oder im Schlafzimmer der »gnädigen Frau«.[31]

Zum Privatleben der Ilse Koch besitzen wir noch eine andere Aussage. Sie stammt von der Stiefschwester Karl Kochs, Erna Raible, die beim Augsburger Prozeß vernommen wurde; ihre Angaben sind in der BRD-Presse erschienen.[32] Diese Frau wirkte wie das Gegenstück der Koch. Sie hat ihr kein einziges großes Verbrechen vorgeworfen, sondern erzählte nur, was sie selbst gesehen hat, und das mit all der Einfalt einer Hausangestellten, die ihre Herrschaft lediglich nach dem häuslichen Fehlverhalten beurteilt, ohne jeden Gedanken daran, was der »gnädige Herr« womöglich im Geschäft für Schiebungen betreibt und was die »Gnädige« anstellt, wenn sie ausgegangen ist.

Erna Raible war gewissermaßen die Verwandte, die Zeit genug hatte, um einzuspringen und sich um die Kinder zu kümmern, wenn man gerade keine Dienstmädchen hatte oder – wie so oft – auf Reisen ging. Sie war offenbar die einzige, die mütterliche Gefühle für die Kinder hegte. Sie wohnte in Ludwigsburg, in einem Arbeiterhäuschen in der Solitudeallee 2, zwischen ihren Geranientöpfen und Stickereien zum Thema »Abendvesper« und »Nymphe am Brunnen«, wie so viele wackere deutsche Familien aus den breiten Volksschichten jener Zeit.

Wenn die Kochs sie riefen, fuhr sie mit der Bahn nach Weimar. Dort wurde sie mit einem SS-Auto abgeholt. In der Villa angekommen, band sie sich die Schürze um und griff zum Besen oder zum Staubtuch. Was im Lager geschah, interessierte sie nicht. Das war nicht ihre Sache. Sie hatte andere Sorgen: das Haus aufzuräumen, das sie immer in größter Unordnung, wenn nicht gar verdreckt vorfand, und sich um die Kinder zu bemühen, um die sich die leibliche Mutter nur dann kümmerte, wenn die Lagerfotografen den Auftrag hatten, sie in ihrer Gesellschaft aufzunehmen.

Erna Raible hat das alles ganz ungezwungen vor dem Schwurgericht Augsburg erzählt: Wenn Ilse Koch zu Hause war, sei sie erst kurz vor dem Mittagessen aufgestanden. Schon zum ersten Frühstück habe sie Kognak getrunken, der lastwagenweise aus Frankreich kam. Manchmal sei die Koch vom Aufstehen bis zum Schlafengehen betrunken gewesen. Sie hätte sich aus dem unerschöpflichen Menschenreservoir des Lagers einen recht hübschen blonden Jungen besorgt, Kurt Titz, und ihn mit einer weißen Dienerjacke ausstaffiert. Aber eines Tages sei er verschwunden.

Danach hat sich Erna um die Kochschen Kinder gekümmert. Offenbar erhob nie jemand – von welcher Seite auch immer – Einwände oder Vorwürfe gegen dieses sichtlich unschuldige »Aschenputtel« im Hause der tausend »Blaubarts«, wo sich Orgien abspielten, die William D. Denson, der amerikanische Ankläger im Dachauer Prozeß, »unaussprechlich unanständig« genannt hat.

Der Vorsitzende Dr. Maginot – gewiß ein ferner Nachfahre der französischen Hugenotten, die nach der Aufhebung des Edikts von Nantes eingewandert waren – führte die Verhandlung des Augsburger Prozesses sachlich und war bestrebt, keinen wichtigen Fakt ungeklärt zu lassen. An jenem Tag hatte sich Ilse Koch herabgelassen, auf ihrer Bank Platz zu nehmen. Sie betrachtete die Zuhörer in ihrer hochmütigen Art und beschränkte sich wie üblich darauf, kalt und definitiv zu leugnen.

Der Vorsitzende: 1938, nach der Ermordung des Botschaftsrates vom Rath in Paris, nahmen die Judenverfolgungen in Deutschland große Ausmaße an. In der sogenannten Kristallnacht wurden Synagogen angezündet, jüdische Geschäfte geplündert, Tausende von Männern und Frauen festgenommen und mißhandelt. Erinnern Sie sich daran?

Ilse Koch: Ich kümmere mich nicht um Politik.

Der Vorsitzende: Nach diesen Ereignissen wurde die »Aktion Rath« organisiert, und Tausende von deutschen Juden kamen in die Konzentrationslager, so auch nach Buchenwald. Sie wissen Bescheid?

Ilse Koch: Ich habe mich nicht um die Lagerangelegenheiten gekümmert.

Der Vorsitzende: Zeugen beschuldigen Sie, persönlich einige dieser Häftlinge erschossen zu haben.

Ilse Koch (steht auf und schreit): Lüge! Lüge! Lüge! Ich weiß nichts, ich habe nichts getan, ich habe mich als Familienmutter nur um meine Kinder gekümmert; ich habe den Lagerbereich nie betreten. Das ist eine Verschwörung gegen mich. Ihre Zeugen sind lauter Schweinehunde, Verbrecher, die sich verschworen haben, um mich zu ruinieren ...

Jedesmal, wenn Ilse Koch erschien, war es dasselbe: Sie leugnete alles in Bausch und Bogen. Übrigens hatte sie einmal zu Erna Raible etwas gesagt, was diese in ihrer Naivität wiedergab: Den SS-Richtern habe ich

Der berüchtigte Steinbruch, das Todeskommando

schöne Augen gemacht und das Blaue vom Himmel heruntergelogen. So habe ich mich aus der Affäre gezogen. Wenn die Amerikaner mit mir Streit anfangen wollen – es war vor dem Dachauer Prozeß –, mache ich es genauso. Ich bin noch ganz gut auf dem Damm, und man braucht bloß steif und fest zu lügen ...

Aber in Augsburg handelte es sich nicht mehr um »SS-Richter«, die gewissermaßen zur »Familie« gehörten, auch nicht um US-amerikanische Offiziere. Die Zeugen sprachen insgesamt sachlich, präzise und nach dem juristischen Ausdruck »ohne Haß und leidenschaftslos«. Sie trugen noch die Wundmale der Hölle am gemarterten Körper. Es fiel schwer, ihnen nicht zu glauben.

Paul Bährenholz ist einer der Häftlinge, die in Augsburg nicht angehört wurden und uns doch von denselben Fakten berichten wie die Prozeßakten. »Mir ist bekannt«, sagt er, »daß am 9. November 1939 21 jüdische Häftlinge aus dem Block 21 und 22 ausgesucht, nach dem Steinbruch gebracht und dort erschossen wurden.«

Albert Rödiger spricht von 21 Juden und einem Nichtjuden. Ihm ist erzählt worden, daß sich Ilse Koch an der Erschießung beteiligte. Ähnlich äußert sich Max Schneider, der 24 Juden erwähnt. In der Sachverhaltsdarstellung des Augsburger Untersuchungsrichters Dr. Jagomast wird zusammenfassend konstatiert, daß sich Ilse Koch zu Pferde der Eskorte angeschlossen und sich mit der Pistole an der Aktion beteiligt hat.

Erasmus Müller hat gesehen, wie geschlossene Abteilungen ausgewählter Juden abgeführt wurden. Aus dem Steinbruch hörte man Schüsse. Dann wurden leere Särge aus dem Lager in Richtung Steinbruch gebracht. Keiner der Gefangenen kehrte ins Lager zurück. Damals gab es im Lager noch kein Krematorium. Die Häftlinge nahmen an, daß die Leichen in Jena oder anderswo verbrannt werden sollten. Wie Müller präzisiert, befanden sich unter den SS-Leuten, die die Opfer eskortierten, Oberscharführer Pleißner, Hauptscharführer Schäfer, Blockführer Costial und ein gewisser Fickert oder Fricke, an dessen Namen er sich nicht mehr genau erinnert.[33]

Der Fall des Judenmassakers im Steinbruch wurde mangels eindeutiger Beweise im Urteil gegen Ilse Koch nicht berücksichtigt. Aber niemand kann bezweifeln, daß sie die jüdischen Häftlinge erbittert haßte. Mit besonderem Sadismus schlug sie auf sie ein oder ließ sie schlagen, wenn die Elendskolonnen auf dem Karacho-Weg an ihr vorbeikamen, diesem Weg vom Lager zu den auswärts gelegenen Arbeitsstellen, der so hieß, weil ihn die Gefangenen im Eiltempo zurücklegen mußten. Anders, als die meisten ehemaligen französischen Buchenwaldhäftlinge glauben, ist das Wort »Karacho« keine phonetische Wiedergabe des russischen »choroscho« (gut, schön, einverstanden), das sie so oft von ihren slawischen Mitgefangenen gehört haben, sondern ein deutscher Ausdruck, abgeleitet vom spanischen »carajo« (mit hohem Tempo). Der Karacho-Weg war der Expreßweg, und zwar oft in den Tod.

Der von Ilse Koch praktizierte Antisemitismus gehörte zum Grundbestand der Naziideologie; er wurzelte in einer nationalistischen deutschen Tradition, seit der Mitte des 19. Jahrhunderts von der auf das »Germanentum« pochenden Reaktion hochgespielt. Für Hitler wie für Himmler waren Rassismus und Antisemitismus unverzichtbarer Bestandteil ihrer faschistischen Ideologie und Politik.

Hitler hatte während der Festungshaft in Landsberg, nach dem gescheiterten faschistischen Putsch von 1923 in München, Friedrich Nietzsche[34] und den britischen Antisemiten Houston Stewart Chamberlain gelesen, ganz zu schweigen von dem französischen Mitbegründer des Rassismus Joseph Arthur Graf Gobineau und den ungezählten vulgären Propagandaschriften, die Antisemitismus und Rassismus mit nebelhaften Theorien über den Mythos des »germanischen Blutes« vermengten.

Der rechtsbürgerlich orientierte Joachim C. Fest bemerkt in seiner

Hitlerbiographie, der Faschistenführer habe »die Figur des Juden zur Inkarnation aller nur denkbaren Laster und Ängste stilisiert«. Für Hitler war der Jude »buchstäblich ›an allem schuld‹: an Börsendiktatur und Bolschewismus, an humanitären Ideologien«. Hitler habe »sogar die Identität von Judentum, Christentum und Bolschewismus behauptet«.[35]

Schon im Mai 1923 hatte Hitler in einer Rede im Zirkus Krone die Stirn, zu behaupten, daß der Jude zwar einer Rasse angehöre, aber nicht Mensch sei. Er könne gar nicht Mensch im Sinne des Ebenbildes Gottes, des Ewigen, sein, sondern sei das Ebenbild des Teufels. Das Judentum bedeute Rassetuberkulose der Völker(!).[36]

Kurz nach der Wannsee-Konferenz am 20. Januar 1942, auf der die »Endlösung der Judenfrage«, also die Ermordung von mehr als 11 Millionen Juden Europas, beschlossen wurde, erklärte Hitler Ende Februar 1942 an seiner Tischrunde: »Die Entdeckung des jüdischen Virus ist eine der größten Revolutionen, die in der Welt unternommen worden sind. Der Kampf, den wir führen, ist von derselben Art wie im vergangenen Jahrhundert derjenige von Pasteur und Koch. Wie viele Krankheiten gehen auf den jüdischen Virus zurück! ... Wir werden die Gesundheit nur wiedererlangen, wenn wir den Juden ausrotten.«[37]

Diese ebenso abwegige wie verbrecherische Ideologie ist die Denkweise der SS-Leute, und sie wird ihnen mit besessener Hartnäckigkeit eingeschärft. Für eine Frau wie Ilse Koch wird sie sozusagen zur Selbstverständlichkeit. Der Jude ist für sie kein menschliches Wesen, sondern schuld an allen Verbrechen und deshalb auszumerzen. Für sie gibt es auch keinen grundsätzlichen Unterschied zwischen Juden und Kommunisten, hat doch Himmler wiederholt gesagt: »Wir wissen, daß dieser Bolschewismus einzig und allein Macht und Werkzeug des Juden ist.«[38]

In einer sehr wichtigen Rede in Poznań (Posen) äußerte sich Himmler eingehend über die Vernichtung der Juden, wie er es zweifellos auch in den engeren Kreisen getan hat, denen die Kochs angehörten: »Ich darf hier in diesem Zusammenhang und in diesem allerengsten Kreise auf eine Frage hinweisen, die Sie, meine Parteigenossen, alle als selbstverständlich hingenommen haben, die aber für mich die schwerste Frage meines Lebens geworden ist, die Judenfrage. Sie alle nehmen es als selbstverständlich und erfreulich hin, daß in Ihrem Gau keine Juden mehr sind. Alle deutschen Menschen – abgesehen von einzelnen Ausnahmen – sind sich auch darüber klar, daß wir den Bombenkrieg, die Belastungen des vierten und des vielleicht kommenden fünften und sechsten Kriegsjahres nicht ausgehalten hätten und nicht aushalten würden, wenn wir diese zersetzende Pest noch in unserem Volkskörper hätten. Der Satz ›Die Juden müssen ausgerottet werden‹ mit seinen wenigen Worten, meine Herren, ist leicht ausgesprochen. Für den, der durchführen muß, was er fordert, ist es das Allerhärteste und Schwerste, was es gibt. Sehen Sie, natürlich sind es Juden, es ist ganz klar, es sind nur Juden, bedenken Sie aber selbst, wie viele – auch Parteigenossen – ihr berühmtes Gesuch an mich oder irgendeine Stelle gerichtet haben, in dem es hieß, daß alle Juden selbstverständlich Schweine seien, daß bloß der Soundso ein anständiger Jude sei, dem man nichts tun dürfe ...

Ich bitte Sie, das, was ich Ihnen in diesem Kreise sage, wirklich nur zu hören und nie darüber zu sprechen. Es trat an uns die Frage heran: Wie ist es mit den Frauen und Kindern? – Ich habe mich entschlossen, auch hier eine ganz klare Lösung zu finden. Ich hielt mich nämlich nicht für berechtigt, die Männer auszurotten – sprich also, umzubringen oder umbringen zu lassen – und die Rächer in Gestalt der Kinder für unsere Söhne und Enkel groß werden zu lassen. Es mußte der schwere Entschluß gefaßt werden, dieses Volk von der Erde verschwinden zu lassen. Für die Organisation, die den Auftrag durchführen mußte, war es der schwerste, den wir bisher hatten. Er ist durchgeführt worden, ohne daß – wie ich glaube, sagen zu können – unsere Männer und unsere Führer einen Schaden an Geist und Seele erlitten hätten. Diese Gefahr lag sehr nahe. Der Weg zwischen den beiden hier bestehenden Möglichkeiten, entweder zu roh zu werden, herzlos zu werden und menschliches Leiden nicht mehr zu achten oder weich zu werden und durchzudrehen bis zu Nervenzusammenbrüchen – der Weg zwischen dieser Scylla und Charybdis ist entsetzlich schmal.«[39]

Als die ersten Juden verhaftet und in Buchenwald eingeliefert wurden – andere Häftlinge jüdischer Herkunft befanden sich bereits vor 1938 dort, aber wegen ihrer politischen, gewöhnlich kommunistischen Betätigung und nicht aus rassischen Gründen –, demonstrierten ihnen Karl Koch und seine Frau sofort ihre Brutalität. Etwa tausend jüdische Häftlinge wurden in einem Sonderlager eingepfercht und erlebten unter der Fuchtel von SS-hörigen »grünen« Kapos ein ähnliches Martyrium wie die ersten »Politischen« in der Aufbauzeit des Lagers.

14 bis 15 Stunden täglich zur Arbeit gezwungen, durften sie nur fünf Stunden schlafen. Jeden Tag wurden drei oder vier von ihnen im Steinbruch »auf der Flucht« erschossen.[40]

Nach der »Rath-Aktion« im November 1938 wurden 9419 jüdische Männer ins Lager eingeliefert. Sie mußten die 10 km von Weimar nach Buchenwald zwischen einem Doppelspalier von SS-Leuten zurücklegen, die mit Peitschen und Knüppeln auf sie einschlugen, so daß nur wenige das Lager unverletzt erreichten. 70 von ihnen wurden wahnsinnig.

Etwas später trafen 2500 in Wien zusammengetriebene, meist staatenlose Juden im Lager ein. Sie wurden in fünf großen Wehrmachtzelten zusammengedrängt, die hinter einer Stacheldrahteinzäunung auf dem Appellplatz standen. Dieses Sonderlager wurde den Hauptscharführern Blank und

Hinkelmann unterstellt. Die Häftlinge bekamen nur die halbe Verpflegungsration; sie hatten weder Schlafstätten noch Decken, und das im Winter. Bis zu 60 dieser maßlos gequälten Menschen starben täglich. Im Frühjahr 1940 wurden die etwa 500 Überlebenden durch die Solidarität ihrer nichtjüdischen politischen Kameraden gerettet.

Einen neuen barbarischen Höhepunkt erreichten die antisemitischen Verfolgungen in Buchenwald nach dem Attentat auf Hitler am 8. November 1939 im Münchener Bürgerbräukeller. Tags darauf wurden sämtliche jüdischen Häftlinge in ihren verdunkelten Baracken eingeschlossen. Eine Gruppe von SS-Leuten, darunter die Hauptscharführer Blank und Jähnisch, wählte 21 Häftlinge aus und führte sie in den Steinbruch, wo sie, wie bereits geschildert, erschossen wurden.

Im Herbst 1940 ertränkte Oberscharführer Max Abraham den jüdischen Häftling Edmund Hamber, indem er dessen Kopf in eine Wasserpfütze drückte.[41] Dessen Bruder gab, als Augenzeuge befragt, kühn die Wahrheit über die Todesursache an. Darauf wurde das gesamte Arbeitskommando vom Oberscharführer Heinz Petrick zusammengerufen und gefragt, ob sie etwas gesehen hätten. Verständlicherweise wagte niemand zu sagen, daß er etwas gesehen hatte. Der Vorarbeiter mußte die Namen seiner 28 Leute aufschreiben. »Haben Sie sich selbst mit aufgeschrieben?« fragte ihn Petrick. »Nein!« antwortete der Vorarbeiter. »Dann schreiben Sie Ihren Namen darunter!« Das geschah. Dann wurden sie alle in ihre Blocks geschickt.[42]

Mein Freund Emil Carlebach hat die Szene miterlebt. Der Bruder des Ermordeten sagte ihm: »Ich weiß, daß ich für meine Aussage sterben muß, aber vielleicht werden sich diese Verbrecher in Zukunft etwas zurückhalten, wenn sie eine Anzeige befürchten müssen, und dann bin ich nicht umsonst gestorben.«[43]

Am nächsten Tag, gegen neun Uhr, wurde er ans Tor gerufen. Zur großen Überraschung seiner Kameraden kehrte er nach einer halben Stunde zurück und erzählte, der Kommandant habe ihm gesagt, er wolle von ihm die volle Wahrheit wissen und gebe ihm sein Ehrenwort, daß ihm nichts geschehen werde.

Er wiederholte seine wahrheitsgetreuen Angaben. Kurz vor Mitternacht holte ihn ein SS-Mann aus seinem Block, und er wurde in den Bunker gesperrt. Die 28 anderen Angehörigen des Kommandos wurden einer nach dem anderen in den Bunker gebracht. Alle fanden dort – bis auf einen einzigen – am vierten Tag den Tod.

Ende 1941 wurden erst zehn, dann weitere 50 jüdische Häftlinge als Versuchsobjekte für die Herstellung eines Fleckfieberimpfstoffs ausgesucht. Sie starben dabei, aber die SS stellte dann fest, daß man »Ariern« nicht ein Serum aus »jüdischem Blut« einimpfen dürfe, und so wurden keine Juden mehr dafür verwendet...

Im Frühjahr 1942 wurden etwa 360 jüdische Häftlinge von dem SS-Arzt Hauptsturmführer Waldemar Hoven als arbeitsunfähig ausgesondert, in die Heilanstalt Bernburg geschickt und dort durch Giftgas ermordet.

Am 17 Oktober 1942 kam der Befehl, alle jüdischen Gefängnis- und Lagerinsassen zur Vernichtung nach Auschwitz zu transportieren. In Buchenwald, wo die Widerstandsbewegung bereits feste Positionen errungen hatte, konnten etwa 200 von ihnen als Spezialisten für »siegwichtige Arbeit« im Lager zurückbehalten werden.

Die Überlebenden haben zumeist eine wichtige Rolle in der illegalen Arbeit der Häftlinge gespielt, und mehr als ein Franzose verdankt ihnen das Leben. Bei unserer Befreiung lebten nicht mehr viele von ihnen. Sie waren außer den allgemeinen KZ-Drangsalierungen noch einer Liquidierungsaktion entronnen, die die Scharführer Schmidt und Greuel, der Arbeitsdienstführer Simon, der Rapportführer SS-Oberscharführer Hermann Hofschulte, der Lagerführer SS-Obersturmführer Erich Gust sowie der SS-Arzt Waldemar Hoven und sein Gehilfe SS-Hauptscharführer Friedrich Wilhelm 1943 begonnen hatten. Alle Juden sollten im Krankenbau des Lagers durch Giftspritzen ermordet werden. Dank der organisierten Widerstandsbewegung konnten bis auf 15 alle gerettet werden; zu den Ermordeten gehörte, wie Emil Carlebach präzisiert, der tschechische Antifaschist Max Gallandauer.[44]

Ilse Koch gab vor, von alledem nichts gewußt zu haben. »Ich habe das Lager nie betreten«, wiederholte sie vor den Augsburger Geschworenen. Niemand fragte sie, ob sie Rassistin sei. Das war selbstverständlich.

Viertes Kapitel

Die Mordmaschine

Eines Tages hatte Ilse Koch die Einrichtung ihrer Zelle zerschlagen. Sie hatte so laut geschrien, daß man es im ganzen Gefängnis hörte. War es ein hysterischer Anfall? Morgens weigerte sie sich, das Bett zu verlassen. Die beiden herbeigerufenen Ärzte beleidigte sie grob. Nach sorgfältiger Untersuchung kamen die Ärzte zu der Überzeugung, daß sich die Angeschuldigte vorsätzlich und bewußt so aufführte. Da man sich in einem zivilisierten Land befand und die faschistische Ära vorbei war, wurde die Gefangene dem Gericht nicht zwangsweise vorgeführt, sondern in ihrer Zelle gelassen. Das Augsburger Gericht beschloß jedoch, die Zeugenvernehmung in Abwesenheit der Angeklagten fortzusetzen.

Die Zeugen, die angehört werden sollten und angehört wurden, gaben ein Bild von der Angeklagten, dessen Entstehung die Koch in der Hauptverhandlung von Anfang an mit größtem Eifer zu verhindern suchte. Nach ihren Angaben hatte sie sich nie um die Angelegenheiten des Lagers gekümmert und nicht gewußt, was dort geschah. Das war offenkundig falsch. Aber sie mußte noch überführt werden.

Mehrere Zeugen, die es nicht direkt mit Ilse Koch zu tun bekommen hatten, schilderten, wie gefürchtet sie war. Sie berichteten, daß sie bei der Ankunft im Lager von den dort schon länger inhaftierten Kameraden vor den Gefahren gewarnt wurden, die der Aufenthalt im Umkreis der Villa Koch oder gar eine Begegnung mit der »Kommandeuse« bedeuteten.

Ein Zeuge gab eine Episode aus seinem KZ-Leben wieder, die ein deutliches Licht auf die Rolle der Koch wirft. Zum Gestapochef Hubert Leclaire gerufen, erfuhr er von diesem Mann, den die Häftlinge besonders fürchteten, daß er in das KZ Dachau verlegt werden sollte. Das war im Oktober 1940. In ausnahmsweise redseliger und guter Stimmung erklärte ihm Leclaire, er solle sehen, daß er nach Dachau komme; wenn die Koch seine Akten in die Finger bekäme, würde er durch den Kamin gehen.

Ilse Koch scheute sich also nicht, im einzelnen nachzuprüfen, aus welchen Gründen bestimmte Häftlinge in Buchenwald waren. Sie hatte Einfluß genug, um die Gestapo-Akten einsehen zu können. Diese Eingriffe in die Angelegenheiten einer Dienststelle, die im Prinzip nicht der Lagerleitung unterstand, mißfiel dem Verantwortlichen, und das erklärt seine aufschlußreiche Mitteilung an den Zeugen.[1] Sie beweist, daß Karl Kochs Frau einen langen Arm hatte.

Aus dem Urteil des Schwurgerichts Augsburg geht hervor, daß die Koch weitgehend in die Lagerverhältnisse eingeweiht war. Sie wußte auch genau und billigte in vollem Umfang, was sich im äußeren Lagerbereich abspielte. Es besteht darüber hinaus der Verdacht, daß sie in noch höherem Maße von den Vorkommnissen an einigen Stellen, wie dem Bunker und anderen Folter- und Mordstätten, gewußt hat.[2]

Seinerzeit war es undenkbar, daß eine kleine Stenotypistin wie Ilse Koch vom Reitsport auch nur träumen konnte. Diese damals ausgesprochen aristokratische Sportart war einer »Elite« vorbehalten, der es weder an Geld noch an höheren Beziehungen mangeln durfte. Sich in den Sattel zu schwingen, hieß quasi offiziell zu beweisen, daß man sehr hoch über dem gewöhnlichen Sterblichen stand.

Kaum in Buchenwald angekommen, nahm sich Ilse Koch vor, Reitsport zu treiben. In Weimar nahm sie Reitunterricht in Gesellschaft der Tochter eines SS-Offiziers, einer gewissen Bernhardine, mit der sie bald aneinandergeriet. Aufgrund der Position ihres Mannes fiel es ihr nicht schwer, der SS-Truppe des Lagers Reitpferde zuteilen zu lassen. Von Häftlingen wurde ein Pferdestall gebaut, dann auch eine Reithalle, die sie praktisch allein benutzte. Sie ritt durch das Lager und dessen Umgebung, allein oder in Begleitung von SS-Führern, besonders des Schutzhaftlagerführers, SS-Obersturmbannführer Hermann Florstedt, und des Lagerarztes, SS-Hauptsturmführer Waldemar Hoven, ihrer beiden Geliebten. Sie konnte sehr wohl von allem wissen, was im Pferdestall und in der Reithalle geschah. Die Halle wurde auf ihren ausdrücklichen Wunsch gebaut. Der deutsche Häftling Max Schneider berichtet: »Jeder, der in Buchenwald war, weiß, daß beim Bau der Reithalle sehr viele junge Leute ums Leben gekommen sind... Die Kommandeuse hat auch in diesem Fall verschiedentlich das Arbeitstempo übersteigern lassen und drohte sogar den Bauführern, daß sie sie einstecken lassen wolle, wenn sie nicht schnell genug arbeiteten. Es war eine bekannte Tatsache, daß während des Baues oft 1 bis 5 Leute am Abend tot aus der Baustelle herausgetragen wurden.«[3]

Pferdestall und Reithalle spielen in der Geschichte der Buchenwald-Verbrechen eine sehr wichtige Rolle. Dort wurden vom Frühherbst 1941 an Tausende von Häftlingen ermordet. Zuvor hausten die Hinrichtungskommandos auf einem Schießstand im Werkgelände der DAW[4]. Die massenhafte Einlieferung sowjetischer Kriegsgefangener in das KZ inspirierte die SS zur Erfindung einer »wissenschaftlichen« Mordmethode.

Die ersten in Buchenwald inhaftierten Kriegsgefangenen waren Polen. Im September 1939 trafen über 100 in erbärmlicher Verfassung aus dem Fort 9 der Festung Poznań (Posen) ein. Nach dem faschistischen Überfall auf Polen hatten Streifendienste der Wehrmacht diese jungen Menschen festgenommen. Sie wurden verdächtigt, »Heckenschützen« – faschistische Bezeichnung für Partisanen – zu sein, und sollten für die ihnen unterstellte Kühnheit büßen.

Unter Gebrüll nach Buchenwald hinaufgeprügelt, wurden sie in einen Stacheldrahtkäfig des Kleinen Lagers gesperrt, das sich damals oberhalb des Appellplatzes befand. Fast ohne Essen, den ganzen Tag lang geprügelt, starben viele von ihnen. Die SS-Hauptscharführer Blank und Hinkelmann taten sich bei diesen Quälereien besonders hervor.

Die polnischen Häftlinge waren aber bei der Ankunft im Lager nicht »ordnungsgemäß« aufgenommen worden, konnten also auch nicht »ordnungsgemäß« umgebracht und »ordnungsgemäß« als Tote registriert werden. Ein SS-Bürokrat erregte sich deswegen, er fand diese Nachlässigkeit empörend. Es erging Befehl, das in Ordnung zu bringen. Unter den noch Lebenden war jedoch eine Ruhrepidemie ausgebrochen, so daß die SS Angst bekam. Um ihre eigene Gesundheit besorgt, schickte sie zwei Häftlingsschreiber aus dem Krankenbau in das Kleine Lager, um die Polen registrieren zu lassen.

Kapo des Krankenbaus war damals der Kommunist Walter Krämer. Er bemühte sich, den Unglücklichen zu helfen. Bei dieser Gelegenheit kamen auch die Hintergründe dieser Tragödie ans Tageslicht. Die Opfer waren von der Wehrmacht festgenommen worden und sollten als »Heckenschützen« abgeurteilt werden. Die Untersuchung hatte jedoch ergeben, daß es sich um harmlose Zivilpersonen handelte und daß keine Handhabe für eine kriegsgerichtliche Aburteilung gegeben war. In Verlegenheit geraten, übergab die Wehrmacht ihre Gefangenen an die SS, die stets bereit war, Polen umzubringen. Und so kamen diese Gepeinigten nach Buchenwald. Das Martyrium in dem Stacheldrahtkäfig überlebte nur *ein einziger* Häftling![5]

Danach trafen weitere Tausende Polen im KZ Buchenwald ein, und viele von ihnen sind dort umgekommen. Sie gehörten größtenteils demokratischen, antifaschistischen Strömungen an. Aber es waren auch Faschisten dabei. Erst vom Dezember 1942 an gelang es den wenigen polnischen Kommunisten, sich fester zu organisieren, zunächst mit dem Ergebnis einer, wie sie sagten, »erneuten Politisierung der polnischen Häftlinge« und der Sammlung der Demokraten.[6] In der Folgezeit wirkte ein bestimmter Teil in der illegalen Arbeit der internationalen Widerstandsbewegung im Lager mit.

Nach dem faschistischen Überfall auf die UdSSR wurden Tausende und aber Tausende sowjetische Kriegsgefangene im KZ Buchenwald eingepfercht. Ihnen war ein noch schlimmeres Los zugedacht als den anderen KZ-Insassen und ihren Kameraden in den Stalags und Oflags[7], wo drei Millionen sowjetische Kriegsgefangene starben. Die meisten von ihnen wurden nämlich unmittelbar nach ihrer Ankunft in Buchenwald kaltblütig ermordet.

Als Ilse Koch im Dachauer Prozeß nebenbei über das Schicksal der sowjetischen Kriegsgefangenen befragt wurde – das Problem interessierte die Mitglieder des amerikanischen Militärgerichts ansonsten nicht –, antwortete sie wie in allen anderen Fällen, sie habe von nichts gewußt. Die Antwort war unglaubwürdig; denn wie wir gesehen haben, gab es genug Beweise, daß sie von den Angelegenheiten des Lagers sehr wohl unterrichtet war. Da sie auch im fraglichen Zeitraum häufig ausritt, konnten ihr gewisse Vorgänge im Pferdestall kaum verborgen bleiben; denn dort geschah der Massenmord.

Der SS-Standartenführer Karl Koch hatte ohne Erstaunen schon vor Kriegsbeginn gegen die UdSSR Instruktionen für das Verhalten eines »guten Nazis« gegenüber den Bolschewisten entgegengenommen. Später kam Himmler in Weimar darauf zurück, und zwar vor Befehlshabern der Kriegsmarine, die aus unbekannten Gründen in dieser weit von der Küste entfernten Stadt zusammengerufen worden waren: »Wenn ich irgendwo gezwungen war, in einem Dorfe gegen Partisanen und gegen jüdische Kommissare vorgehen zu lassen – ich spreche dies in diesem Kreise aus, als lediglich für diesen Kreis bestimmt –, so habe ich grundsätzlich den Befehl gegeben, auch die Weiber und Kinder dieser Partisanen und Kommissare umbringen zu lassen. Ich wäre ein Schwächling und ein Verbrecher an unseren Nachkommen, wenn ich die haßerfüllten Söhne dieser von uns im Kampfe von Mensch gegen Untermensch erledigten Untermenschen groß werden ließe. Glauben Sie mir: Dieser Befehl ist nicht so leicht gegeben und wird nicht so einfach ausgeführt, wie er konsequent richtig gedacht und in der Aula ausgesprochen ist. Aber wir müssen immer mehr erkennen, in welch einem primitiven, ursprünglichen, natürlichen Rassenkampf wir uns befinden.«[8]

Für das Verständnis der Vorgänge in Buchenwald und der Denkweise so überzeugter (*wenn auch* oder *gerade weil* karrieristischer und korrupter) SS-Leute wie der Kochs ist es sehr wichtig zu wissen, daß die Vernichtung der kommunistischen Kader der UdSSR schon vor dem Überfall vom 22. Juni, nämlich im März 1941 *in Abstimmung mit der Wehrmacht und der SS* geplant wurde. Entgegen verschiedenen Behauptungen hat sich die Wehrmachtführung keineswegs jenen Entscheidungen widersetzt, die allen Gesetzen der Moral und der internationalen Konventionen über die Kriegführung ins Gesicht schlugen.

Schon am 3. März 1941 hatten Generalfeldmarschall Wilhelm Keitel, Chef des OKW, und General d. Art. Alfred Jodl, Chef des Wehrmachtführungsstabs, Kenntnis der von Hitler übermittelten Grundzüge des Kommissarbefehls.[9] Sie billigten diese rückhaltlos. Am 13. März besprachen der Generalquartiermeister Generalmajor Eduard Wagner vom OKH, Generalfeldmarschall Walther von Brauchitsch sowie der Chef der Sicherheitspolizei und des Sicherheitsdienstes SS-Gruppenführer Reinhard Heydrich die Aufgaben der Einsatzgruppen zur Vernichtung der Juden und Kommunisten im okkupierten sowjetischen Gebiet und einigten sich ohne weiteres.

Am 30. März 1941 sprach Hitler fast $2^1/_2$ Stunden lang vor der faschistischen Generalität, also vor 250 Generalen und hohen Offizieren, die jene Kräfte zu befehligen hatten, die gegen die UdSSR eingesetzt werden sollten. Die Aufzeichnungen des Generalobersten Franz Halder, Chef des Generalstabs des Heeres, geben unter anderem folgende Kernsätze dieser Rede wieder: »Vernichtendes Urteil über Bolschewismus, ist gleich asoziales Verbrechertum ... Der Kommunist ist vorher kein Kamerad und nachher kein Kamerad. Es handelt sich um einen Vernichtungskampf ... Kommissare und GPU-Leute sind Verbrecher und müssen als solche behandelt werden ... Im Osten ist Härte mild für die Zukunft.«[10]

Am 3. April 1941 gibt Generaloberst Halder den ausdrücklichen Befehl, gegenüber Soldaten und Offizieren der Roten Armee die Haager Landkriegsordnung von 1907 und die Genfer Konventionen von 1929 nicht zu beachten. Am Ende desselben Monats ordnet er »eiserne Strenge« gegen die sowjetische Zivilbevölkerung an. Am 16. Juni befiehlt er den Nachrichtenoffizieren des Heeres, die Einsatzgruppen zu unterstützen.[11]

Die vier Einsatzgruppen A, B, C und D haben die Heeresgruppen Nord, Mitte und Süd zu begleiten. Sie gehen unverzüglich ans Werk; in bestimmten Gebieten werden sie von einheimischen Antisemiten und Antikommunisten unterstützt, so vom 25. Juli 1941 an in den baltischen Sowjetrepubliken, in der Ukraine und in Belorußland. In wenigen Wochen werden Juden und aktive Kommunisten zu Tausenden umgebracht und Hunderte von Dörfern niedergebrannt. Am Kriegsende schätzte man die Anzahl der kriegsgefangenen sowjetischen Militärangehörigen, die den Einsatzgruppen zur Exekution übergeben worden waren, nach Angaben des Nazigenerals Günter Reinecke auf 580000 bis 600000.

Die Befehle der Wehrmachtgenerale zur Vernichtung von Zivilpersonen sind bekannt. Ohne sie hätten die von SS-Angehörigen begangenen Massenmorde nie ein so ungeheuerliches Ausmaß erreichen können. Sie befolgten damit »nur« die am 19. Mai 1941 von Generalfeldmarschall Wilhelm Keitel gegebenen »Richtlinien des Chefs des OKW für das Verhalten der deutschen Truppen in der Sowjetunion«, die »rücksichtsloses und energisches Durchgreifen gegen bolschewistische Hetzer, Freischärler, Saboteuere, Juden und restlose Beseitigung jedes aktiven oder passiven Widerstandes« vorsahen.[12]

Als der offiziell vom 6. Juni 1941 datierte Kommissarbefehl, der Befehl zur Vernichtung der »politischen Funktionäre«, beim SS-Kommando von Buchenwald eintrifft, überrascht das niemand.[13] Schon zu diesem Zeitpunkt wissen die SS-Schergen, wie die politischen Kommissare sowie die sowjetischen Soldaten, Unteroffiziere und Offiziere, die ins Lager eingeliefert werden, zu behandeln sind.

Die ersten sowjetischen Kriegsgefangenen werden am 16. September 1941 im Gelände der DAW erschossen.[14] Noch sind es wenige. Aber von Oktober an werden sie zu Tausenden nach Buchenwald gebracht. In einer derartigen Anzahl von erfahrenen Militärangehörigen sieht die SS eine Gefahr für sich. Sie fürchtet einen Aufstand. Die Neuankömmlinge müssen also getäuscht werden, damit sie nicht ahnen, was sie erwartet. Eine Taktik der Tarnung, ähnlich der im KZ Auschwitz, wird ausgearbeitet.

In den Lagern, wo die Häftlinge in die Gaskammern geschafft wurden, hat man ihnen bekanntlich weisgemacht, daß sie nur duschen sollten. In Buchenwald führte man sie sofort nach dem Absitzen vom Lastwagen zu dem Pferdestall in einem damals noch bewaldeten Teil des Lagergeländes. Sie mußten sich nackt ausziehen und wurden einzeln bei lauter Radiomusik in das sogenannte Arztzimmer geführt, wo ein SS-Mann in weißem Kittel sie pro forma untersuchte und für gesund erklärte. Dann wurden sie, angeblich zur Messung der Körpergröße, an eine Meßlatte gestellt. Dahinter befand sich in Nackenhöhe ein Mauerdurchbruch. Auf ein Klopfzeichen öffnete ein SS-Mann vom Nachbarraum aus die Klappe vor dem Durchbruch und schoß dem Unglücklichen ins Genick. Die Leiche wurde sofort weggeschafft und das Blut mit einem Wasserstrahl weggespült.[15]

Diese Morde begingen die Angehörigen des Kommandos 99. Es bestand aus SS-Unteroffizieren, die sich freiwillig gemeldet hatten oder die im Wechsel eingesetzt wurden, wenn die Freiwilligen nicht ausreichten. Die Exekutionen fanden zwischen 21.00 Uhr und 5.00 Uhr statt. In manchen Nächten brachten die SS-Henker bis zu 500 Kriegsgefangene um.

Alle SS-Angehörigen des Kommandos 99 wurden mit dem Kriegsverdienstkreuz dekoriert. Während dieses »Dienstes« durften sie Schnaps trinken, soviel sie wollten. Im Buchenwald-Prozeß in Dachau 1947 gab der SS-Oberscharführer Dietrich eine »versuchsweise Erschießung« von acht Häftlingen zu. Deutsche Häftlinge hatten ermittelt, daß 8475 sowjetische Kriegsgefangene umgebracht worden waren. Demnach handelte es sich insgesamt um 8483 Opfer.[16] Wie die deutschen Häftlinge zu diesen Zahlen kamen, sei hier kurz berichtet.

14 Häftlinge, meist Zimmerer und Tischler, hatten die Meßlatten, die Lautsprecher, die Radioanlage und das Telefon installieren müssen. Die Häftlinge Armin Walther und Herbert Morgenstern mußten die Fernsprech- und Fernschreibzentrale sowie die Funkstelle der SS-Lagerleitung technisch betreuen. So konnten sie fast alle eingehenden Fernschreiben und auch die unter dem Rufzeichen »Oma« aus der Gestapozentrale Prinz-Albrecht-Straße in Berlin angekommenen Funksprüche lesen.

Auf diesem Weg erfuhr der Lagerkommandant von Buchenwald, wieviel

Häftlinge ankommen und wann sie eintreffen sollten. Armin Walther bemerkte, daß einige Transportmeldungen den Zusatz »davon Ex.« enthielten. Er begriff sofort, daß das hieß: »davon soundsoviele zu exekutieren«. Der größte gemeldete Transport (nicht alle bestanden nur aus sowjetischen Kriegsgefangenen) umfaßte 800 Häftlinge, mit der Zusatzangabe: davon »Ex. 423«.[17]

Ilse Koch hat zweifellos nie geahnt, wie genau sie beobachtet wurde. Die politischen Häftlinge fürchteten und haßten sie, denn sie war eine reale Gefahr. Ihre Launen und ihre Lust, zu denunzieren und »bestrafen« zu lassen, rechtfertigten die ärgsten Besorgnisse. Zwar konnte niemand vorhersehen, welche Grillen sie bekommen würde, und niemand konnte wissen, welchen Schurkenstreich sie plante; dennoch war es möglich festzustellen, wo sie sich aufhielt, um manche von ihren Vorhaben in Erfahrung zu bringen und einige davon zu durchkreuzen. Aber damit diese Seite des Häftlingslebens verständlich wird, muß hier auf die illegale Organisation der deutschen Häftlinge in Buchenwald und auf ihren langen, unermüdlichen Kampf für das Leben und die Menschenwürde eingegangen werden.

Es gehört nicht zu den geringsten Seltsamkeiten der Geschichte, daß sich zur selben Zeit und an denselben Orten zwei völlig entgegengesetzte, antagonistische und einander zutiefst feindselig gegenüberstehende Lebenswege herausgebildet haben. Während die Naziideologie ihre Anhänger zum Verbrechen und zur Korruption trieb, ließ die Ideologie des Antifaschismus eine Solidarität und eine Moral entstehen, die man nicht übergehen darf, um nicht lückenhaft und vor allem nicht ungerecht zu sein.

Hier soll nicht behauptet werden, bei den Häftlingen sei alles vollkommen gewesen und sie hätten alle Vorbilder an Tugend und Heroismus abgegeben. – Der Manichäismus hat nie die historische Wahrheit widergespiegelt. – Als Ende 1943, Anfang 1944 Franzosen in großer Anzahl nach Buchenwald kamen, fiel es ihnen oft schwer, das Verhalten der deutschen Häftlinge zu verstehen, ihrer Kameraden und Kampfesbrüder, wie sie sagten. Einer der Unsrigen – ein spanischer Schriftsteller – hat sogar geschrieben, daß sie alle »verrückt« gewesen seien.

Verrückt waren die Überlebenden nicht, die wir kennengelernt haben. Die Welt, in der sie dem Tod Widerstand leisteten, *die* war verrückt. Ihr Kampf in den Jahren der vorangegangenen Lagergeschichte, in den Zeiten, da die Kochs hier diktierten, hatte sie dazu gebracht, sich auf die Situation von Schiffbrüchigen einzustellen, in der eiserne Disziplin unbedingte Voraussetzung für das Überleben ist, auf diese *Zuchthauswelt*, die nichts mehr mit der Außenwelt gemein hat und wo man absolute innere Festigkeit braucht, um die Flamme des Besten im Menschen weiter zu hüten, die Flamme der Menschenwürde.

Gedenktafel für Ernst Thälmann im Hof des Krematoriums Buchenwald, wo der Vorsitzende der KPD am 18. August 1944 hinterrücks ermordet wurde

Der österreichische Katholik Eugen Kogon schreibt: »Das Verdienst der Kommunisten um die KL-Gefangenen kann kaum hoch genug eingeschätzt werden.«[18] Weshalb der Kommunisten? Die Antwort ist einfach. Weil sie als erste und in größter Anzahl in den KZ interniert wurden; weil sich das Regime der Hitlerfaschisten offiziell das Ziel gesetzt hatte, sie, die standhaften Kämpfer für die Ideale des Marxismus-Leninismus, auszumerzen; weil sie selbst Kampfgeist, Solidaritätsbewußtsein und oft auch einen Optimismus besaßen, der anderen, weniger kampfgestählten, in ihrer inneren Überzeugung weniger gefestigten Antifaschisten abging.

Die Bedingungen für den Widerstand gegen die SS und den Kampf ums Überleben wurden wesentlich dadurch bestimmt, welche Positionen die Häftlinge im inneren Funktionssystem des Lagers besetzen konnten – besetzen nahezu im militärischen Wortsinn. Eugen Kogon beschreibt diesen Prozeß so: »In jedem KL war es das Bestreben der politischen Häftlinge, den internen Verwaltungsapparat in die Hand zu bekommen, beziehungsweise in der Hand zu behalten, um sich mit allen verfügbaren Mitteln gegen die SS behaupten zu können und nicht nur den harten Kampf um das nackte Dasein zu bestehen, sondern auch, wenn irgend möglich, einen Beitrag zur allgemeinen Zersetzung und Überwindung des Systems zu leisten. In mehr als einem Lager haben politisch führende Häftlinge Jahre hindurch eine zähe, todesverachtende Arbeit solcher Art vollbracht.

Hauptgrundsatz des konsequenten, unerbittlichen Kampfes war es, gegen die SS eine undurchdringliche Mauer zu errichten, die nicht sichtbar war, aber überall dort in Wirksamkeit trat, wo ein SS-Angehöriger auftauchte. Die Lagerführungen waren nicht im Stande, Zehntausende von Unterjochten anders als rein äußerlich und sporadisch zu kontrollieren. Was hinter dem Stacheldraht wirklich vorging, blieb ihnen verborgen. Sie ahnten es, fürchteten es in dunklen Stunden des allmählichen Abstiegs der letzten Jahre, aber sie konnten es nicht greifen, das Anonyme nicht packen. Sie suchten sich daher durch Spitzel Kenntnis von den internen Vorgängen im Lager, besonders von oppositioneller Gesinnung und Organisation zu verschaffen. SS-Führer gingen selbst zuweilen in Häftlingskleidern ins Lager – eine kindische Methode, etwas in Erfahrung zu bringen, da sie eine Fülle typischer Kleinigkeiten des Häftlingslebens nicht beherrschten: sie wurden sofort erkannt und überwacht. Die Folge war nur verschärfte Aufmerksamkeit der Gefangenen und weiter gesteigertes Mißtrauen. Auch die Einsetzung nationalsozialistischer Häftlingsspitzel hat sich für die Gestapo und die SS nicht bewährt. Ehe die Neuzugänge überhaupt das eigentliche Lager, also den Stacheldrahtbereich betreten hatten, war, wenn sie irgendwie nationalsozialistischen oder verwandten Kreisen angehörten, ihr Signalement der internen Lagerleitung und den maßgebenden Männern der Häftlingsseite bereits zugeleitet. Zuverlässige Augen und Ohren waren stets vom ersten Moment an auf die ›Neuen‹ gerichtet, die ja auch noch stunden- und tagelang Etappen durchlaufen mußten, in denen sie von Häftlingen auf Herz und Nieren geprüft werden konnten. Nationalsozialisten blieben im Lager abgekapselt, bis sie entweder unschädlich gemacht waren oder sich als einwandfrei ungefährlich erwiesen hatten (ein Glück, das nur sehr wenigen zuteil wurde). Erfolg hatte die SS nur mit Spitzeln aus dem Lager selbst – BVern, Asozialen und auch Politischen.«[19]

Als die SS mit dem Aufbau des ursprünglichen Lagers fertig war, schritten die technischen Arbeiten, die sie parallel eingeleitet hatte, rasch voran. Buchenwald war sogleich an das Strom- und Fernsprechnetz angeschlossen worden. Unter den Häftlingen wurden Facharbeiter für die nötige Instandhaltung gesucht. Die kriminellen Häftlinge waren bis auf wenige Ausnahmen ziemlich unqualifiziert. Unter den »Politischen« gab es hingegen relativ viele Facharbeiter. So bekamen sie also das Elektrikerkommando in die Hände, das die Fernsprech- und Fernschreibzentrale wartete und die Radioapparate der SS instand setzte. Das war sichtlich eine Position von erstrangiger Bedeutung; damit verfügten die politischen Häftlinge über eine entscheidend wichtige Nachrichtenquelle. Ein Beispiel haben wir erwähnt, als wir das Schicksal der sowjetischen Kriegsgefangenen behandelten.

Aus dem Funkverkehr zwischen der SS-Lagerführung und Berlin sowie aus Telefongesprächen der Gestapostelle Weimar mit der Politischen Abteilung der Lagers entnahmen die Häftlinge viele wichtige Informationen. So konnten Anforderungen durch die Gestapo vorher in Erfahrung gebracht werden, desgleichen Befehle, die z. B. allgemeine Richtlinien für die Verwaltung der Lager, die Bildung von Außenkommandos oder neue Transporte betrafen, die ankommen oder abgehen sollten. Dadurch konnten gefährdete Häftlinge oft gerettet werden. Um das alles zu ermöglichen, überwachten die Elektriker nicht nur die Telefonzentrale und den Fernschreiber; *sie bauten sogar Abhörvorrichtungen für die Telefongespräche des Kommandanten Koch und seines Adjutanten. Diese Einrichtung befand sich in der Fernsprechzentrale. Andere Möglichkeiten wurden am Leitungsnetz geschaffen.*

Die Reparaturen an Rundfunkgeräten brachten die Chance, die Sendungen des Moskauer Rundfunks und von Radio London abzuhören, selbstverständlich unter großer Gefahr. Mit geschickt entwendeten Bauelementen wurden illegal Empfänger hergestellt und an sicheren Stellen verborgen.

Die Nachrichtenverbindungen der SS klärten besonders die Häftlinge Armin Walther und Herbert Morgenstern auf.[20] Als nach 1941 ein Offensiv- und ein Defensivplan für militärische Handlungen gegen die SS aufgestellt wurden, bestand eine besonders wichtige Aufgabe darin, die Veränderungen in Stärke und Bewaffnung der SS-Truppe zu verfolgen. So erfuhren die Elektriker beispielsweise 1945, daß Flammenwerfer aus Suhl im Lager eintreffen würden. Die zwei Häftlinge, die in der Waffenkammer mitarbeiteten, erhielten und erfüllten daraufhin den Auftrag, die Flammenwerfer unbrauchbar zu machen.

Alle Feststellungen des Elektriker-Kommandos über die Bewaffnung der SS wurden der illegalen militärischen Leitung gemeldet. Der Schreiber des Kommandos, der österreichische Gewerkschafter und Kommunist Otto Horn, den wir gut gekannt haben und der dem ILK angehörte, führte die geheime Kartei über die Waffenbestände der SS. Er hatte sie in die von ihm geführte Kartei aller Elektromaterialien eingefügt und nach einem System verschlüsselt, das nur er selbst kannte: Eierhandgranaten = 2-Amperesicherungen; Stielhandgranaten = 4-Amperesicherungen; Revolver = 6-Amperesicherungen; Karabiner = 10-Amperesicherungen usw.[21]

Unmittelbar nach dem Eintreffen in Buchenwald hatten die gefangenen Kommunisten begonnen, ihre Kräfte zusammenzuschließen, um dem Massaker, das sie Tag für Tag dezimierte, Widerstand entgegenzusetzen. Ihre erste Leitung, das IPA, bildeten Albert Kuntz, Walter Stoecker und Theodor Neubauer. Walter Stoecker starb im Frühjahr 1939 an Typhus. Theodor Neubauer wurde in jenem Jahr entlassen, im Sommer 1944 erneut verhaftet und am 5. Februar 1945 hingerichtet. Ihre Leitungsfunktionen in Buchenwald übernahmen August Thöne und nach dessen Entlassung Ernst Brandt sowie im November 1939 Walter Bartel, der im März 1939 in Prag verhaftet worden war und später besonders als Vorsitzender des illegalen ILK eine hervorragende Rolle in der internationalen Widerstandsorganisation im Lager spielte.

Die deutsche Aggression gegen die UdSSR war für die SS Anlaß, mit Unterstützung der »Grünen« eine Frontaloffensive gegen die kommunistischen Häftlinge zu beginnen.

Ein Komplice Ilse Kochs, der ehemalige Reichswehroffizier Fritz Wolff, war zeitweilig Lagerältester. Er ernannte ehemalige Wehrmachtangehörige, die als Asoziale eingeliefert worden waren, zu Blockältesten. Wolff denunzierte Ernst Brandt, Mitglied der Leitung des IPA, bei der SS. Von Genossen gewarnt, versuchte Ernst Brandt, die Angelegenheit in der Lagerbürokratie zu verzögern. Es war nämlich bekannt, daß Brandt entlassen werden sollte. Tatsächlich wurde er auch am Tag nach der Denunziation entlassen; sie war aber wahrscheinlich der Grund dafür, daß er nach kurzer Zeit erneut verhaftet und ins KZ Neuengamme verschleppt wurde. An seine Stelle in der Parteileitung trat Ernst Busse. Als Albert Kuntz in ein Außenlager dirigiert wurde, um ihn dem Zugriff der SS zu entziehen, kam Harry Kuhn als dritter Genosse in die illegale Leitung der deutschen Kommunisten. Bis zur Selbstbefreiung des Lagers bildeten dann Walter Bartel, Ernst Busse und Harry Kuhn die Leitung des IPA. Eine wichtige Rolle im Widerstandskampf spielte auch Ulrich Osche.

Die SS-Offensive gegen die »Politischen« dauerte den ganzen Winter 1941/42 an. Ungefähr 50 von den »Grünen« denunzierte Kommunisten wurden am 27. März 1942 in ein Sonderkommando gesteckt und aufs ärgste drangsaliert. Einige Tage später kamen etwa 20 weitere, ebenfalls an die SS »verzinkte« Kommunisten hinzu. Ohne die wirksame Unterstützung durch ihre etwas »freier« gebliebenen Kameraden wären sie nicht am Leben geblieben.

Mit verschiedenen Mitteln gelang es den kommunistischen Widerstandskämpfern, die Machenschaften der »Grünen« zu durchkreuzen und sie Schritt für Schritt aus wichtigen Positionen zu verdrängen. Die Häftlinge der Sonderkompanie bekamen illegal Essen und sanitäre Hilfe. Zugleich wurde die gesamte Verwaltungsarbeit der »Grünen« systematisch sabotiert. Da im Lager und bei der SS die finsterste Korruption herrschte, entstand größte Unordnung. Zu dieser Zeit wurde Karl Koch als Kommandant abgelöst, wie wir im weiteren noch sehen werden. Im Zuge dieser Affäre kam Fritz Wolff in ein Kommando an der Ostsee, sein übler Ruf aber haftete ihm überall an.

In diesem Mord- und Angstklima führten die kommunistischen Häftlinge mit einigem Erfolg ihre Gegenoffensive. Die »Grünen«, die bei allerlei Schiebungen mit der SS in Konkurrenz gerieten, mußten den Rückzug antreten. Nur die »Politischen«, so zeigte sich, konnten bewirken, daß im Lager scheinbar alles in Ordnung ging. Als der totale Krieg immer mehr Menschen, immer höhere Produktion erforderte, schien das die Voraussetzung dafür zu sein, das KZ in das Getriebe der Rüstungsindustrie einzubeziehen. Die SS kam zunächst nicht dahinter, wie die politischen Häftlinge darangingen, die Rüstungsproduktion sehr wirksam zu sabotieren, und das mit Unterstützung Tausender ausländischer Widerstandskämpfer, die bald zu ihnen stießen.

Im Juli 1942 wurde die Sonderkompanie wieder aufgelöst. Aber die Gefahr war noch nicht beseitigt. Albert Kuntz, der in den Bunker gesteckt worden war, kam nach unmenschlichen Quälereien wieder heraus. Das Leben dieses sehr bekannten Kämpfers – er war ehemaliger Landtagsabgeordneter – blieb jedoch gefährdet. Der illegalen Leitung gelang es, ihn in ein Außenkommando in Braunschweig versetzen zu lassen. Von dort kam er ins Außenkommando nach Kassel und schließlich in das KZ Mittelbau-Dora. In diesem schrecklichen Lager, wo die »Geheimwaffen« V 1 und V 2 hergestellt wurden, übernahm er die Führung der internationalen Widerstandsbewegung. Im Herbst 1944 abermals denunziert, wurde er von der Gestapo eingekerkert, monatelang gefoltert und am 23. Januar 1945 ermordet. Er hatte kein Wort gesagt, das seine Kameraden belasten konnte.[22]

Im KZ Buchenwald spielten auch nichtkommunistische Persönlichkeiten wie Eugen Kogon, die Verbindung zu alliierten Nachrichtendiensten und antifaschistisch eingestellten deutschen katholischen Kreisen hatten, eine Rolle in der Widerstandsbewegung gegen die SS. Sie hatten insbesondere starke Positionen in der Politischen Abteilung und in bestimmten Forschungsbereichen. Dabei blieben die Kommunisten in dieser streng konspirativen Arbeit bei weitem die Aktivsten.

Die Herrschaft der »Grünen« in dieser Schreckensperiode hatte mit der Einsetzung eines Lagerältesten namens Ohles begonnen, der schon vor Wolff versuchte, die Politischen zu liquidieren. Um den begehrten Posten zu bekommen, hatte er eine abgefeimte Provokation organisiert. Er war damals Kapo des Baukommandos und kannte sich im Kanalisationsnetz des Lagers genau aus. Dort ließ er einen Rundfunkempfänger aufstellen und von einem seiner Helfershelfer jede Nacht die Nachrichten ausländischer Sender abhören. Morgens versuchte er, sie über eine Agentur von 76 »grünen« Häftlingen unter den »Roten« zu verbreiten.

Nach einiger Zeit meldete er dem SS-Lagerführer Plaul, daß die »Politischen« ausländische Rundfunknachrichten weitergäben. Die Gestapo begann zu schnüffeln und fand zunächst nichts. Ohles machte sich erbötig, den Empfänger zu entdecken. Einige Tage später verkündete einer seiner Leute, der Kriminelle Greuls, dem Gestapobeamten Walter Serno, zu dem er ständig Verbindung hatte, daß der Apparat ausfindig gemacht sei. Er wußte nicht, daß Armin Walther das Gespräch mithörte und seine Kameraden sofort warnte. Hier lag eine eindeutige Provokation vor, die katastrophale Folgen haben konnte; aber was war zu tun?

Am Abend mußten alle Häftlinge auf dem Appellplatz stehenbleiben. Greuls ging mit Serno zum Block 11 und »entdeckte« unter diesem das Gerät. Armin Walther, Spezialist für Rundfunkgeräte im Elektrikerkommando, wurde sofort hinzugeholt. Er konnte nachweisen, daß Greuls diesen Apparat von einem Scharführer zur Reparatur erhalten hatte, als er noch Kapo war; wenn Greuls den Apparat nach Erledigung der Arbeit nicht zurückgegeben habe, so meinte Walther gelassen, könne er nichts dafür. Auf jeden Fall konnte von allen Häftlingen nur Greuls das Gerät benutzt haben. Der Scharführer wurde befragt und bestätigte das. Die Provokation war gescheitert. Greuls kam später in die Strafkompanie.[23]

Einer der härtesten Schläge gegen die illegale Organisation war seinerzeit der Mord an Walter Krämer, Kapo des Häftlingskrankenbaus, und an seinem Stellvertreter Karl Peix.

Das Krankenrevier von Buchenwald hat in der organisierten Widerstandsbewegung im Lager eine große Rolle gespielt. Anfangs gab es keinen Krankenbau. Die Kranken und Verletzten wurden in einen Flügel des Blocks 1 gepfercht und nicht behandelt. Weil die Anzahl der Kranken immer mehr zunahm, wurde noch ein Flügel des Blocks 3 dafür vorgesehen. Von Zeit zu Zeit ließ sich dort ein SS-Arzt sehen, hauptsächlich, um die Goldzähne einzusammeln, die ausschließlich »grüne« Pseudo-Pfleger den Toten ausbrachen. Sich im Revier vorzustellen war für die »Politischen« sehr gefährlich und oft tödlich.

Im Jahr 1938 kam Walter Krämer als Pfleger in den Krankenbau und wurde im folgenden Jahr Kapo. Alle Kameraden, die ihn kennengelernt haben, beschreiben ihn als beherzten, sehr mutigen und wertvollen Menschen. Metallarbeiter von Beruf, bemühte er sich angestrengt, anhand von Lehr- und Fachbüchern medizinische Kenntnisse zu erwerben. Wir besitzen zahlreiche dankbare Äußerungen über ihn, und gewiß ist, daß er Hunderten, wenn nicht Tausenden von Häftlingen das Leben gerettet hat, nicht zuletzt dadurch, daß er »vor Ort« Fertigkeiten als Chirurg erwarb und anwandte. Als die französischen Deportierten in Buchenwald eintrafen und davon erfuhren, haben sich einige von ihnen, wie ich weiß, darüber aufgeregt, besonders unsere Freunde unter den Ärzten. Sie hielten es für undenkbar, daß ein »Amateur« Chirurg geworden war! Aber noch weniger vorstellbar wäre doch wohl gewesen, daß die antifaschistischen Gefangenen nichts getan hätten, um sich trotz ärgster Schwierigkeiten, unter unsäglich komplizierten Verhältnissen solidarisch zu helfen, und zwar mit unstreitigem Erfolg. Obwohl es unter den Häftlingen Ärzte gab, durften sie jedoch zu dieser Zeit nicht praktizieren. Die SS-Ärzte waren berüchtigt als fachliche Nieten und bewußte Mörder in ihrer Alltagspraxis. Sollte man sie gewähren lassen? Männer wie Walter Krämer oder sein Nachfolger Ernst Busse haben sich um ihre Kameraden hochverdient gemacht, auch wenn ihr Krankenbau und ihre ärztliche Kunst nicht den akademischen Regeln entsprachen.

Anfang 1939 brach im Lager eine Typhusepidemie aus. Es gab Hunderte von Toten. Im Oktober desselben Jahres wurde, wie schon 1938 beim Eintreffen der Juden im Lager, die Revieraufnahme und Behandlung der zu Hunderten in kläglichem Zustand in Buchenwald eingelieferten polnischen Gefangenen verboten. Krämer gelang es, wie wir bereits gesehen haben, ihnen trotz des Verbots illegal Hilfe zu erweisen. Er organisierte eine Typhus-Schutzimpfung der Häftlinge mit bei der SS entwendetem Impfstoff. 1940 und 1941 errichteten die politischen Häftlinge einen neuen Krankenbau aus Material, das bei der SS abgezweigt wurde.

1939 wurden zwei SS-Ärzte für das Revier eingesetzt. Sie waren jedoch nicht einmal Dr. med. Beide ließen sich ihre Dissertationen von Häftlingen anfertigen. Paul Grünewald schrieb die Arbeit für den SS-Untersturmführer Karl Erich Wagner (»Ein Beitrag zur Tätowierungsfrage«); Gustav Wegerer und Kurt Sitte verfaßten die Dissertation für SS-Hauptsturmführer Waldemar Hoven (»Versuche zur Behandlung der Lungentuberkulose durch Inhalation von Kohlekolloid«). Wagner spezialisierte sich darauf, Häftlinge durch Einspritzen von Phenol oder Luft zu ermorden. So liquidierte er namentlich die aus Österreich nach Buchenwald deportierten Zigeuner. Hoven betrieb dieselbe Art von »Medizin«, aber vor allem zu persönlichen Zwecken. Zu ihnen gesellten sich weitere SS-»Ärzte«, darunter ein gewisser Dr. Neumann vom Hygiene-Institut der SS in Berlin, SS-Hauptsturmführer, ein Anhänger der Vivisektion. Er schnitt den Patienten bei lebendigem Leibe Stücke aus der Leber. Seine Opfer verstarben ausnahmslos ...[24]

Im Oktober 1941 erhielt Walter Krämer vom SS-Kommandanten den Befehl, einen erheblichen Teil der ins Lager eingelieferten sowjetischen Kriegsgefangenen als Tbc-krank zu melden. Er begriff, daß diese finstere Komödie dazu dienen sollte, den Mord an den Kriegsgefangenen zu tarnen. Er weigerte sich. Daraufhin kamen Walter Krämer und sein Stellvertreter Karl Peix auf ausdrücklichen Befehl von Koch in den Bunker. Nach sechs Tagen wurden sie, bewacht von dem Hauptscharführer Blank, in das Außenkommando Goslar transportiert. Vier Tage später wurden beide zur gleichen Zeit an zwei verschiedenen, voneinander entfernten Stellen des Lagers hinterrücks erschossen. Mörder waren die Rottenführer Ernst Thiel und Felix Mansfeld. Der SS-Obersturmführer Bingler kam am selben Abend aus Buchenwald, um das Protokoll über den Tod der beiden Häftlinge aufzunehmen. Natürlich hieß es, man habe sie »auf der Flucht« erschossen ...[25]

In der Kunst, ihre Schandtaten zu tarnen, hatte es die SS sehr weit gebracht. So bediente sie sich eines beispiellosen Papierkriegs und einer pedantischen Bürokratie, um die zynischsten Verbrechen hinter mehr oder weniger glaubwürdigen Vorwänden zu verbergen.

Am 1. September 1939 beauftragte Hitler den Chef seiner Kanzlei, Reichsleiter Philipp Bouhler, und den leitenden Arzt der SS, Prof. Dr. Karl Brandt, unter ihrer Verantwortung Maßnahmen zur Tötung von »unheilbar« Kranken zu ergreifen.[26] Die Führungskräfte des Dritten Reiches waren jedoch nicht daran interessiert, daß diese kriminellen Praktiken öffentlich bekannt wurden. Das belegen mehrere Briefe von Himmler.

Der Reichsführer-SS schrieb zum Beispiel am 19. Dezember 1940 an SS-Oberführer Viktor Brack – Sohn des Gynäkologen, mit dessen Hilfe Margarete Himmler entbunden wurde –, Hitlers Beauftragten für die Tötung der »unheilbar« Geisteskranken: »Wie ich höre, ist auf der Alb wegen der Anstalt Grafeneck« (eines der Zentren, in denen die Kranken ermordet wurden – d. Verf.) »eine große Erregung. Die Bevölkerung kennt das graue Auto der SS und glaubt zu wissen, was sich in dem dauernd rauchenden Krematorium abspielt. Was dort geschieht, ist ein Geheimnis und ist es doch nicht mehr. Somit ist dort die schlimmste Stimmung ausgebrochen, und es bleibt meines Erachtens nur übrig, an dieser Stelle die Verwendung der Anstalt einzustellen und allenfalls in einer klugen und vernünftigen Weise aufklärend zu wirken ...«[27] Also zu lügen ...

Am 27. Juli 1942 schrieb Himmler an den SS-Obergruppenführer Arthur Greiser, Gauleiter und Reichsstatthalter im sogenannten Wartheland: »Ich habe keine Bedenken dagegen, daß die im Gebiet des Reichsgaus Wartheland lebenden, mit offener Tuberkulose behafteten Schutzangehörigen und Staatenlosen polnischen Volkstums, soweit ihre Krankheit nach amtsärztlicher Feststellung unheilbar ist, der Sonderbehandlung« (d. h. Tötung – d. Verf.) »im Sinne Ihres Vorschlages unterzogen werden. Ich würde jedoch bitten, daß die einzelnen Maßnahmen vorher mit der Sicherheitspolizei eingehend besprochen werden, damit die Durchführung möglichst unauffällig erfolgen kann.«[28]

Dr. Waldemar Hoven gab nach dem Krieg in einer eidesstattlichen Erklärung zu: »1941 erfuhr ich, daß das sogenannte ›Euthanasieprogramm‹ zur Ausrottung der Schwachsinnigen und Krüppel in Deutschland durchgeführt wurde. Der Lagerkommandant Koch rief damals alle maßgeblichen SS-Führer des Lagers zusammen und gab ihnen bekannt, daß er von Himmler einen Geheimbefehl erhalten habe, daß alle schwachsinnigen und verkrüppelten Häftlinge des Lagers getötet werden sollten. Der Lagerkommandant erklärte, daß auf Befehl der vorgesetzten Dienststellen in Berlin alle jüdischen Häftlinge des Konzentrationslagers Buchenwald mit in dieses Ausrottungsprogramm einbegriffen werden sollten. Gemäß diesen Befehlen wurden 300 bis 400 jüdische Gefangene verschiedener Nationalitäten zur Ausrottung zu der Euthanasiestation in Bernburg geschickt. Ein paar Tage später erhielt ich vom Lagerkommandanten eine Namensliste der in Bernburg ausgerotteten Juden mit dem Auftrag, gefälschte Todesurkunden auszustellen. Ich habe diesen Befehl befolgt. Die Sonderaktion wurde unter dem Decknamen ›14f 13‹ durchgeführt.«[29]

Wieder die Tarnung ... Und Ilse Koch? Hat sie von alledem gewußt? War sie beteiligt? Sie schlief mit SS-Obersturmführer Dr. Hoven. Unter anderen.

Fünftes Kapitel

Das Unglückskind

»In meinem Lager gibt es keine Kranken. Hier gibt es nur Gesunde oder Tote!«[1] pflegte Karl Koch zu sagen. Diesem Grundsatz entsprach die Rolle der SS-Ärzte in Buchenwald. Sie hatte wenig mit dem Äskulapstab zu tun. Einer von ihnen, Hauptsturmführer Hofer, zufällig ein anständiger Mensch, mußte sich sehr schnell darüber belehren lassen. Bald nach seiner Ankunft wurde das Lager vom Sanitätsinspektor der Konzentrationslager, SS-Standartenführer Dr. Enno Lolling, inspiziert. Hofer sagte: »Ich bin bereit, das Lager als 1. Lagerarzt zu betreuen, und versichere Ihnen, daß die Zahl der Toten auf ein Minimum sinken wird...« – »Darum werden Sie auch nicht 1. Lagerarzt«, erwiderte Lolling. – »Dann bitte ich«, erklärte Hofer, »mich zu einer Feldeinheit zu versetzen.«[2] Das geschah auch prompt, schon nach wenigen Tagen.

Hofer war eine jener Ausnahmen, die die Regel bestätigen. Die anderen SS-Ärzte, die zwischenzeitlich in Buchenwald praktizierten (Versetzungen von KZ zu KZ gab es sehr häufig), waren Mörder: Kirchert, Ding, oder wie er sich später nannte, Ding-Schuler, Wagner, Eisele, Plaza (danach Lagerarzt in den Konzentrationslagern Nordhausen, Dachau, Ohrdruf und Dora), Schiedlausky (der aus Ravensbrück kam) und andere – alle mordeten. Dr. Neumann, von dem wir schon gesagt haben, daß er Kranken bei lebendigem Leibe Stücke aus der Leber schnitt, und Hans Eisele holten sich aufs Geratewohl Häftlinge von den Lagerstraßen und zerstückelten sie ohne jede Betäubung, wie es ihren »wissenschaftlichen« Einfällen gerade entsprach. Eisele tötete eines Tages 30 bettlägerige Kranke im Block 4 durch Einflößen einer konzentrierten Lösung von Chloralhydrat in Tee. Wer diese »Arznei« überlebte, wurde durch eine Giftspritze umgebracht. Dr. Hoven wiederum tötete Invaliden durch Einspritzen von Evipannatrium, manchmal ein Dutzend nacheinander. Dann steckte er sich eine Zigarette an und pfiff einen Schlager.

Hoven sah sehr gut aus. Man nannte ihn den »schönen Waldemar«. Er mußte Ilse Koch auffallen. Wenn er eine Autopsie vornahm – die SS-Vorschriften forderten, jede Leiche zu öffnen –, fand sie das Schauspiel gar nicht so abstoßend. Hoven zog elegant einen langen gabelförmigen Schnitt von der Brust des Toten bis zu dessen Penis. Mit geübten Griffen schlug er die Haut nach beiden Seiten zurück und trennte sie von den Knochen. Dann setzte er auf beiden Seiten des Brustkorbs zwei parallele Schnitte an. Mit einem derben Griff hob er die Rippen an, ergriff das Herz, durchtrennte die Arterien und warf es auf die frostigen, von kaltem Wasser überspülten Steinplatten.

Danach zerschnitt er das Herz und wog es interessiert. Nun löste er die Lungen heraus, deren dunkles Gewebe eine feine rötliche Netzzeichnung aufwies, und holte tief Luft. Nach einer Zigarettenpause ging er wieder ans Werk, löste die beiden Nieren aus ihrem fleischigen Bett, schnitt die Blase heraus, etwas angewidert von dem ausfließenden Urin, entfernte die Leber unter zynischen Betrachtungen über den Nutzen des Alkoholentzugs (»sehen Sie, keine Zirrhose!«) und schnitt sie in einige Stücke. Nun zog er die Bauchspeicheldrüse hervor, halbierte den Mastdarm, wusch ihn aus und schimpfte über den Kot, der darin war. Hoven betrachtete ungerührt die Schilddrüse mit ihren Hügelchen, die Nebennieren, die Prostata, die Hoden sowie den Magen und befestigte Klemmen an dessen Ein- und Ausgang, denn das war Vorschrift. Es mußte festgestellt werden, was der Verstorbene zuletzt gegessen hatte. – Dabei wußte man das doch ohnehin!

Jetzt kam der Kopf an die Reihe. Zuerst war er immer einfach abgeschnitten worden. Aber Himmler soll darüber so in Zorn geraten sein, daß man auf diese Methode verzichtet hatte. Das geschah nach dem schon erwähnten, mit Erhängen geahndeten Fluchtversuch. Die Flüchtenden hatten einen SS-Mann getötet; natürlich mußte die Leiche geöffnet werden, und unter anderem trennte man ihr den Kopf ab. Als Himmler nach Buchenwald kam, wollte er die Leiche sehen. Ihr Anblick empörte den ach so sensiblen Herrn zutiefst. Daraufhin schrieb er am 8. Juni 1938 an den Reichsarzt-SS, Gruppenführer Dr. Ernst Robert Grawitz: »Lieber Grawitz! Ihren Brief vom 23. 5. 1938 habe ich erhalten und verstehe ihn auch völlig. Wogegen ich mich wende, ist die sehr pietätlose Art, wie die Leichenöffnungen vorgenommen werden. Meines Erachtens kann der Schädel auch seziert werden, ohne daß der Kopf abgeschnitten wird. Lassen Sie sich bitte einmal von SS-Gruppenführer Eicke beschreiben, wie die Sektion des SS-Mannes Kallweit in Buchenwald vor sich gegangen ist, und in welcher Art mir das gezeigt wurde. Ich halte es deshalb für notwendig, daß zu dem Befehl über die Aufbahrung von Leichen eine genaue Anweisung von ärztlicher Seite erfolgt, was unter pietätvoller Form zu verstehen ist.«[3]

Die strengen Instruktionen, die der KZ-Inspekteur Eicke und der Apparat des Reichsarztes-SS ergehen ließen, betrafen zwar nur die Leichen von SS-Angehörigen und sonstigen »anständigen Leuten«, aber man konnte nie wissen. Die Untersuchung der Schädel der Toten von Buchenwald hatte zwar

SS-Arzt Waldemar Hoven, Spezialist für Morde mittels Giftspritzen

keinen Sinn, aber Hoven fand Gefallen daran, und auch Ilse Koch hatte nichts dagegen, von Zeit zu Zeit dem Schauspiel beizuwohnen.

Der »schöne Waldemar«, schon recht müde, hob den Kopf des Toten an und legte ihn auf eine Holzstütze, die in der Tischlerei speziell für seine Zwecke angefertigt worden war. Er zog die kahlgeschorene Kopfhaut ab und krempelte sie über die Nase; dann nahm er die Säge, öffnete das Schädeldach und ließ das Gehirn auf den Tisch fallen. – Hastig trennte er das Rückenmark ab.

»Tod durch Herzversagen«, diagnostizierte er schließlich. Der Schreiber protokollierte es. Hoven ging und wusch sich die Hände. Er war abgespannt. Er steckte sich erneut eine Zigarette an, gab den Befehl, »den ganzen Dreck ins Feuer zu schmeißen«, und verließ den Sektionsraum.

Tatsächlich sezierte Waldemar Hoven selten selbst. Die SS-Ärzte überließen diese Arbeit oft Häftlingen. Als 1941 das Krematorium des Lagers fertiggestellt war, erfolgten die Leichenöffnungen dort in einem speziellen Raum. Die Leitung dieser Arbeit wurde zuerst einem »Grünen« übertragen, einem ehemaligen Bäcker, mehrmals vorbestraften Zuhälter und Homosexuellen, »der wegen Verführung des Sohnes eines bekannten deutschen Autofabrikanten im KL war«[4]. Er hieß Stöckel und war vor allem darauf bedacht, die Häftlinge mit allen Mitteln zu quälen. So zwang er polnische Gefangene, zur »Desinfektion« in einem Faß mit Karbolsäure zu baden. Später befreiten »Politische« das Lager von diesem Ungeheuer und töteten ihn.

Sein Nachfolger war Zimmermann. Er verstand nichts von Anatomie. Die Leichenöffnungen waren völlig sinnlos. In den letzten Jahren gelang es der illegalen Organisation des Lagers, einen tschechoslowakischen Mönch zum Leiter dieses eigentümlichen Kommandos zu machen. Er war ein guter Mensch, und dank seiner – endlich fachgerechten – Arbeit konnte wissenschaftlich bewiesen werden, daß der Tod vieler Häftlinge durch Injizieren von Luft in die Adern mit nachfolgender Gasembolie, von Karbolsäure, von Evipan, von Strychnin, Morphium und anderen Alkaloiden oder von Chloralhydrat verursacht war.

Ilse Koch liebt das sentimentale Lied vom Wind, das Zarah Leander mit ihrer tiefen Stimme so gut interpretiert. Ebenso mag sie seichte Filmkomödien der UFA. Bei dem Film »Der Mustergatte« muß sie allerdings grienen, und der Film »Es war eine rauschende Ballnacht« versetzt sie in Schwärmerei. Sie muß wohl recht oft »Gefühle« bekommen, diese aufreizende rothaarige Ilse Koch, die sich von Dr. Hoven umarmen läßt, dann vom stellvertretenden Lagerkommandanten Florstedt und zur Abwechslung von Karl Kochs Adjutanten Hackmann ...

Wenn es Frauen gibt, die gegen Nazismus und Krieg sind[5] – Ilse Koch braucht sich darüber nicht den Kopf zu zerbrechen. Sie ist in Buchenwald, und da gibt es für sie nur »männliche Dreckschweine«. Die »Schlampen« weiß sie im KZ Ravensbrück. Sollen die dort Blut und Wasser schwitzen wie hier die Männer – sie hat sich um anderes zu kümmern, zum Beispiel um die vielen schönen Tätowierungen.

Mit einem Besuch Ilse Kochs in der Fotoabteilung hatte es angefangen. Wir besitzen dazu die Aussage des sehr angesehenen deutschen Häftlings Ernst Haberland. Er war Kommunist und hatte in Berlin in einer kleinen Druckerei gearbeitet. Im Ruhrgebiet 1933 zum erstenmal, 1934 endgültig verhaftet, war er über verschiedene Gefängnisse und das Zuchthaus Münster in das KZ Lichtenburg gekommen. Er traf mit dem ersten Transport in Buchenwald ein, wurde einige Wochen später ins Essener Gefängnis und schließlich im Oktober 1938 wieder auf den Ettersberg verlegt.

Er begegnete dort bei seinem ersten Aufenthalt dem Genossen Walter Husemann, der mit einem Vorkommando aus Sachsenhausen nach Buchenwald geschickt worden war, um hier eine Buchbinderei aufzubauen. Die SS legte Wert darauf, die Ergebnisse ihres Papierkriegs in gehöriger Form aufzubewahren ... Husemann wollte Haberland in sein Kommando holen, wurde aber entlassen (später erneut verhaftet und zum Tode verurteilt), ehe Haberland aus Essen zurückkehrte. Auch der Nachfolger Fritz Bogdan, ebenfalls ein »Politischer«, hatte das seltene Glück, entlassen zu werden.

Die SS fand unter den »Grünen« keine Fachkräfte für die gewünschten

Buchbinder- und bald auch Buchdruckerarbeiten, und die »Politischen« wollten diese Funktion behalten, über die sie viele wichtige Dinge erfahren konnten. Schließlich wurde Ernst Haberland Vorarbeiter in der Buchbinderei und blieb es bis zur Selbstbefreiung des Lagers. Weil er ungezählte Buchbinderarbeiten auf persönlichen Wunsch von SS-Angehörigen auch ohne offiziellen Auftragsschein ausführte oder ausführen ließ, gewann er einige Vorrechte, die besonders für die IMO von großem Nutzen waren, der Haberland als Sektorleiter angehörte.

Er konnte sich relativ ungehindert zwischen dem Lager und dem Kommandantur- und Kasernenbereich bewegen, gekleidet in eine Pelerine, die er sich unter dem Vorwand gesichert hatte, die wertvollen Bücher, die er transportierte, vor Regen zu schützen. Der ehemalige Buchenwald-Häftling Bruno Apitz, Autor des Buches »Nackt unter Wölfen«[6], gab ihm den Beinamen »Der Pelerinenmann«[7]. Und unter diesem weiten Umhang schmuggelte Haberland vor den Augen der SS einen Karabiner mit gekürztem Lauf oder, je nachdem, Pistolen durch das KZ, damit Kameraden illegal im Gebrauch dieser Waffen ausgebildet werden konnten – Waffen, die sie im April 1945 wirksam einsetzten.

Karl Koch hatte, um seine Schiebungen realisieren zu können, gewisse »neuralgische Punkte« des Lagers dem Oberscharführer Michael anempfohlen, seiner rechten Hand, die für ihn schmutzige Geschäfte im Lager erledigte. Zu diesen »neuralgischen Punkten« gehörte auch das Buchbinderkommando. Die dort ausgeführten Arbeiten dienten nur zu einem geringen Teil dem offiziellen KZ-Betrieb.

Wahre Kunstwerke, die dort entstanden, kamen oft direkt in die SS-Wohnungen und wurden von dort nach außen weiter verschoben. Koch war dabei der große Nutznießer. Selbst nach seinem Abgang aus Buchenwald wurde das Kommando immer weiter ausgebaut. Es zählte gegen Kriegsende etwa 50 Häftlinge: Buchbinder, Drucker, Holzschnitzer (für Lettern und Exlibris), Steindrucker usw. Hier wurden auch gefährdete Häftlinge untergebracht. Die politischen Gefangenen hatten es sogar geschafft, Kinder vor dem Transport zur Vernichtung zu retten, indem sie bestimmte SS-Leute davon überzeugten, daß man Lehrlinge für schwierige Arbeiten ausbilden müsse.[8]

Eines Tages im Jahr 1940 erschien der SS-Arzt Untersturmführer Karl Erich Wagner in der Buchbinderei. Er wollte seine Doktorarbeit drucken und binden lassen (wir haben schon gesehen, daß sie von dem Häftling Paul Grünewald geschrieben worden war, aber darauf kommt es hier nicht an). Sie behandelte die Motive der Tätowierungen und ihre Beziehungen zur Kriminalität. Wagner wollte sie mit Bildern von Tätowierungen illustrieren lassen. Der Text wurde im Handsatz hergestellt und mit den reproduzierten Fotos im Steindruck vervielfältigt.

Wagner suchte sich Häftlinge mit Tätowierungen aus und ließ sie von den Fachleuten in der Fotoabteilung aufnehmen. Soweit ist das nichts besonders Anstößiges, bis auf den Fakt, daß die tätowierten Häftlinge als Kriminelle hingestellt wurden, obwohl sie es in der Mehrzahl nicht waren.

Die Tragödie begann, als Ilse Koch mitten in die Fotoarbeit hineinplatzte. Sie kam in den Aufnahmeraum, elegant gekleidet wie immer, ihre Gerte in der Hand. Wagner, der sich mit einigen Tätowierten in dem Raum befand, »erstarrte vor Ehrfurcht und erstattete sofort eine stramme Meldung. Anmaßend fragte die Koch, ob ihr Mann die Aufnahmen genehmigt habe.«[9] Karl Erich Wagner stammelte irgend etwas, er hatte keine Genehmigung. Ilse Koch zuckte mit den Schultern und ging.

»In diesem Augenblick«, berichtet Haberland, »nahm in Buchenwald ein Verbrechen seinen Anfang, das in der Menschheitsgeschichte seinesgleichen sucht. Die Koch sprach mit ihrem Mann über die Aufnahmen des Arztes, und in den Hirnen der beiden entstand der grausige Plan, Häftlinge mit besonders schönen Tätowierungen zu töten. Aus der tätowierten Menschenhaut ließen sie Lampenschirme und Geldbörsen herstellen. Diese scheußlichen Requisiten wurden bei Besuchen höherer Nazigrößen als Aufmerksamkeiten überreicht! Ich erinnere mich an einen sogenannten Berufsverbrecher, den die Nazis wegen Wilderei als ›Grünen‹ eingestuft hatten. Er war gut gewachsen und etwa 35 Jahre alt, ein anständiger Kerl und gesund. Dieser Häftling trug eine bildschöne Ganztätowierung auf seinem Körper, die von den Füßen bis zum Halsansatz reichte. Er wurde umgebracht. Der SS-Arzt, der meines Wissens den Dienst noch unbefangen angetreten hatte, war zu einem der verrufensten und gewissenlosesten Mörder im Lager geworden.«[10]

Das Informationsbulletin der belgischen Buchenwald-Gemeinschaft meldete im Heft 46 vom Juni 1979, daß fünf Lampen mit Lampenschirmen aus zu Pergament verarbeiteter tätowierter Menschenhaut und drei Bücher mit Einbänden aus demselben Material bei einer privaten Versteigerung verkauft worden seien. Diese so ungewöhnliche wie grausige Auktion habe in der Nähe von Nürnberg stattgefunden. Die seltenen Stücke hätten aus der Sammlung der Ilse Koch gestammt. Es seien dafür Preise zwischen 50000 und 100000 belgischen Franc gezahlt worden.

34 Jahre nach Kriegsende haben sich also noch Wesen gefunden, die pervers genug waren, die – im wahrsten Sinne des Wortes – sterbliche Hülle von Buchenwaldhäftlingen käuflich zu erwerben. Sie traten in die Fußtapfen jener »Würdenträger« des »Dritten Reiches«, denen die Kochs solche Produkte ihres finsteren Gewerbes schenkten oder verkauften. Die Gegenstände aus Menschenhaut waren ja für die Herren des Nazireiches keine unbekannten Größen: Mehr als einer von ihnen wurde gratis mit dieser gräßlichen Aufmerksamkeit bedacht, und andere haben sie gegen bar erstanden.

Ilse Koch fand es nicht befremdlich, Handel mit Menschenhaut zu treiben.

Häftlingszählappell, 1944

Da das faschistische Denken die Tätowierten zu Angehörigen des »Untermenschentums« gestempelt hatte, lieferte sie selbst für das so betitelte Buch des »Rassenforschers« Prof. Günther, Jena, eine Tätowierungsstatistik.[11]

Durch zahlreiche Zeugenaussagen ist bewiesen, daß Ilse Koch selbst die kunstvollsten (und möglichst recht erotischen) Tätowierungen aussuchte und ihre Träger gewissenlos töten ließ. Konkrete Fälle sind bei den Prozessen in Dachau und Augsburg nachgewiesen worden, und wir haben Berichte mehrerer Häftlinge gesammelt, die diese Fakten bestätigen.[12] Nicht wenige haben in der Villa Koch Lampenschirme, Buchmappen, Handtaschen und sogar ein Paar Schuhe aus Menschenhaut gesehen. Die ersten amerikanischen Soldaten, die in das Lager kamen, gerieten darüber in Entsetzen.

Als im Juni 1943 zahlreiche französische Deportierte im Lager eintrafen, war Karl Koch bereits nach Lublin versetzt, aber Ilse Koch blieb zunächst in ihrer Villa. Ihr Einfluß reichte noch aus, besonders wegen ihrer Beziehungen zu Dr. Hoven, um manche ihrer Launen durchzusetzen. Claude Asser aus Clairvaux-les-Lacs im Département Jura, der im Mai 1943 in Buchenwald war, hat uns folgendes berichtet: An einem Sonntagmorgen stand ein schön tätowierter Pole unter dem Galgen, den Strick um den Hals. Er sollte wegen eines Fluchtversuchs gehängt werden. Auf dem Appellplatz mußten alle Front zum Galgen machen. Ilse Koch stand ein paar Meter neben unserem polnischen Kameraden. In der Mitte unseres Blocks angetreten, bat ich einen Kameraden aus dem ersten Glied, mit mir den Platz zu tauschen, weil ich sehr gut Deutsch verstehe. Ich konnte also die »Hündin von Buchenwald« betrachten: eine Frau, der man eine so üble Geistesart, so widernatürliche Neigungen nicht zugetraut hätte. Nachdem ein SS-Offizier das »Verbrechen« des Polen verkündet hatte, mußte dieser auf einen Stuhl steigen. Der Stuhl wurde weggerissen... Einige Minuten zuvor hatte die Koch ausgerufen: »Oh! Der ist schön, der geht nicht in den Ofen, der gehört mir!« Wenn der Pole Deutsch verstanden haben sollte, mußte er das vernommen haben. – Er hatte auf der Brust eine wunderschöne große Tätowierung.

André Collin aus Nevers schildert folgenden Vorfall, der sich zu derselben Zeit ereignete: Ich ging mit einem russischen Freund, der zu seinem Unglück eine prächtige Tätowierung auf der Brust trug, die zentrale Lagerstraße entlang. Zu unserer beider Überraschung sahen wir eine Frau im Lager. Als sie uns erblickte, winkte sie uns heran. Mich schrie sie auf Deutsch an, ich solle verschwinden. Ich ging wieder in meinen Block. Wenige Minuten später kam auch mein russischer Freund. Ich ließ mir übersetzen, was sie von ihm gewollt hatte. Sie habe einfach seine Häftlingsnummer aufgeschrieben und ihn weggeschickt. Der Abendappell war wie immer. Kaum waren wir wieder im Block, wurde die Nummer meines Freundes aufgerufen: Zum Revier! Beim Zapfenstreich fragte ich, ob mein Freund wieder da sei. Nein. Ich erkundigte mich noch mehrmals, aber die Antwort war immer wieder: Nein. Ich kam dann in ein Außenkommando, und nach der Befreiung erfuhren wir von den Untaten dieser Hündin, die die Kameraden mit den schönsten Tätowierungen abhäuten ließ.

Einer der Lampenschirme, die aus der Haut ermordeter Häftlinge angefertigt wurden

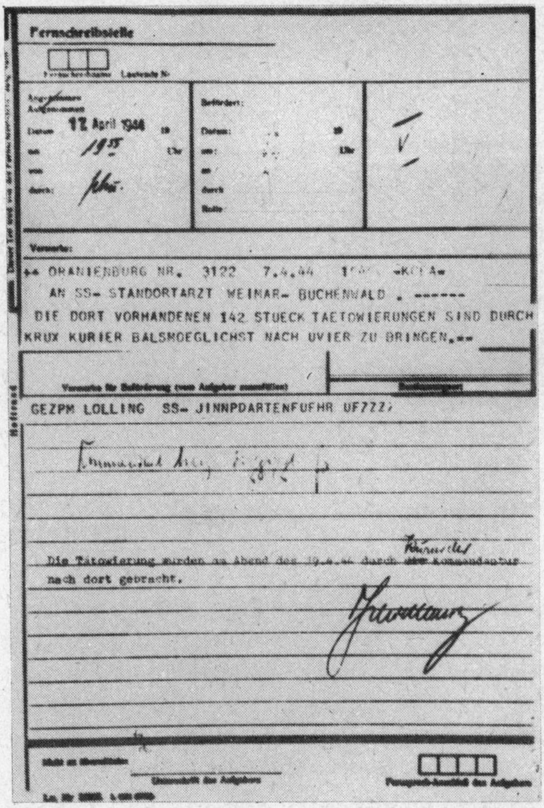

Fernschreibstelle

++ ORANIENBURG NR. 3122 7.4.44 [illegible] -KOLA-
AN SS- STANDORTARZT WEIMAR- BUCHENWALD . ------
DIE DORT VORHANDENEN 142 STUECK TAETOWIERUNGEN SIND DURCH
KRUX KURIER BALSMOEGLICHST NACH UVIER ZU BRINGEN.--

GEZPM LOLLING SS- JINNPDARTENFUFHR UF7ZZ/

Die Tätowierung wurden am Abend des [illegible] durch [illegible] Kommandantur nach dort gebracht.

Anforderung von Tätowierungen per Fernschreiben vom WVHA der SS

Zu jener Zeit operierte Ilse Koch nur noch gelegentlich direkt auf solche Art. Aber 1940, 1941 und 1942 hat sie es häufig getan. Im Buchenwald-Museum werden heute noch bei der Selbstbefreiung des Lagers aufgefundene gegerbte tätowierte Menschenhäute und aus diesem Material angefertigte Gegenstände aufbewahrt.

In diesem Zusammenhang muß erwähnt werden, daß die SS Häftlingsköpfe nach Verfahren präparierte, die den einst auf manchen Südseeinseln angewandten entsprachen. Solche »Schrumpfköpfe« wurden an Nazigrößen, die das Lager besichtigten, als Geschenk überreicht.

Diese unvorstellbare Praxis, die offiziell zu angeblich »wissenschaftlichen« Zwecken eingeführt und dann für sadistische Gelüste kommerzialisiert wurde, hat sogar in Nazikreisen bestimmte Reaktionen ausgelöst. Ein Beweis ist folgendes Schreiben des SS-Standortarztes Weimar an die Pathologie des KZ Buchenwald vom 7. Mai 1942: »Es wird darauf aufmerksam gemacht,

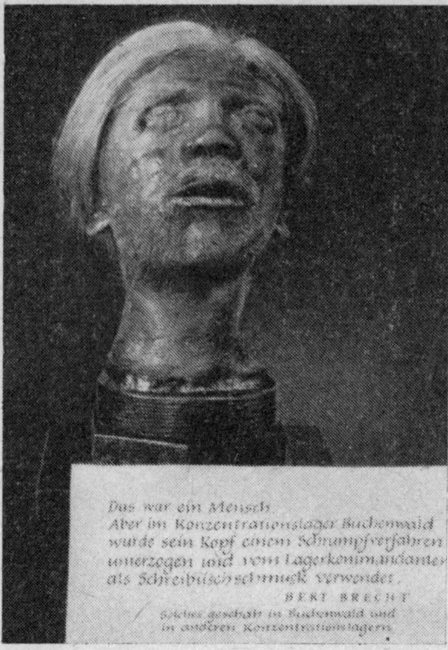

Schrumpfkopf

daß mit *sofortiger* Wirkung die Anfertigung sogenannter Geschenkartikel (Schrumpfköpfe usw.) einzustellen ist. Über den vorliegenden Auftragsbestand für die SS-ärztl. Akademie Graz ist dem SS-Standortarzt jeweils zum 1. und 15. eines jeden Monats schriftlich zu berichten. Die ärztliche Behandlung von Häftlingen liegt außerhalb des Rahmens einer Pathologie und wird mit *sofortiger* Wirkung untersagt. Dieser Befehl ist auch den in der Pathologie beschäftigten Häftlingen bekanntzugeben.«[13]

Dieses Dokument beweist erstens, daß die Herstellung von »Schrumpfköpfen« *usw.* (das *usw.* bezieht sich wahrscheinlich auf präparierte Menschenhäute) als Tatsache anerkannt wurde, zweitens, daß mit sofortiger Wirkung verboten wurde, solche Gegenstände *als Geschenkartikel* herzustellen, drittens, daß sie für die SS-ärztliche Akademie in Graz weiter hergestellt werden durften. Die Herrscher über das KZ Buchenwald fühlten sich ohnehin mächtig genug, um weiterhin zu treiben, was sie wollten.

Während des Prozesses gegen die Hauptkriegsverbrecher, der 1945/46 vor dem Internationalen Militärgerichtshof in Nürnberg stattfand, wurde die Affäre der Tätowierungen in Buchenwald beiläufig in der Sitzung vom 14. Januar 1946 erwähnt. Der US-amerikanische Anklagevertreter Thomas J. Dodd erklärte: »Am 13. Dezember (1945) legten wir als Beweis das Dokument 3421-PS, US-252 und 254, vor. Dies waren, wie sich der Gerichtshof erinnern wird, Stücke von Menschenhaut, die von Leichnamen stammten und konserviert waren, und ferner der konservierte Kopf eines menschlichen Wesens. Laut Protokoll sprach am 14. Dezember der Verteidiger des Angeklagten Kaltenbrunner[14] vor Gericht und beschwerte sich darüber, daß die vorgelegte Erklärung eines gewissen Pfaffenberger nicht erwähnte, daß der Lagerkommandant von Buchenwald, ein gewisser Koch, zusammen mit seiner Frau zum Tode verurteilt worden sei, und zwar eben wegen dieser Greueltaten, also wegen der Gerbung von Menschenhaut und Konservierung des Kopfes. Im Laufe dieser Erklärungen brachte der Verteidiger des Angeklagten Bormann[15], wie aus dem Protokoll ersichtlich, vor dem Gerichtshof noch vor, der Anklagevertretung sei höchst wahrscheinlich bekannt gewesen, daß die deutschen Behörden gegen diesen Lagerkommandanten Koch Einwendungen erhoben hätten, und sie habe tatsächlich gewußt, daß er eben gerade wegen dieser Dinge zur Verantwortung gezogen und verurteilt worden sei.»[16]

Der Ankläger Dodd meinte, daß die Verteidiger der Kriegsverbrecher ihn mit diesen Behauptungen in schiefes Licht setzen wollten und daß die Dinge richtiggestellt werden müßten: Seine speziell eingeleitete Untersuchung und namentlich die Vernehmung des SS-Richters Dr. Konrad Morgen, der mit dem Fall Koch befaßt gewesen war, hatten ergeben, daß die Angelegenheit der gegerbten Menschenhäute und konservierten Menschenköpfe in dem Verfahren des SS-Gerichts gegen Koch nie zur Sprache gekommen war.

Wir werden sehen, daß Mr. Dodd recht hatte. Die hohen Naziführer hatten diese Vorgänge in Buchenwald nicht als kriminell betrachtet.

Während des Nürnberger Prozesses wurde der ehemalige französische Deportierte Prof. Alfred Balachowsky als Augenzeuge vernommen. Prof. Balachowsky, Laboratoriumschef im Pasteur-Institut, war als Widerstandskämpfer verhaftet worden; in Buchenwald wurde er als Häftling bei der Produktion von Fleckfieber-Impfstoff[17] im Block 50 eingesetzt. Wir zitieren aus dem Protokoll (der Dialogpartner, M. Charles Dubost, war stellvertretender Hauptankläger für die Französische Republik).

»Balachowsky: Die tätowierten Menschenhäute wurden in Block 2 in Buchenwald, im sogenannten ›Pathologischen Block‹, aufbewahrt.

M. Dubost: Gab es viele tätowierte Menschenhäute in Block 2?

Balachowsky: Es gab stets tätowierte Menschenhäute in Block 2. Ich weiß nicht, ob es viele waren, weil ständig Häute hereinkamen und wieder weitergegeben wurden; es gab nicht nur tätowierte, sondern auch einfach gegerbte Häute, die nicht tätowiert waren.

M. Dubost: Man hat also Menschen gehäutet?

Balachowsky: Man hat die Haut abgezogen und dann gegerbt.

M. Dubost: Wollen Sie bitte Ihre Aussage über diesen Punkt fortsetzen.

Balachowsky: Ich sah SS-Männer aus Block 2, dem ›Pathologischen Block‹, mit gegerbten Häuten unter dem Arm herauskommen. Ich weiß von Kameraden, die im Block 2 arbeiteten, daß dort Bestellungen auf Häute eingegangen sind und daß diese gegerbten Häute einigen Wachposten und Besuchern geschenkt wurden, die sie zum Einbinden von Büchern benutzten ...

M. Dubost: Wo wurden diese Häute gegerbt?

Balachowsky: Diese Häute wurden in Block 2 und vielleicht auch in den Baulichkeiten des Krematoriums gegerbt, die nicht weit von Block 2 entfernt waren.

M. Dubost: Nach Ihrer Aussage war es also ein ständiger Brauch, der sogar nach der Verurteilung Kochs fortgesetzt wurde?

Balachowsky: Jawohl, es geschah während der ganzen Zeit, aber ich weiß nicht, in welchem Ausmaß.

M. Dubost: Sind Sie Zeuge von Besuchen deutscher Persönlichkeiten gewesen, und wer waren diese Persönlichkeiten?

Balachowsky: Ich kann Ihnen einiges über die Besuche in Dora wiederholen.

M. Dubost: Ich bitte um Entschuldigung, aber ich möchte bezüglich der Häute noch eine Frage stellen: Sind Sie über die Verurteilung Kochs unterrichtet?

Balachowsky: Jawohl, ich bin durch Gerüchte und Aussagen meiner alten Kameraden unterrichtet, die im Lager waren; ich selbst bin jedoch nicht Zeuge dieser Angelegenheit gewesen.

M. Dubost: Das macht nichts. Es genügt mir, zu wissen, daß selbst nach der Verurteilung Kochs immer noch gegerbte und tätowierte Häute da waren.

Das Krematorium des KZ Buchenwald

Balachowsky: Jawohl.

M. Dubost: Sind Sie sicher?

Balachowsky: Jawohl. Auch nach seiner Verurteilung gab es weiterhin gegerbte und tätowierte Häute.«[18]

Ilse Koch ist heute, soweit ihr Name nach den vielen Jahren noch etwas bedeutet, vor allem dafür bekannt, daß sie Lampenschirme aus Menschenhaut gesammelt hat. Das hat sie unstreitig getan, und nahezu gewiß scheint, daß sie den Tod von Häftlingen verursacht hat, die zu ihrem Unglück Tätowierungen trugen, an denen die Koch Gefallen fand. Auf jeden Fall ist Ilse Kochs persönliche Schuld bewiesen, zumindest in Form der aktiven Beihilfe.

Es ist also abwegig, etwa irgendeine moralische Entschuldigung für sie suchen zu wollen. Sie dürfte, was nicht jedem gegeben ist, die Mode der Lampenschirme aus Menschenhaut und den Gebrauch von Tätowierungen für Zwecke, die ihren Trägern nie eingefallen wären, kreiert haben. Allerdings ist festzustellen, daß die SS-»Wissenschaft« – und dazu noch die Gerichtsmedizin – ihr geradezu phantastische Anregungen geliefert hat ...

Wir besitzen Fotos von 13 in Buchenwald aufgefundenen Menschenhäuten. Die Tätowierungen zeigen Frauenköpfe, einen Leuchtturm, eine Tänzerin mit Schmetterlingsflügeln, ein Segelschiff, ein Brustbild von Napoleon (?), einen Drachentöter... Über einem Herzen, das von einem Degen durchbohrt wird, steht in französischer Sprache die Inschrift »Unglückskind«. Der Besitzer dieser Tätowierung, ein Franzose oder Belgier, hat nicht wissen können, wie sehr sie zutraf.

Sechstes Kapitel

Die Mafia

Heinrich Himmler war ein seltsamer Mensch. Als Bandenchef hat er seinen Banditen oft einiges nachgesehen; das ist belegt. Aber auch die Unterwelt braucht ihre Gesetze. Der Reichsführer-SS hatte eine Gesamtvorstellung von seinem »Schwarzen Orden«. Er wollte ihn zum Führungskern Nazideutschlands machen. Dieses Ziel verlangte unbedingte weltanschauliche Einheit, eiserne Disziplin und wohlfundierte Zahlungskraft. Die finanzielle Seite wird in diesem Zusammenhang oft übergangen oder zumindest unterschätzt, aber sie ist höchst wichtig.

Das KZ Buchenwald hat Häftlinge für weit mehr als 100 Firmen gestellt,[1] darunter für die größten Rüstungskonzerne der Schwerindustrie, der Chemie (auf deren Wunsch bestimmte kriminelle Versuche an Häftlingen vorgenommen wurden) und des Flugzeugbaus. Von diesen Unternehmen kassierte die SS enorme Summen. Der Mietpreis für einen Facharbeiter betrug in der Regel 6,– RM und für einen Hilfsarbeiter 4,– RM pro Tag.

Diese extrem niedrigen »Tarife« ermöglichten den Nutzerfirmen Riesenprofite. Diese »Tarife« waren jedoch für die KZ-Verwaltungen hoch genug, um bei den geringen Unterhaltskosten für die auf Hungerration gesetzten Häftlinge, nämlich 0,60 RM pro Tag für Verpflegung und 0,10 RM für den Verschleiß der Kleidung, phantastische Gewinne zu garantieren, die jeden Monat in die Millionen gingen. Nach Angaben des stellvertretenden Amtsgruppenchefs im WVHA Karl Sommer hat die SS für die Vermietung von Häftlingen an Nutzerfirmen insgesamt monatlich etwa 50 Mill. RM eingeheimst.[2]

Allein das KZ Buchenwald hat für die Häftlingsarbeit in Betrieben beispielsweise einkassiert: 1003537,80 RM im Juni 1943, 2695493,35 RM im November 1943, 4204239,85 RM im Februar 1944, 8354995,10 RM im Oktober 1944 und 5342286,95 RM im Februar 1945.[3] Nach dem Oktober 1944 gingen die Einnahmen zurück, weil das Lager Mittelbau-Dora, vorher Außenkommando von Buchenwald, mit über 32000 Häftlingen ein selbständiges KZ wurde. Dabei ist zu beachten, daß diese Ergebnisse nicht die Einnahmen für die Arbeit der aus Ravensbrück gekommenen, aber Buchenwald unterstellten Frauenkommandos enthalten. Im Januar 1945 brachten z.B. 25418 weibliche Häftlinge eine Summe von 2435960,– RM ein.[4]

Parallel zur Nutzung dieser Profitquelle arbeitete die SS darauf hin, unter Federführung des WVHA und seines Chefs SS-Obergruppenführer Oswald Pohl einen eigenen Industriekonzern aufzubauen. Darauf war Himmler sehr erpicht, wie sein Briefwechsel belegt. Die in den KZ errichteten Rüstungswerkstätten wurden allmählich weiter ausgebaut und in SS-eigenen Unternehmen zusammengefaßt. Meist trugen sie harmlos klingende Namen, um die wahren Besitzverhältnisse zu verschleiern, wie Gemeinnützige Wohnungsbau- und Heimstätten GmbH; Haus- und Grundbesitz GmbH; Verkaufsstelle Berliner Möbelwerkstätten eGmbH; Deutsche Heilmittel GmbH; Ostindustrie GmbH; Deutsche Erd- und Steinwerke GmbH; Porzellan-Manufaktur Allach-München GmbH; Bohemia Keramische Werke AG, Neurohlau; Golleschauer-Portland-Zement AG; Ostdeutsche Baustoffwerke GmbH; Sudetenquell GmbH; Freudenthaler Getränke GmbH; Deutsche Lebensmittel GmbH; Selchwaren- und Konservenfabrik Wolframs; Deutsche Ausrüstungswerke GmbH (DAW); Deutsche Meisterwerkstätten GmbH; Forst- und Sägewerk Bachmanning GmbH; Deutsche Heimgestaltung GmbH; Deutsche Versuchsanstalt für Ernährung und Verpflegung GmbH; Anton Leibl GmbH; Gesellschaft für Textil- und Lederverwertung mbH; Nordlandverlag GmbH; Völkischer Kunstverlag GmbH.[5]

Über die Geschäfte dieser SS-Unternehmen gibt es nur sehr spärliche Angaben. Die DAW, ein in Buchenwald vertretener Rüstungsbetrieb, besaßen Zweigwerke in 10 Konzentrationslagern. 1942 beschäftigten sie durchschnittlich 7400 Häftlinge gegenüber 3650 im Vorjahr. Der Reingewinn für 1942 wurde mit 1984844,02 RM angegeben. Die Geschäftspapiere erwähnen eine »SS-Spargemeinschaft« mit einem Darlehen von 1,5 Mill. RM sowie »SS- und Polizeiführer« mit einem Darlehen von mehr als 100000 RM.[6]

Buchenwald und Neuengamme waren von Himmler in Abstimmung mit dem Rüstungsminister Albert Speer als Musterbeispiele für die Waffenherstellung durch KZ-Häftlinge vorgesehen. So sollte die Arbeitskraft der Häftlinge für die Kriegsindustrie ausgenutzt werden. Aber die SS wollte sich möglichst große Vorteile sichern. Sie zeigte beispielsweise außerordentliches Interesse an der Produktion schwerer Granatwerfer, des MG 42, der 37-mm-Flak sowie von Nachrichtenmitteln für ihren eigenen Bedarf. Auf Betreiben von Speer versprach Hitler, auf Himmler dahingehend einzuwirken, daß mehr Häftlinge für die vom Rüstungsministerium vertretenen Monopolunternehmen bereitgestellt würden.[7]

Kochs Nachfolger als Kommandant von Buchenwald, Hermann Pister, ebenfalls SS-Standartenführer und später SS-Oberführer, war gleichzeitig Direktor der DAW, der Kunsttöpferei der DEST in Berlstedt (in Lagernähe) und der Wilhelm-Gustloff-Werke II. In dieser Funktion bezog er eine feste Aufwandsentschädigung sowie Tantiemen auf den Umsatz.

Himmler erhielt direkt von Großindustriellen und Bankiers Spenden von etwa 1 Mill. RM jährlich, die Wilhelm Keppler bei den »Freunden des Reichsführers-SS« einzog. In der ersten Reihe der Geldgeber standen führende Persönlichkeiten der Konzerne Siemens-Schuckertwerke, IG-Farben, Mitteldeutsche Stahl- und Walzwerke Friedrich Flick KG, Deutsch-Amerikanische Petroleum-Gesellschaft, Dr. August Oetker, Rheinmetall-Borsig, Robert Bosch GmbH und anderer sowie der Deutschen Bank, der Reichs-Kredit-Gesellschaft, der Dresdner Bank, der Commerzbank, des Bankhauses Schröder usw. Der SS-Obergruppenführer Oswald Pohl bezeichnete ihre Vertreter als »ausgesuchte, politisch zuverlässige und loyale Leute«.[8]

Himmler versuchte bei jeder Gelegenheit, den ihm unterstehenden Wirtschaftskonzern zu erweitern. Er interessierte sich zum Beispiel für das Spielkasino Baden-Wiener Wald, dem die Lizenz nur gegen eine Gewinnabführung an den »Lebensborn e. V.« erneuert wurde.[9] Von der Firma »Sudetenquell« ließ er Mineralwasser herstellen, das in den SS-Heimen und -Kantinen angeboten werden mußte, angeblich, um dem Alkoholismus vorzubeugen.[10] Auf allen nur möglichen Gebieten versuchte er, sein SS-Wirtschaftsimperium auszudehnen.

Als die SS nach den klassischen Regeln der kapitalistischen »Marktwirtschaft« geschäftsmäßig in die Produktion einstieg, begann zugleich die Korruption zu florieren. Besonders die Konzentrationslager wurden zu Jagdgründen für unerhörte Schiebungen, in die sich verschiedene Cliquen teilten, und das führte schließlich zu regelrechten blutigen Auseinandersetzungen. Die ersten Opfer waren selbstverständlich die bis aufs Blut ausgebeuteten Häftlinge, aber auch einige SS-Angehörige liefen bei diesen Cliquenkämpfen ins offene Messer und kamen ums Leben. In dieses Getriebe haben Karl und Ilse Koch seit dem Aufbau des KZ Buchenwald eingegriffen; der SS-Kommandant ging dabei zugrunde, und seine Frau konnte sich nur mit Zynismus, unverschämten Lügen und einigen kräftigen Hilfestellungen vorerst aus der Affäre ziehen.

Mit dem Bau der Villa Koch in der ersten Periode der Lagergeschichte begann zweifellos eine lange Reihe von Unterschlagungen, die sich zu einem unentwirrbaren Netz von Gaunereien auswuchsen. So etwas setzt Komplizen an höchsten Stellen voraus. Die Kochs, ein reiches Reservoir an unentgeltlich nutzbarer Arbeitskraft zur Hand, ließen es nicht beim Bauen bewenden. Mit zweckentfremdetem wertvollem Material richteten sie das Haus luxuriös ein.

Einmal auf den Geschmack gekommen, machten sie sich komplette Werkstätten zunutze. Hochqualifizierte Häftlinge arbeiteten dort fast nur noch für die Kochs. Sie dehnten diese Schwarzarbeit sogar auf die Rüstungsbetriebe des Lagers aus, wo Spezialhölzer, Kupfer, Bronze, Gold und Silber in großen Mengen »abgezweigt« wurden. Während die Häftlinge die Befehle der Kochs ausführten, begriffen sie rasch, daß diese Schieberpraktiken zugleich ihrem Anliegen entgegenkamen: Sie störten – wenn auch nur in bescheidenem Maße – die Kriegsproduktion und boten Handhaben gegen die Initiatoren.

Eugen Kogon berichtet: »Die mannigfachen Luxusartikel, zum Teil von hohem künstlerischem Wert, ganze Wohnungseinrichtungen, Intarsienmöbel, kostbare Einzelstücke, metallgetriebene Gegenstände, Büsten und Plastiken, für die samt und sonders nichts bezahlt wurde als gelegentlich einige Zigaretten an den Ablieferer, wanderten nicht nur in die Standortbereiche, sondern weit darüber hinaus zu allen möglichen Freunden und Bekannten im Lande, ja sogar in das europäische Ausland. Besonders kunstfertige Häftlinge wurden zuweilen auf Wochen nach Berlin oder an andere Orte und Lager ausgeliehen, damit sie dort den Luxusbedarf der SS befriedigten. Zum ›Julfest‹ 1939 erhielt Heinrich Himmler eine Schreibzeuggarnitur aus grünem Marmor, angefertigt von der Häftlingsbildhauerei Buchenwald, im Werte von etwa 15000 bis 20000 Mark. Den großen Herren eiferten die kleinen auch auf diesem Gebiete nach: Jahrelang haben wir in der Buchenwalder Häftlingsschneiderei auf Weisung des SS-Oberscharführers Henschel für die Kommandoführer der Schlosserei, der Küche, der Gärtnerei bestgeschneiderte Privatanzüge und Gratis-Uniformen aus gestohlenen Stoffen hergestellt. Henschel erhielt dafür Gemüse ›in rauhen Mengen‹ von dem einen; ich gehörte einen Sommer lang zu den Häftlingen, die für ihn die Zuckererbsen auszulösen und die Einmachbohnen zu schneiden hatten (so daß ich, der ich vom Fachhandwerk der Schneiderei ja nichts verstand, mich mit mehr Recht als Bohnenschneider bezeichnen konnte); von dem anderen bekam er die Weißblechdosen zum Konservieren; der dritte besorgte die Einwekkung. Während meiner ganzen Tätigkeit für dieses volkswirtschaftlich vordringliche SS-Ziel wurden in der Schneiderei immerhin 1000 Einmachdosen für den einen Mann verarbeitet. Gegen überraschende Besuche unerwünschter SS-Führer, das heißt solcher, die ›nicht von der Partie waren‹, stellte Henschel Häftlingsaufpasser aus; ertönte die Warnung, so wanderte rasch eine ganze Kolonne mit Anzügen und Stoffballen in den fuchsbauartigen Kellerraum, wo sich der Kommandoführer mit seinen Kumpanen vom Baukommando I und von der Zimmerei eine private Kaninchenzucht hatte anlegen lassen, und verbarg dort rasch die ›Bannware‹ – Ali Baba's Räuberhöhle mit Sklavenwirtschaft.«[11]

Auf solche Praktiken verstanden sich auch die obersten SS-Größen und Himmler selbst. In einem Brief an Oswald Pohl erklärt der SS-Gruppenführer Fritz Wolff am 26. September 1939 im Auftrag des Reichsführers-SS, dieser könne »auf die gewährten Rabatte von 40 %, die ihm von der SS-Porzel-

Häftlinge auf den harten Holzpritschen

lanmanufaktur Allach eingeräumt werden, nicht verzichten«; im übrigen werde Himmler eines Tages verlangen, daß er »ein großes, der SS gehörendes Gut zur eigenen Bewirtschaftung erhält, damit er aus den Erträgen dieser Gutswirtschaft, somit also aus seinen Privatmitteln, alle Kosten bestreitet, die bisher das Sonderkonto ›R‹ bzw. das V.- und W.-Hauptamt aufbrachte, um Geschenke, Preise und dergleichen bezahlen zu können«.[12]

Wohl wissend, wie korrupt seine Vorgesetzten waren, bemühte sich Koch mit aktiver Unterstützung seiner Frau, die Gunst dieser Herrschaften durch fürstliche Geschenke zu gewinnen, die ihn nichts kosteten und ihm um so mehr eintrugen.

Er ließ im äußeren Lagerbereich einen Falkenhof und einen Zoo bauen, um Hermann Göring, der ja unter anderem Reichsjägermeister war, damit zu imponieren. Göring äußerte zwar seinen Dank, ließ sich aber dort nie sehen. Dafür wurde die Bevölkerung von Weimar und Umgebung in Inseraten aufgefordert, das Falkenhaus und seine Nebenanlagen zu besichtigen – den aus schön geschnitztem massivem Eichenholz errichteten Jagdpavillon mit prächtigem Mobiliar und Trophäenschmuck, das Großwildgehege, die Bären und Wildkatzen in ihren Käfigen und die Anlagen für Damhirsche, Rehe, Mufflons, Wildschweine, Füchse, Pfauen, Fasane, Affen usw. Der Eintritt kostete 1 RM; das Geld floß direkt in die schwarze Kasse der Kochs. Eugen Kogon schreibt: »Häftlinge in den Bärenzwinger zu werfen und zerfleischen zu lassen, war unter dem Regiment des Kommandanten Koch ein neronisches SS-Vergnügen.«[13]

Beim Bau der Reithalle für Ilse Koch wurde zweckentfremdetes, gestohlenes Material im Wert von etwa 25000 RM verwendet. Die Innenwände waren mit Spiegeln verkleidet. Mit großem Aufwand ließen die Kochs einen erstklassigen Hundezwinger errichten, wo Polizeihunde speziell dazu abgerichtet wurden, Häftlinge in Stücke zu reißen. Aufzucht und Dressur gestatteten einen schwungvollen Schwarzhandel nach außen. Auch hier sollten eigentümliche »rassenbiologische Versuche« dem Kommandanten gestatten, in die eigene Tasche zu wirtschaften.

Göring hatte Koch einen wolynischen Wolf geschenkt. Nun setzte sich Karl Koch in den Kopf, diesen mit einer Schäferhündin paaren zu lassen, wohl um sich bei Göring mit einer neuen Hunderasse hervorzutun. Der Wolf wurde wie ein Nabob umsorgt und verpflegt, natürlich auf Kosten der Häftlingsrationen. Betreuer wurde ein Günstling Kochs, der Dresseur Kiehne.

Dieser Kiehne war ein »Grüner«, ein übler und unverbesserlicher Verbrecher. Er dressierte die ihm anvertrauten Hunde am lebenden Objekt und hetzte sie auf Häftlinge. Kiehne war ein derartiger Sittenstrolch, daß ihm der SS-Lagerarzt Dr. Kirchert die »freiwillige Kastration« zugedacht hatte; aber alle Versuche Kircherts, Kiehne auf den Operationstisch zu bekommen, scheiterten am entschiedenen Nein des SS-Standartenführers Koch, und schließlich wurde der Möchtegern-Kastrator versetzt. Aber das nur nebenbei.

Kiehne versuchte also, den Wolf mit der Schäferhündin zu paaren, der Wolf aber wollte nicht. Da halfen keine gute Worte und erst recht keine Prügel – Kiehne kam keinen Schritt voran. Da verlor er die Geduld, und in einem seiner üblichen Wutanfälle erschlug er Görings Geschenk, den Wolf. Das bekam ihm schlecht. In das KZ Flossenbürg verlegt, wurde er dort von anderen »Grünen« umgebracht.

Inzwischen – man schrieb das Jahr 1938 – war Koch auf die Idee gekommen, die jüdischen Lagerinsassen für den toten Wolf büßen zu lassen. Den jüdischen Häftlingen wurde eine »freiwillige« Geldsammlung auferlegt. Sie erbrachte mehrere tausend RM; dafür hätte ein halbes Dutzend Wölfe angeschafft werden können. Aber Koch ließ sein Zuchtprojekt fallen, kaufte keinen Wolf mehr und steckte das Geld selbst ein.[14]

Danach setzten Koch und seine Frau die erpresserischen Machenschaften fort. Die jüdischen Häftlinge durften sich – wie die anderen deutschen Gefangenen – von ihren Familien Geld schicken lassen. Manche besaßen verhältnismäßig viel. Koch ging darauf aus, sie unter allen nur erdenklichen Vorwänden zu schröpfen. Eine zerbrochene Scheibe in einem Block kostete die Bewohner eine erhebliche »Geldbuße«. Wer nicht zahlen wollte, wurde ermordet. Koch akkumulierte so Zehntausende von RM aus gestohlenen, den jüdischen Gefangenen abgepreßten Geldern. So steckte die SS des KZ Buchenwald z. B. 8000 RM aus einer angeblich für die Lagerbibliothek bestimmten Geldsammlung ein.[15]

Die Effektenkammer war eine der ergiebigsten Einnahmequellen der Kochs. Dort wurden die Zivilkleidung und die andere Habe der eingelieferten Häftlinge aufbewahrt – Geld, Uhren, Ringe usw. Solange die »Grünen« das Regiment führten, spielten sich um dieses Depot unerhörte Gaunereien ab, an denen die leitenden SS-Führer beteiligt waren. Als die »Politischen« hier das Heft in die Hand bekamen, bereiteten sie den Beutezügen ein Ende; allerdings konnten sie nicht verhindern, daß sich einige SS-Angehörige – nunmehr nach dem Abgang der Kochs – weiter »bedienten«. Sie verleiteten sogar einige SS-Leute dazu und beschafften sich damit ein Druckmittel, das vielen Häftlingen das Leben rettete. Aber das geschah gegen Kriegsende, als sich die Faschisten nicht nur vor Denunziationen innerhalb der SS, sondern auch vor Eventualitäten nach dem Zusammenbruch ihres Reiches fürchteten.

Himmler hatte durch Befehle vom 23. September 1940 und 23. Dezember 1942 angeordnet, den Toten die Goldzähne auszubrechen und bei lebenden Häftlingen »nicht mehr reparaturfähiges« Zahngold zu entfernen. Die einschlägigen Monatsberichte wurden in Buchenwald aufgefunden. Danach waren monatlich zwischen 182 und 504 Gramm Gold auf diese Weise ergaunert worden.

Koch und seine Frau hatten nicht auf Befehle gewartet, um sich an diesen leicht erreichbaren Schatz heranzumachen. Im Juni 1939 wurde eine Zahnstation eingerichtet. Aber es war kein Zahnarzt da. Der SS-Oberscharführer Coldewey erhielt den Auftrag, die Häftlinge zu »behandeln«. Die Patienten hatten entweder »Sport« zu machen oder sich einen Zahn bzw. mehrere Zähne brutal und ohne Betäubung ausreißen zu lassen. Auf jeden Fall wurde Zahngold rücksichtslos entfernt. Koch ließ sich aus dem so gewonnenen Edelmetall einen großen Bierzipfel mit den eingravierten Geburtsdaten seiner Kinder anfertigen. Bei besonderen Anlässen trug er das »Schmuckstück« an der Uhrkette.[16]

In den Schweineställen von Buchenwald wurde eine große Anzahl vorschriftsmäßig erfaßter Tiere gemästet. Außerdem hausten dort jedoch immer 300 bis 500 unrechtmäßig untergebrachte »Kommandanturschweine« für die Verpflegung und vor allem für die Schiebungen der SS-Offiziere. Ebenso wurden etwa 500 Enten, Gänse und Hühner ausschließlich für diese Herrschaften gehalten. Koch hatte dieses System mit aktiver Unterstützung durch den Verwaltungsführer des Lagers, SS-Hauptsturmführer Weichseldörfer, eingeführt, der 1941 von dem SS-Sturmbannführer Barnewald abgelöst wurde. Aber die Schweine und das Geflügel verschafften der SS weiterhin fette Bäuche und Konten. Unter Regie des SS-Hauptscharführers Paak wurde ein Teil der Häftlingsverpflegung für den Schwarzhandel der Herren abgezweigt. In ihren Kellern türmten sich große Mengen Lebensmittel. Als Häftlinge eines Tages Reparaturen im Keller der Villa Koch ausführten, entdeckten sie dort 30 Schinken, über 50 Räucherwürste, Hunderte von Obstkonservengläsern und mehr als 600 Flaschen französischer Spezialweine. Ilse Koch und ihr Mann brauchten gewiß nicht zu darben.[17]

Die SS-Kantine und die Häftlingskantine waren für die Kochs Schieberzentralen ohnegleichen. SS-General Eicke, der Inspekteur der Konzentrationslager, hatte sich etwas dabei gedacht, als er diese Kantinen einführte. Die SS-Kantine sollte der Truppe und ihren Offizieren – für die außerdem noch ein luxuriös eingerichtetes »Führerheim« eingerichtet worden war – zahlreiche Artikel und Produkte zu niedrigen Preisen anbieten; die Häftlingskantine sollte die Kantine der SS durch Verkauf von knappen, aber unentbehrlichen Waren (Seife usw.) oder minderwertigen Artikeln zu überhöhten Preisen finanzieren.

Koch versäumte nicht, davon zu profitieren. Er unterstellte die Kantine dem SS-Oberscharführer Hans Schmidt, einem abgefeimten Schurken, den die Häftlinge »Häppchen« nannten. Im Sommer 1943 wirkte er bei einer Liquidierungsaktion gegen die jüdischen Häftlinge mit. Er meldete sie wahllos wegen angeblicher Faulheit zur Bestrafung. Daraufhin wurden sie ausgepeitscht, in den Bunker geworfen und schließlich durch Giftspritzen getötet. An der Aktion, die 15 Todesopfer forderte, ehe sie durch Widerstandsmaßnahmen politischer Häftlinge gestoppt werden konnte, waren außer Schmidt der Scharführer Greuel, der SS-Arbeitsdienstführer Simon, der SS-Rapportführer Hofschulte, der SS-Lagerführer Gust und der SS-Sanitätsdienstgrad Wilhelm beteiligt.[18] 1938 hatte Schmidt den jüdischen Häftling Schreiber gezwungen, sich nackt auszuziehen, auf einen Baum zu klettern und dort stundenlang zu hocken, während er selbst schrie: »Du bist ein Affe!«[19]

Dieser Hans Schmidt war einer der aktivsten Komplizen bei den meisten Schiebungen Kochs. Er »arbeitete« im Einvernehmen mit dem Verwalter des SS-Führerheims, einem gewissen Jacobs. Carl Gärtig[20], einer der »Politischen«, die den Auftrag hatten, die illegale Organisation über das Treiben der SS zu unterrichten, erzählt: »Ich wurde im November 1938 Kellner im Führerheim der SS. Das Führerheim unterstand dem SS-Führer Jacobs, der dem Standartenführer Koch schätzungsweise eine viertel Million Mark Gelder zuführte, die durch Überteuerung der Waren in der Häftlingskantine erzielt wurden. Im SS-Führerheim fanden in Abständen von zwei bis vier Wochen Kameradschaftsabende statt. Jedes Gedeck wurde mit mindestens 6 bis 8 verschiedenen Weingläsern gedeckt.

Nach Kriegsausbruch fuhren in regelmäßigen Abständen Wagen nach Frankreich und Holland und holten von dort die besten alkoholischen Getränke. Die Fahrten wurden von dem damaligen Fahrdienstleiter, Hauptscharführer Rieger, durchgeführt. Die besten Sachen gingen in das Haus Kochs, und dann nahm sich der SS-Führungsstab sein Teil. Der Rest ging zur Kantine beziehungsweise zum Führerheim. Sachbearbeiter dieser ganzen Angelegenheit war Hauptscharführer Michael, der auf Grund seiner Beziehungen zu Koch über Leben und Tod von Häftlingen in einer ganzen Reihe von Kommandostellen entschied...

Damit die SS-Führerschaft in der SS-Kantine für die gekauften Waren wenig zu bezahlen brauchte, mußte die Häftlingskantine stark belastet werden. So erhielten die Waren Preisaufschläge von 100 bis 300 Prozent. Oberscharführer Schmidt hat sich durch diese und andere Manipulationen 60- bis 70000 RM ergaunert. In den letzten Wochen vor der Befreiung des Konzentrationslagers war die SS-Kantine der Ort täglicher Orgien. Hieran beteiligten sich vor allem Sturmbannführer Schobert, Verwaltungsführer Barnewald, Unterscharführer Krone, Sturmmann Besier, ein Millionär aus Wiesbaden, und Unterscharführer Berger. Barnewald war mit dem Kantinenverwalter Schmidt befreundet und deckte jede Korruption. Barnewald erhielt im August 1944 zur Silbernen Hochzeit 18 Torten und eine große Menge von Teegebäck. Die Materialien zur Herstellung dieser leckeren Dinge wurden aus den Beständen des Häftlings-Lebensmittelmagazins gestohlen. Vermittelt wurde diese Schiebung durch den Verwalter des Magazins, Chef der Abteilung Verpflegung, SS-Hauptscharführer Paak. Als Mitwisser aller dieser Dinge war ich auf die Liste der 46 Häftlinge gesetzt worden, die einige Tage vor der Befreiung liquidiert werden sollten.«[21]

Koch hatte Schmidt in der SS-Kantine den »grünen« Häftling Meiners beigegeben, einen geriebenen Schwarzhändler in allen Branchen, achtzehnmal wegen Diebstahls und Betrugs vorbestraft. Diese ominöse Person durfte als »Vorzugshäftling« das Lager in Zivil verlassen und brauchte sich die Haare nicht kurzscheren zu lassen. Meiners reiste kreuz und quer durch Deutschland und organisierte die verschiedensten krummen Geschäfte für Koch. Immerhin leistete er bei alledem der Widerstandsbewegung gewisse Dienste, indem er Nachrichten nach außen beförderte, die für ihn selbst jedoch unverständlich blieben.[22]

Diese Angaben, die sich leicht vermehren ließen, verschaffen eine ungefähre Vorstellung von der unglaublich korrupten Atmosphäre, in der sich Ilse Koch bewegte. Sie hat nachweislich von fast allen diesen anrüchigen Machenschaften gewußt. Man hat erzählt, sie habe in Madeira oder in Zitronensaft gebadet. Das sind möglicherweise Legenden; jedenfalls ist das nicht durch ernst zu nehmende Zeugenaussagen belegt. Absolut sicher ist hingegen, daß solche Gerüchte unter den deutschen Häftlingen im Lager kursierten, die sie von bestimmten SS-Dienstgraden gehört hatten. Das deutet darauf hin, wie sehr die Sitten der »Führer« schließlich Empörung unter denjenigen hervorriefen, die aus diesem oder jenem Grunde nicht nach Belieben von allen diesen Schiebungen profitieren konnten. Übrigens kamen die betreffenden Gerüchte über Ilse Koch durchaus nicht von ungefähr. Denn ob sie nun solche Bäder nahm oder nicht – bewiesen ist, daß Koch in einem Fall zwei LKW-Ladungen Zitronen auf einmal für sich selbst mit Beschlag belegt hat. Wenn Ilse Koch ihren Schnitt gemacht hat, wenn Gerüchte umgingen, wenn Häftlinge alle diese Machenschaften aus der Nähe miterlebt haben, dann bedeutet das doch, daß viele Leute Bescheid wußten. In der eigentümlichen, abgeschlossenen Clique der SS ließ sich auf die Dauer kaum etwas verheimlichen. Und dieser Cliquentratsch und -klatsch enthielt um so mehr Zündstoff, als die Rivalitäten, die Eifersüchteleien, die Bein- und Fallenstellereien den »Schwarzen Orden« zu einem Hintergrundgewebe machten, das unter dem wetterwendisch wehenden Wind der Ambitionen, Privilegien, Vergünstigungen, Protektionen, Feindschaften und Busenfreundschaften des öfteren in Wallung geriet.

Karl Koch und seine Frau waren Günstlinge des Inspekteurs der Konzentrationslager, Theodor Eicke, der zwar aus einer Nervenheilanstalt kam, aber trotzdem Himmlers Vertrauen besaß. Eicke hatte in Oranienburg-Sachsenhausen bei Berlin die Führungsstelle für alle KZ eingerichtet. Er begab sich oft nach Buchenwald und wußte von allem, was die SS dort trieb.

In seiner Position konnte ihm auch nicht verborgen bleiben, daß sich SS-Obergruppenführer Oswald Pohl, der Himmler direkt unterstellt war, als Spitzenmanager der SS-Wirtschaft illegal persönlich enorm bereicherte.[23]

In Sachsenhausen hatte der Lagerkommandant Loritz ein mit seinem Namen bezeichnetes Sonderkommando gebildet, das einen großen Teil von den aus allen Lagern eintreffenden Sendungen mit Gold und Wertsachen für ihn persönlich beiseite zu schaffen hatte. Diese Unterschlagungen kamen zwar erst in den letzten Kriegsjahren voll zum Tragen, aber gewiß ist, daß Eicke (der 1943 an der Ostfront ums Leben kam) bei all diesen »Geschäften«, die sich in Sachso, wie die französischen Deportierten Sachsenhausen nannten, in Buchenwald und in anderen KZ abspielten, mit von der Partie war.

Eickes Abgang hatte den Kochs offenbar eine mächtige und wohl die entscheidende Gönnerschaft genommen. Danach stößt der Kommandant von Buchenwald auf unerwartete Hindernisse, die des öfteren bedrohlich werden. Und diese Bedrohung erhebt sich innerhalb der eigenen Cliquenwelt.

Josias Erbprinz zu Waldeck-Pyrmont, ein »alter Kämpfer« der SS, war in Buchenwald bei den Kochs stets willkommen. Er wohnte in Weimar, kam oft in das KZ »zu Besuch« und zog jedesmal mit Geschenken beladen davon. Die Häftlinge, die bedienen mußten, konnten feststellen, daß der Erbprinz üppig bewirtet wurde; manchmal gab es tagsüber bis zu vier- oder gar sechsmal reichliches »Frühstück«! Koch hatte ihm einen »grünen« Häftling zur Verfügung gestellt, einen früheren Kaufmann, dem Eugen Kogon einen »sonst einwandfreien Charakter« nachsagt, ungeachtet der kriminellen Vergangenheit und der eigenartigen Betätigung. Dieser Gefangene durfte, wie Meiners, das Lager verlassen, mußte aber den gestreiften Häftlingsanzug anbehalten. In dieser Zebrakleidung ging er in die Geschäfte der Stadt, und weil er mit vielen Kaufleuten auf gutem Fuß stand, bekam er viel mehr und bessere Waren als jeder SS-Mann, mochte dieser auch Erbprinz, SS-Obergruppenführer und General der Waffen-SS, Höherer SS- und Polizeiführer sowie Gerichtsherr des Oberabschnitts Fulda-Werra sein.

Dieser Oberabschnitt hatte seinen Sitz in Kassel, wo sich ein Außenkommando des KZ Buchenwald befand. Und als der SS-Prinz eines Tages Installationsmaterial für seinen eigenen Hausbesitz brauchte, beorderte er Häftlingskolonnen dieses KZ-Kommandos in die Häuser ausgebombter Bürger und ließ dort kurzerhand die benötigten Leitungsrohre und Spezialausrüstungen abmontieren. Über das Hygiene-Institut der Waffen-SS, Abteilung für Fleckfieber- und Virusforschung, also den Block 50 des KZ Buchenwald, ließ er mit der höchsten wehrwirtschaftlichen Dringlichkeitsstufe bei der Firma »Lindes Eismaschinen« eine moderne Kühlanlage bestellen, angeblich zur Impfstoffherstellung für die Wehrmacht. In Wirklichkeit beschaffte sich der SS- und Polizeiführer die Anlage, um seine auf der Jagd erlegten Rehböcke und Wildschweine aufzubewahren. So wie Koch ließ der Erbprinz Josias zu Waldeck-Pyrmont den Weimarer Privatfirmen Daniel (für feine Fleisch- und Wurstwaren) sowie Fischkettel (für Marinaden) erhebliche Profite zufließen.[24]

Dieser Lump aus dem Hochadel zieht nun letzten Endes gegen Karl Koch vom Leder. Ob eine Frauengeschichte dahintersteckte? Koch hatte in Weimar eine Geliebte, eine Tänzerin. Pflückte er da Kirschen in Nachbars Garten? Wir wissen es nicht. Es gibt nur Gerüchte ... Der Erbprinz geht jedenfalls 1941 zum Angriff über. Die thüringische Staatskasse fordert von Karl Koch Rechenschaft wegen Steuerhinterziehung bezüglich der Millionenumsätze der Buchenwalder Kantine, für die er verantwortlich ist.

In den Büros des Lagers – die entsprechend plazierten Häftlinge merken es wohl – herrscht plötzlich Panik. Koch läßt die Rechnungen verbrennen und alles belastende Material beseitigen. Er macht geltend, daß KZ-Angelegenheiten die staatlichen Stellen nichts angingen, und bemüht Himmler in Person. Dieser gibt ihm recht. Mehr noch: Der Reichsführer-SS verlangt von Waldeck-Pyrmont, der die Untersuchung in seiner Eigenschaft als Gerichtsherr des »SS-Gerichts« weiterführen will, das Verfahren einzustellen. Himmler meint, Koch würde zu Unrecht angeschuldigt.

Aber die politische Position des Kommandanten von Buchenwald ist in diesem Gebiet, wo der Erbprinz zu Waldeck-Pyrmont eine hohe Amtsstellung innehat, ziemlich erschüttert. Also wird er mit Rücksicht auf seine große Sachkenntnis in KZ-Fragen nach Majdanek bei Lublin geschickt, wo sich ein großes Vernichtungslager befindet. Koch wird am 2. Januar 1942 versetzt; es ist keine Strafversetzung. Sein Adjutant Hackmann begleitet ihn. Karl Koch bleibt bis zum 22. August 1942 Lagerkommandant von Lublin-Majdanek. In dieser Zeit wohnt Ilse Koch weiter in Buchenwald, besucht aber ihren Mann des öfteren. Der neue Lagerkommandant Pister (zwischendurch hatte Florstedt kurze Zeit das Kommando) überläßt der Koch »ihre« Villa noch bis zum Juni 1943; denn sie will Buchenwald nicht verlassen! Ilse Koch hat hier nun entschieden weniger Macht, aber der »schöne Waldemar« Hoven und Florstedt versehen weiterhin Schichtdienst in ihrem Bett. Das Fest geht weiter, und der neue Posten, den Karl Koch im August 1942 erhält, sagt ihr überhaupt nichts. Da befehligt er eine Brigade der Waffen-SS in Žatec (Saaz), »irgendwo« im Protektorat Böhmen und Mähren. Er wünscht, daß sie zu ihm zieht, aber da kennt er sie schlecht. Žatec – sie weiß nicht einmal, wo das liegt! Dahin will sie nicht. Punktum! Ohne die Machtfülle eines Lagerkommandanten ist dieser Koch für sie uninteressant. Sie schreibt an Erna Raible: »Wie ich Karl hasse!«

Ein Jahr nach seiner Versetzung nach Žatec wird Karl Koch verhaftet und am 24. August 1943 ins Weimarer Gefängnis eingeliefert. Der Erbprinz zu Waldeck, unterstützt von Ilse Koch, hat sein Ziel erreicht.[25]

Siebentes Kapitel

Wölfe unter Wölfen

»Was man Skandal nennt, ist stets nur die Enthüllung eines Allgemeinzustands ... Es ist nicht ein Skandal, es ist das Hervortreten einer umfassenderen Wirklichkeit.« Als der große französische Jurist Casamayor diese tiefe Wahrheit aussprach, dachte er nicht an Buchenwald. Aber was sich zwischen 1941 und 1945 in der schmutzigen Umwelt des Lagers abspielte, ist eine perfekte Veranschaulichung dieser Wahrheit. Die »umfassendere Wirklichkeit«, die im Koch-»Skandal« zutage tritt, ist nichts anderes als die allgemeine Verderbtheit des Nazisystems.

Den Erbprinz zu Waldeck hatte das Scheitern seiner Versuche, den Buchenwalder Kommandanten zur Strecke zu bringen, zutiefst gekränkt. Daß Himmler seinen Freundfeind in Schutz nahm, verdutzte ihn. Er hatte gemeint, er selbst sei bei Himmler besser angeschrieben. 1937 hatte er an einer Beratung der SS-Generalität teilgenommen. Der Reichsführer-SS hatte dort erklärt, es sei sehr wichtig, die Aristokraten für die Ideen des Nazismus zu gewinnen: »Wenn ich sie gewinne, dann werde ich sehr viel gutes Blut für die Bewegung gewinnen«, sagte er und fügte hinzu, es komme darauf an, die Aristokraten »mit unserer Weltanschauung zu erfüllen, die ja gar nicht so weit im Grundsätzlichen von der Weltanschauung des Adels entfernt ist«.[1] Diese klare Stellungnahme hatte den Erbprinzen sehr erfreut, und da ihm Himmler in die Augen sah, hatte er sich besonders angesprochen gefühlt. Die Schrullen des Reichsführers verblüfften den Prinzen oft, aber er verstand es, sie auszunutzen.

Himmler interessierte sich sehr für Pferde, und wir wissen, daß Erbprinz Josias Pferde züchtete. 1940 hatte sich Himmler vorgenommen, rote Pferde mit weißen Mähnen züchten zu lassen. In einem Buch von Felix Niedner, der historische Werke über die Vergangenheit der nordischen Völker übersetzte, hatte Himmler gelesen, daß die alten Norwegerkönige solche Pferde geschenkt bekamen. Als er eines Tages bei einer berittenen SS-Einheit in Polen ein rotes Pferd mit weißer Mähne sah, beauftragte er Standartenführer Fegelein, »den Stammbaum dieses Pferdes nachzuforschen«.[2] Waldeck hörte davon und schmeichelte Himmler mit Lobsprüchen über dessen geniale Idee. Was könne man nicht alles fertigbringen, wenn es gelänge, diese offenkundig sehr alte Pferderasse nachzuzüchten, wie der Reichsführer so sehr richtig beabsichtige!

Der Fall Koch hatte im übrigen die Beziehungen zwischen dem Großmeister der SS und dem Erbprinzen bisher nicht getrübt. Im Juli 1941 erhielt Waldeck, wie zum Beleg, einen sehr freundlichen Brief von seinem Duzbruder Himmler: »Mein lieber Josias! Du sagtest mir neulich, daß Du noch eine Nacherholung nötig hättest. Meines Erachtens ist die Lage jetzt so, daß Du ruhig noch vier Wochen in Urlaub gehen kannst. Bestimmt wäre für Dich der Aufenthalt in der Kuranstalt Rudolf Just, Kuranstalt für naturgemäße Heil- und Lebensweise, Jungborn im Harz, Station Eckartstal zwischen Bad Harzburg und Ilsenburg, sehr gut. SS-Gruppenführer Pohl war dort und hat sich ausgezeichnet erholt. Es ist keineswegs so, daß man in dieser Kuranstalt zu irgendeiner Methode gezwungen wird. Man kann sich vielmehr etwas auswählen. Die Leute, die dort waren, kommen auf jeden Fall sehr gesund und frisch wieder zurück. Freundliche Grüße und Heil Hitler! Dein getreuer HH.«[3]

Im Wissen um diese Freundschaft gibt Josias zu Waldeck seine geheimen Rachepläne nicht auf. Er hofft, Himmler davon zu überzeugen, daß Koch schuldig ist und abgeurteilt werden muß. Seine Dienststellung als höherer SS- und Polizeiführer und Oberster Gerichtsherr des Gebietsabschnitts öffnet ihm viele Türen und verschafft ihm Zugang zu allen Akten von Buchenwald. Nachdem Koch wenigstens zeitweilig vom Schauplatz entfernt ist, geht Waldeck daran, herumzuschnüffeln, wo er nur kann. Er läßt sich die Totenlisten von Buchenwald geben. Weil er sehr wohl weiß, was sich im Lager abspielt, ist er überzeugt, darin Unkorrektheiten finden zu können, die sich dann ausnutzen lassen würden. Zufällig stößt er auf den Namen des Kapos Krämer, der unter den uns bekannten Umständen in Goslar umgebracht wurde. Krämer hatte übrigens, so seltsam das auch klingen mag, Waldeck von einer Furunkulose kuriert. Waldeck versucht also nachzuweisen, daß Krämer und sein Stellvertreter Peix auf Kochs Befehl von dem Hauptscharführer Planck ermordet wurden. Aber die Ermittlungen, die er einleiten läßt, stoßen abermals auf Himmlers Widerstand und auf einen Mangel an Beweisen, der Waldecks Vorhaben zunächst scheitern läßt. Der gut unterrichtete Eugen Kogon schildert das wie folgt: »Waldeck griff die Sache auf, gelangte aber nicht zum Erfolg, da die Bedrohten dazu übergingen, systematisch mögliche Zeugen sowohl aus den Reihen der Häftlinge als auch der SS ›umzulegen‹. Im gesamten Netz der KL ... wurden nun eifrigst die Drähte gezogen, um zwischen Lublin und Buchenwald an allen möglichen Orten und Stellen, wo sich Morde, Diebstähle, Unterschleife, Orgien und Ehebrüche abgespielt hatten, an belastenden Unterlagen und Zeugen zu beseitigen, was sich nur eben beseitigen ließ.«[4] Koch hatte noch einen sehr langen Arm, und auf einen Mord mehr oder weniger kam es ihm nicht an. Der Exkommandant von Buchenwald regierte jetzt in Lublin und betrieb sein Mörder- und Gangsterhandwerk auch dort bald wieder in der gewohnten Weise. Er organisierte insbesondere einträgliche Schiebungen mit jenem Gold, das bei den zur Vernichtung deportierten Juden erbeutet wurde. Seine Unterschlagungen nahmen solche Ausmaße an, daß sie die SS-Führung beunruhigten. Die Einnahmeverluste der zentralen SS-Kassen überschritten die zumutbaren Grenzen. Über diese Etappe in Kochs Leben ist sehr wenig bekannt, gewiß deswegen, weil die Akten der dazu durchgeführten Ermittlungen vernichtet worden sind. Dagegen ist gut bekannt, wie andere SS-Leute die Tätigkeit der Kochs in Buchenwald bewerteten. Das kam nämlich im Nürnberger Prozeß zur Sprache. Außerdem können wir heute die Anklageverfügung des »SS-Gerichts« gegen Koch, seine Frau und andere sowie die Darstellung des »wesentlichen Ermittlungsergebnisses« zitieren, zu dem der Untersuchungsrichter, der etwas eigenartige Dr. Georg Konrad Morgen, gelangte.

Dr. Morgen hatte an den Universitäten Frankfurt (Main), Rom und Berlin sowie an der Académie de Droit International in Den Haag und am Institut für Weltwirtschaft und Seeverkehr in Kiel Jurisprudenz studiert. Vor dem Krieg war er Richter am Landgericht Stettin, spezialisiert auf internationales Recht. 1933 gehörte er zur Studentengruppe des Reichskuratoriums für Jugendertüchtigung und wurde SS-Mitglied (zu seiner Entlastung sagte er vor dem Nürnberger Gericht, er sei »unfreiwillig übernommen« worden, weil die Gruppe »geschlossen überführt wurde«). Jedenfalls ist er bis zum Kriegsbeginn Rottenführer (Obergefreiter); nach 1939 kommt er zur Waffen-SS und bringt es dort bis zum Sturmbannführer (Major). Dieser Senkrechtstart beweist zumindest, daß er bei den Machthabern der SS in gutem Leumund stand.

Eine Zeitlang dient er mit den »besonderen kriminalistischen Fähigkeiten«, deren er sich selbst rühmt, dem Hauptamt SS-Gericht. Im Juli 1942 wird er auf Befehl Himmlers zum Reichskriminalpolizeiamt Berlin kommandiert. Dort erhält er sogleich die Aufgabe, die Vorgänge in Buchenwald zu untersuchen. Er fährt noch im Juli 1942 dorthin, nistet sich ein, wie er sagt, und bleibt acht Monate in Buchenwald. In Sachen seiner Untersuchung, die erst 1944 abgeschlossen wird, begibt er sich in zahlreiche Lager, so nach Lublin, Auschwitz, Sachsenhausen und Dachau. Er bearbeitet etwa 800 Aktenstücke, wobei jedes mehrere Fälle umfaßt. Für seine Ermittlungen verfügt er über Untersuchungskommissionen der Kriminalpolizei, die unter anderem direkt im KZ Buchenwald tätig werden. Es handelt sich dort um eine »Sonderkommission zur Untersuchung von Unterschlagungen und Steuerhinterziehungen durch SS-Führer«.

Dr. Morgen fungiert als Untersuchungsrichter; ihm assistiert SS-Obersturmbannführer Dr. jur. Wehner als »Leiter der kriminalistischen Untersuchungen«. Ihre Aufgabe besteht einzig und allein darin, zu untersuchen, ob SS-Führer nicht für sie bestimmte Güter unterschlagen und die Staatskasse geschädigt haben (wie erinnerlich, hatte der Erbprinz zu Waldeck seine Attacke gegen Koch mit Bezug auf Hinterziehung von Umsatzsteuern in der Kantine eröffnet).

Es geht diesen SS-Juristen also nicht darum, die Häftlinge vor ihren kriminellen Bewachern zu schützen oder gar irgendwelche Verbrechen gegen die Menschlichkeit nachzuweisen. Sie haben nur den Auftrag, die Fäden diverser Intrigen zu entwirren, die innerhalb des Systems letzten Endes zu Schädigungen des Schwarzen Ordens im allgemeinen und bestimmter SS-Cliquen im besonderen führen könnten.

Während der Untersuchung stoßen sie nun auf jene andere Wirklichkeit – auf bestimmte Morde an Häftlingen wie an SS-Leuten, die stets damit zusammenhängen, daß die Urheber die Zeugen von Veruntreuungen, Unterschlagungen und Schiebungen beseitigen wollten. Zum Beispiel entdeckten die SS-Juristen, daß der Hauptscharführer Köhler mit irgendeinem Alkaloid vergiftet wurde. Um das verwendete Gift zu identifizieren, unternahmen Morgen und Wehner im Beisein des SS-Schutzhaftlagerführers Schobert zwei »Versuche«: Sie ließen ahnungslosen sowjetischen Kriegsgefangenen verschiedene Gifte in einer Nudelsuppe verabreichen. »Im ersten Falle, der im Krematorium durchgeführt wurde, starben vier russische Gefangene sofort, und im zweiten Falle, durchgeführt in Block 46, überlebten die russischen Gefangenen die Versuche, ... wurden aber sofort ins Krematorium gebracht und dort aufgehängt. Der Grund der sofortigen Hinrichtung dieser Gefangenen war, eine Autopsie an den Leichnamen gleich vornehmen zu können.«[5]

Dr. Morgen besaß große Vollmachten. Er unterstand direkt dem Chef des Reichskriminalpolizeiamts, SS-Obergruppenführer Arthur Nebe, einem der Gehilfen Himmlers. Tatsächlich war Dr. Morgen auf Weisung Himmlers eingesetzt worden und berichtete diesem entweder über Nebe oder direkt. Als er vor dem Nürnberger Gericht von dem Rechtsanwalt Pelckmann gefragt wurde, weshalb er die SS-Kommandanten von Auschwitz und anderen Lagern, in denen er die Gaskammer-Morde an Juden persönlich festgestellt hatte (seine Zeugenaussage dazu ist ein äußerst wichtiger Beleg für die Realität des Völkermordes), nicht verhaftet habe, versuchte er sich herauszureden: »Es herrschten im damaligen Kriege in Deutschland keine normalen Verhältnisse mehr im Sinne der rechtsstaatlichen Garantien. Außerdem ist folgendes zu berücksichtigen: Ich war nicht Richter schlechthin, sondern ich war Richter der Militärstrafjustiz. Keinem Militärgericht der Welt dürfte es aber möglich sein, seinen Armeeoberbefehlshaber oder gar das Staatsoberhaupt selbst vor seine Schranken zu ziehen.

RA. PELCKMANN: Machen Sie bitte keine rechtstheoretischen Ausführungen, sondern sagen Sie uns, warum Sie das nicht getan haben, was Sie erkannt haben, was Sie eigentlich hätten tun müssen.

MORGEN: Verzeihen Sie. Ich führte aus, daß es mir nicht möglich war, als damaliger Obersturmführer, Hitler, in dem ich den Urheber dieser Befehle erblicken mußte, zu verhaften.«[6]

Anschließend behauptete Morgen, er habe versucht, einige hohe Führungskräfte des Regimes vom verbrecherischen Charakter der Befehle zur Judenvernichtung zu überzeugen. Oswald Pohl, der Chef des SS-WVHA, bezeichnete daraufhin Todesfälle in den KZ als »eine Bagatelle« im Vergleich zu den Opfern der alliierten Luftangriffe auf deutsche Städte. Der Chef der Gestapo, SS-Gruppenführer Heinrich Müller, sei »weißglühend vor Zorn« geworden und habe ihn selbst nicht zu Worte kommen lassen. Kaltenbrunner habe ihm mitteilen lassen, Eichmann, der die Vernichtungslager belieferte, »führe einen geheimen Sonderauftrag des Führers von höchster Wichtigkeit aus«.

Wie wirklich oder unwirklich die Vorstöße des Dr. Morgen auch gewesen sein mögen, so beweisen doch seine Erklärungen, auch wenn sie ihn selbst herausstreichen sollten, daß die Führungskräfte des faschistischen deutschen Staates nicht daran dachten, das verbrecherische KZ-System in Frage zu stellen. Die Untersuchung des Dr. Morgen und seiner Gehilfen bezweckte eben ausschließlich eine Abrechnung innerhalb der Mafia. Gerade deswegen hatte sich Himmler entschlossen, Morgen nach dessen eigenen Worten vor dem Nürnberger Gericht eine »Sondervollmacht des Reichsführers« zu geben und ihm eine »Kombination von richterlicher und kriminalpolizeilicher Tätigkeit« zu gestatten, die den normalen Rahmen der Gerichtsbarkeit überschritt. Es wäre sehr verwunderlich gewesen, wenn Himmler ausgerechnet einem Regimegegner solche Vorrechte gewährt hätte ...

Für Dr. Morgen waren die Konzentrationslager übrigens durchaus nichts Verabscheuungswürdiges. Er erklärte den Nürnberger Richtern in aller Ruhe: »Das KZ-Lager Dachau galt von jeher als ausgesprochen gutes Lager, als Erholungslager bei den Häftlingen, und diesen Eindruck habe ich tatsächlich gewonnen.« Von Buchenwald, »auf waldigen Höhen mit wunderbarer Fernsicht« gelegen, hatte er zu berichten, daß die Anlagen »sauber, frisch gestrichen« gewesen seien, und die Führung des Lagers habe es »darauf angelegt, den Häftlingen ein menschenwürdiges Dasein zu bereiten«.

In diesem vermeintlichen Häftlingsparadies muß trotzdem etwas schiefgelaufen sein. Kommen wir auf das Verhör des Zeugen Morgen in Nürnberg zurück: »RA. PELCKMANN: Welche Delikte haben Sie nun festgestellt?

MORGEN: Ich erwähnte vorhin, die Untersuchungen nahmen ihren Ausgangspunkt von dem Verdacht von Korruptionsverbrechen. Mit der Zeit mußte ich jedoch feststellen, daß außer diesen Verbrechen auch Tötungsdelikte vorgekommen waren.

RA. PELCKMANN: Wie kamen Sie zu dem Verdacht, daß Tötungen vorgenommen wurden?

MORGEN: Ich mußte feststellen, daß der Ausgangspunkt der Korruption die Einlieferungen der Juden nach der Aktion 1938 waren. Es kam mir darauf an, alle möglichen Fakten über diese Aktion zu gewinnen, und ich mußte dabei feststellen, daß Häftlinge, von denen anzunehmen war, daß sie etwas über diese Korruptionsverbrechen wissen konnten, in ihrer Mehrzahl verstorben waren. Diese besondere Häufigkeit der Tötungen fiel deshalb auf, fiel mir deshalb auf, weil andere Häftlinge, die sich in keinen Schlüsselstellungen befanden, auch jahrelang in bester Gesundheit sich in Buchenwald befanden und noch da waren, so daß es also auffallen mußte, daß gerade bestimmte Häftlinge, die als Zeugen in Frage gekommen wären, verstorben waren. Ich habe daraufhin die Akten dieser verstorbenen Häftlinge geprüft. Aus den Akten selbst ergab sich kein Verdacht einer unrechtmäßigen Tötung. Die Todestage lagen bis zu Jahren auseinander, und es waren jeweils verschiedene Todesursachen angegeben. Es fiel mir aber auf, daß die meisten dieser verstorbenen Häftlinge kurz vor ihrem Tode in dem Krankenrevier oder in dem Arrest waren. So erhielt ich den ersten Verdacht, daß in diesen beiden Einrichtungen des Konzentrationslagers unter Umständen Morde an Häftlingen vorgekommen sein könnten. Ich habe daraufhin einen Spezialbeamten eingesetzt, der nur die Aufgabe hatte, die Verdachtgründe und Gerüchte, die sich hinsichtlich von Häftlingstötungen um den Arrest, den sogenannten Bunker, rankten, zu untersuchen. Dieser sehr eifrige und tüchtige Kriminalbeamte mußte mir aber immer und immer wieder melden, daß er nicht den geringsten Anhaltspunkt für diesen meinen Verdacht gefunden habe. Nach zwei Wochen völlig ergebnisloser Tätigkeit verweigerte mir der Kriminalbeamte den weiteren Dienst, fragte mich ironisch, ob ich denn selbst daran glaube, daß solche Gerüchte, es seien Häftlinge unrechtmäßig getötet worden, wahr sein könnten.

Nur durch einen Zufall kam ich *viel später«* (Hervorhebung vom Verf.) »auf die erste Spur, und zwar fiel mir auf, daß bei bestimmten Häftlingen sowohl in den Büchern des Kommandanturarrestes wie in denen des Krankenbaus sie zur selben Zeit geführt worden sind. Im Arrestbuch stand zum Beispiel: ›Entlassungstag 9. Mai, 12 Uhr.‹ In den Registern des Krankenrevieres: ›Patient verstorben 9. Mai, 9.15 Uhr vormittags.‹ Ich sagte mir: Der Häftling kann nicht gleichzeitig im Kommandanturarrest sein und Patient im Krankenbau. Es müssen also hier Fälschungen vorgekommen sein, und hierauf spezialisierte ich mich, und es gelang mir, hinter dieses System, denn es war ein System unter dem Kommandanten Koch, zu kommen. Man hatte die Häftlinge an einem geheimen Ort, nämlich meistens in dem ... einer Zelle des Kommandanturarrestes getötet, und es waren für die Akten Krankenberichte und Todesbescheinigungen angefertigt worden. Diese waren derart raffiniert gemacht, daß jeder unbefangene Leser dieser Akten den Eindruck erhalten mußte, daß der betreffende Häftling tatsächlich behandelt worden und an der angegebenen schweren Krankheit verstorben war.

RA. PELCKMANN: Was haben Sie nach diesen Feststellungen veranlaßt?

MORGEN: Ich ermittelte als ersten Täter den Standortarzt Buchenwald, den SS-Hauptsturmführer Dr. med. Hoven, und verhaftete ihn. Ich habe von diesen raffinierten Fälschungen meine Untersuchungskommissionen unterrichtet und ihr spezielles Augenmerk darauf gelenkt, nunmehr systematisch in den von uns bearbeiteten Konzentrationslagern danach zu forschen, ob auch in anderen Konzentrationslagern derartige Morde vorgekommen sind. Wir konnten damals feststellen, daß in dem damaligen Zeitpunkt der Untersuchung – ich spreche jetzt vom zweiten Halbjahr 1943 – in den Konzentrationslagern Buchenwald, Sachsenhausen und Dachau nach menschlichem Ermessen derartige Tötungen nicht vorkamen; dagegen bei anderen Konzentrationslagern wurden solche festgestellt. Die betreffenden ermittelten Beschuldigten wurden verhaftet und angeklagt.

RA. PELCKMANN: Warum ist das nicht schon früher geschehen?

MORGEN: Ich sagte bereits, die Täuschungen waren derartig raffiniert, daß es nicht möglich gewesen ist, sie früher zu erkennen. Vor allen Dingen fehlte es an der Aufklärungsmöglichkeit, und dann handelte es sich immer um Taten ohne Zeugen. Diese Fälle wären an und für sich von den SS-Gerichten zu untersuchen gewesen. Sie sind auch untersucht worden, denn jeder unnatürliche Todesfall eines Häftlings war durch Fernschreiben den zentralen Dienststellen zu melden. Außerdem hatte sich der im Lager befindliche, besonders vereidigte Gerichtsoffizier sofort an den Tatort zu begeben, die Zeugen zu vernehmen, es waren Tatortskizzen, Tatortphotos anzufertigen, und es war Vorschrift, daß über jeden derartigen Fall eine Sektion stattzufinden hatte.

Diese Akten über unnatürliche oder vermutet unnatürliche Todesfälle gingen regelmäßig an die SS- und Polizeigerichte. Aber wie ich bereits sagte, waren diese Berichte derart raffiniert angelegt, die Akten waren so einwandfrei in Ordnung, daß selbst dem Fachmann nicht der Verdacht einer unrechtmäßigen Tötung kommen konnte.«

Während der Vormittagssitzung am 8. August 1946 wird der Zeuge Morgen aufgefordert, einige weitere Erläuterungen zum Fall Koch zu geben.

»MORGEN: Um sofort präzise zu sprechen, möchte ich den Fall des gerichtlich abgeurteilten und hingerichteten Kommandanten des Konzentrationslagers Buchenwald, Koch, darstellen; folgender Einzelfall: In das Konzentrationslager Buchenwald wird ein Häftling eingewiesen, der alter Parteigenosse war. Er hat auf Grund seiner Eigenschaft als alter Kämpfer die Stellung eines Kurdirektors bekommen. Diese Stellung hat er mißbraucht, um polnische Hausangestellte zu zwingen, unter Androhung der Entlassung perverse Handlungen abscheulicher Art mit ihm vorzunehmen, obwohl er selbst schwer syphilitisch war. Dieser Mann wurde von den ordentlichen

Gerichten zu langjähriger Zuchthausstrafe verurteilt und anschließend in das Konzentrationslager eingewiesen. Koch findet seine Akten vor, er hält dieses Urteil für verfehlt und glaubt sich berufen, hier einen Justizirrtum wieder gutzumachen, er läßt diesen Häftling töten. Ein anderer Fall, völlig anders geartet: Koch glaubt, daß ein bestimmter, kleiner jüdischer Häftling, der markante äußere Besonderheiten aufwies, ihm in seinen verschiedenen Dienststellungen in die verschiedenen Lager immer wieder folge. Aus abergläubischer Furcht vor Unglück gibt er eines Tages Anweisung, diesen Häftling zu töten. Ein anderer Fall: Koch glaubt, daß seine verbrecherische Tätigkeit oder auch bestimmte persönliche Verhältnisse einigen Häftlingen bekanntgeworden sind. Um sich selbst zu schützen, läßt er diese töten.

RA. PELCKMANN: Wie sind nun die Möglichkeiten dieser Tötungen, und konnten sie von den übrigen Lagerinsassen bemerkt werden?

MORGEN: Das Verfahren war im Grunde äußerst einfach. Die betreffenden Häftlinge wurden ohne Angabe von Gründen aufgerufen und hatten sich am Tor des Konzentrationslagers zu melden. Das war weiter nicht auffällig, denn es wurden fast stündlich aus dem riesigen Lager Häftlinge zur Vernehmung, zum Abtransport in andere Lager und so weiter dort abgeholt. Diese Häftlinge kamen dann zum Beispiel, ohne daß es für die anderen Häftlinge erkennbar gewesen wäre, in den außerhalb des Lagers gelegenen sogenannten Kommandanturarrest. Dort wurden sie einige Tage, oft ein bis zwei Wochen, in Haft gehalten, und dann hat der Arrestaufseher sie getötet, meistens in der Form, daß eine Scheinimpfung durchgeführt wurde. In Wirklichkeit aber war ihnen eine Injektion mit Phenol in die Adern gejagt worden. Eine andere Möglichkeit der geheimen Tötung war die Einweisung in das Revier bei irgendeiner Gelegenheit. Der Arzt stellte einfach fest, der Mann muß behandelt werden, nimmt ihn auf, sondert ihn dann nach einiger Zeit in ein Einzelzimmer ab und tötet ihn dort. In die Akten wird in all diesen Fällen aufgenommen, daß der betreffende Häftling an der oder jener normalen Erkrankung gestorben sei.

Ein weiterer Fall: Der Häftling wird in ein Kommando mit erschwerten Arbeitsbedingungen eingewiesen, meistens in das sogenannte ›Steinbruchkommando‹. Der Kapo des Steinbruchkommandos bekommt einen Wink und erschwert nun fortgesetzt dem Häftling das Leben, indem er ihn ununterbrochen zur Arbeit antreibt und ihn auf jede Weise schikaniert. Der Häftling verliert dann eines Tages die Lust. Um dieser Quälerei zu entgehen, läuft er über die Postenkette und muß nun von dem Posten, ob er will oder nicht, erschossen werden.

Diese verschiedenen Tötungsarten variieren von Fall zu Fall, und gerade dadurch waren sie äußerlich unerkennbar, weil es an verschiedenen geheimen Orten sich abspielte, mit verschiedenen Methoden und verschiedenen Zeiten. Das setzt aber voraus, daß dieser Kommandant, der das tut, wie hier

Koch, sich auf einige ihm absolut ergebene Männer stützen kann, die Schlüsselstellungen haben, wie hier der Arzt, der verhaftet wurde, der Arbeitsaufseher, der ebenfalls verhaftet wurde und unmittelbar darauf Selbstmord beging, und mit Hilfe von langjährig ergebenen Häftlings-Kapos, die mitwirkten. Wo dieses Zusammenspiel nicht möglich ist, kann es zu solchen Ausschreitungen und Verbrechen nicht kommen.«[7]

Der Mechanismus, der in der mit gebührendem Abstand entgegenzunehmenden Darstellung des Herrn Morgen hervortritt, gehörte tatsächlich zu den Mitteln, die der Standartenführer Karl Koch anwandte, um seine schmutzigen Ziele zu erreichen. Aber das war insgesamt nur ein Begleitumstand seiner verbrecherischen Tätigkeit *als Kommandant eines Konzentrationslagers*, in dem Gegner des Faschismus unter den widerwärtigsten Verhältnissen lebten und wo viele der Geschundenen umgebracht wurden.

Die »Anklageverfügung«, die Morgen nach monatelangen Untersuchungen aufsetzte, richtete sich nicht nur gegen Karl Koch, sondern auch gegen dessen Ehefrau Ilse Koch, den Leiter des Häftlings-Zellenbaus, SS-Hauptscharführer Martin Sommer, und den SS-Standortarzt Hauptsturmführer Waldemar Hoven.

Karl Koch, so heißt es darin, habe sich dadurch schuldig gemacht, daß er unter Verletzung eines militärischen Dienstverhältnisses über »Gelder einer schwarzen Kasse« rechtswidrig verfügte und sich Gelder und Sachwerte in Höhe von mindestens 200000 RM rechtswidrig aneignete oder zum Nachteil des Reiches weitergab. Er habe ferner in den Konzentrationslagern Buchenwald und Lublin Befehle in Dienstsachen nicht befolgt, dadurch eine Gefahr für die Sicherheit des Reiches herbeigeführt und den Dienstbetrieb der betreffenden KZ unkorrekt geführt. Schließlich wird er beschuldigt, »aus niedrigen Beweggründen und mit gemeingefährlichen Mitteln mindestens die Häftlinge Krämer und Peix am 6. 11. 1941 in Goslar und im Jahre 1942 zu Lublin den Häftling Wendel vorsätzlich getötet zu haben«.

Ilse Koch wurde angeklagt, »sich der gewohnheitsmäßigen Hehlerei schuldig gemacht zu haben, indem sie ihres Vorteils wegen Gelder in Höhe von über RM 25000,– und Sachen im Werte von über RM 46000,–, von denen sie den Umständen nach annehmen mußte, daß sie mittels strafbarer Handlungen erlangt waren, an sich brachte«.

Martin Sommer, geboren am 8. Februar 1915 in Schkölen, wurde zur Last gelegt, 1938 den Häftling Artur Goldstein erwürgt sowie 1942 entgegen dem Befehl des Kommandanten Pister den Häftling Schiltmeyer getötet zu haben; ferner hatte er versucht, den Häftling Titz mittels Gift zu töten.

Waldemar Hoven, geboren am 10. 2. 1903 in Freiburg (Breisgau), vier Kinder, wegen Widerstands gegen die Staatsgewalt und verschiedener Verkehrsdelikte mit Geldstrafen vorbestraft, wurde angeklagt, daß er am 26. 9. 1941 Totschlag an dem Häftling Collinet[8] begangen, am 28. 12. 1941 den

Häftling Gregor Kuschnir-Kuschnareff, ehemals russischer Vizeminister und Generalmajor der Wrangel-Armee, durch Phenolinjektion, ferner am 2. 2. 1943 zusammen mit dem Beschuldigten Sommer den Häftling Schiltmeyer sowie am 13. 3. 1943 die Häftlinge Freudemann und May getötet habe. Mit diesen Morden habe er beabsichtigt, »ein Gerichtsverfahren zu verhindern, um die von den Häftlingen gemachten und zu machenden Aussagen den zuständigen militärischen und politischen Stellen nicht bekannt werden zu lassen«.

Der Abschnitt »Wesentliches Ermittlungsergebnis« in dieser Anklageverfügung enthält einige zusätzliche Angaben, z. B. daß Koch ursprünglich »in dürftigsten Verhältnissen lebte«, aber nach der »Judenaktion 1938« (als Vorwand diente bekanntlich das Attentat gegen den Legationsrat Ernst Freiherr vom Rath in Paris) »schlagartig ein großes Vermögen aufgebaut« und sich mindestens 200000 RM unberechtigt angeeignet hat. Einen Teil davon, etwa 106000 RM, habe er an andere weitergegeben. Die erwähnten Mittel habe er sich beschafft, indem er eine schwarze Kasse führte und Unterschlagungen beging. Die Bücher und sonstigen Unterlagen seiner schwarzen Kasse habe er zum großen Teil vernichtet und seine Aussagen mit seinem Mittäter, dem »als Hauptbelastungszeugen in Frage kommenden Häftling Meiners«, abgestimmt. Koch habe gegen die »in Dienstsachen zu beachtenden Befehle« verstoßen und »die Erfassung der Wertsachen der eingelieferten Häftlinge völlig ungeordnet vornehmen lassen, um dabei im trüben fischen zu können«. Bevorzugten Häftlingen habe er freie Bewegungsmöglichkeiten außerhalb des Lagers gestattet; andererseits habe er fortgesetzt willkürlich Häftlinge töten lassen, die ihm als Zeugen gefährlich werden konnten, z. B. durch sogenannte Erschießung »auf der Flucht«. Diese Mordfälle seien dann kaschiert worden, indem er von den Ärzten gefälschte Todesbescheinigungen ausstellen ließ. Er habe bisher lediglich die Unterschlagung von 20000 RM zugegeben.[9]

Bezüglich Ilse Kochs wird wiederholt, daß sie eingehende Kenntnis von den Geschäften ihres Mannes hatte. 1938 betrugen ihre Ersparnisse nur 121,10 RM. Sie habe erkennen müssen, daß es bei dem enormen Vermögenszuwachs in den wenigen Kriegsjahren – also auch ihr Besitz an Möbeln, Bekleidung usw. – nicht mit rechten Dingen zugegangen sein konnte.

An dieser Stelle informiert der SS-Richter Morgen über das Verhalten der Kommandantenfrau in dieser Angelegenheit: Sie habe anläßlich eines sogenannten Nervenzusammenbruchs vor Zeugen ihren Ehemann als Lump und Verbrecher beschimpft, an dessen Treiben sie sich nicht mitschuldig machen wolle; dann habe sie Einzelheiten über seine Geschäfte mit der schwarzen Kasse mitgeteilt. Wie gesagt, Ilse Koch hatte gemerkt, daß es hohe Zeit wurde, und es für besser gehalten, ihren Mann zu verraten, um nicht mit in den Strudel zu geraten.

Unter all den brutalen Mördern von Buchenwald war Martin Sommer einer der schlimmsten, Karl Kochs Henker. Sommer erwürgte, erschlug und erhängte; er mordete mit den kräftigen Händen und den nagelbewehrten Stiefeln. Zuerst Blockführer, dann Arrestaufseher im Bunker, hat er Hunderte von Häftlingen bestialisch gequält.[10] Dieser maßlos grausame Sadist empfand Lust am Töten. Seine Verbrechen und sein ungeheuerliches Verhalten gegenüber den Häftlingen wurden in zahlreichen Zeugenaussagen gebrandmarkt.

Die erste Arresteinrichtung, den Schwarzen Bunker, hatte der mit Koch kollaborierende Lagerälteste Hubert Richter, ein BVer, schon in der Entstehungszeit des Lagers ersonnen: eine Baracke ohne Heizung, mit fest verschlossenen, schwarz überklebten Fenstern. Kondenswasser staute sich auf dem Fußboden. Zwei Kübel, die man in der Finsternis suchen mußte, waren für die Notdurft der Gefangenen vorgesehen; es stank entsetzlich. Die meisten Insassen starben. Später ließ die SS in dem einen Torflügel einen Bunker in Betonbauweise errichten, zwar nicht mehr für absolute Dunkelhaft, aber mit ebenso gräßlichem Regime. Dafür sorgte Martin Sommer. »Man kann ihn«, schreibt Eugen Kogon, »nur eine Bestie in Menschengestalt nennen ... Er quälte und tötete entweder zu Verhörzwecken, teilweise im Einvernehmen mit der Politischen Abteilung« (der Gestapo – d. Verf.), »oder zur ›Strafe‹ oder aus Lust. Es dürfte wenig denkbare Methoden gegeben haben, die er nicht zur Anwendung gebracht hätte. Die SS fürchtete ihn schließlich kaum weniger als die Häftlinge, da er imstande war, jedermann ›um die Ecke‹ zu bringen, der ihm in die Fänge geriet.«[11]

Nach dem Krieg verbarg sich Martin Sommer unter falschem Namen. Er wurde zwar 1950 verhaftet, aber bald wieder freigelassen. So konnte er eine 21jährige Krankenschwester heiraten, zunächst 350 DM Rente pro Monat beziehen und schließlich noch Antrag auf 10000 DM Pensionsnachzahlung stellen. Erst 1958 wurde ihm der Prozeß gemacht. Das Gericht verurteilte ihn wegen Mordes in 101 Fällen, Körperverletzung in 402 Fällen und Zeugenbestechung in 32 Fällen zu einer lebenslangen Freiheitsstrafe. Zur Zeit, da dieses Buch geschrieben wurde, befand er sich in einem Krankenhaus bei München. Unter verschiedenen Vorwänden über seinen Gesundheitszustand befindet er sich dort seit Jahren praktisch auf freiem Fuß. Ich habe ihn 1980 anläßlich der Wahlen in der BRD in Aktion gesehen.

Aber sogar der SS-Richter Dr. Morgen hatte als Ermittlungsergebnis festgeschrieben, daß Sommer auf Befehl von Koch »eine unübersehbare Zahl von Häftlingstötungen und schrecklichen Mißhandlungen« verübte. Koch gab Sommer Namen oder Nummer jener Häftlinge, und Sommer hatte dann innerhalb von 14 Tagen den Vollzug zu melden. Ein weiterer Satz aus Morgens Schriftstück spricht Bände über ein Rechtsbewußtsein, das dieser Herr repräsentierte: »Es kann Sommer nicht mit Sicherheit nachgewiesen werden, daß er das Ungesetzliche dieser Befehle erkannt hat.« (!)

Was Dr. Hoven angeht, so umschreibt der Abschnitt »Ermittlungsergebnis« nur die Anklagepunkte mit anderen Worten.

Das gesamte Dokument ist wie folgt unterzeichnet: Der Untersuchungsführer: gez. Dr. Morgen, SS-Hauptsturmführer und SS-Richter d.R. Die Gegenzeichnung lautet: Der Gerichtsherr: gez. Breithaupt, SS-Obergruppenführer und General der Waffen-SS.[12]

Wir können außerdem Auszüge aus dem Anklageentwurf des Dr. Morgen in Sachen Koch u.a. heranziehen, den dieser Mann als SS-Richter aufgesetzt hat.[13] In dem Abschnitt über Ilse Koch wird dort aufgeführt, daß sie zur Zeit ihrer Heirat weder Bank- noch Sparkasseneinlagen besaß. Nach eigenen Angaben soll sie 1000 bis 1500 RM Ersparnisse in bar besessen haben. Wäsche und Einrichtungsgegenstände wurden zuerst auf Raten oder gebraucht gekauft. Nach der Hochzeit hatte sie noch jahrelang Schulden bei einem Modehaus in Halle. Zum Zeitpunkt der Untersuchung stand ihr Sparkonto bei 25000 RM. Seit der Eröffnung des Kontos, 1938, waren insgesamt nur 100 RM abgehoben worden. Von Karl Kochs Gehaltskonto war nur eine einzige Überweisung auf das Sparkonto seiner Frau erfolgt, und zwar am 31. Mai 1939 mit einem Betrag von 2592 RM.

Ilse Koch hatte anfangs behauptet, sie wisse nicht, wie hoch das Gehalt ihres Mannes sei, und sie habe keinen Einblick in seine Dienst- und Privatgeschäfte gehabt. Ebensowenig will sie gewußt haben, woher all das Geld kam, das sie nicht angeführt hatte – ein Beweis dafür, daß sie noch andere Einnahmequellen besaß. Indessen, so bemerkt Morgen, war sie nicht unerfahren und weltfremd, sondern eine ehemals berufstätige, »kaufmännisch versierte Persönlichkeit gereiften Alters«. Daher mußte es ihr unbedingt auffallen, wenn ihre lächerlich geringfügigen Ersparnisse des Jahres 1938 von 121,10 RM in den wenigen Jahren schlagartig auf über 25000 RM gebracht wurden. Es hätte sie auch stutzig machen müssen, daß die Ausgaben für den Haushalt – Möbel, Wäsche, Kleider – binnen kurzem in die Zehntausende gingen.

Zudem, so bemerkt Morgen, hat es nicht an der nötigen Aufklärung gefehlt, und zwar durch ihren Liebhaber, den auf den Sturz ihres Mannes bedachten SS-Sturmbannführer Florstedt, der sie ständig auf Unregelmäßigkeiten, umlaufende Gerüchte usw. hinwies. Sie gab schließlich selbst zu, ihrem Mann nachspioniert zu haben. Im übrigen sagten alle Zeugen, die sich dazu äußerten, aus, daß *sie* in der Ehe das Regiment führte und daß Karl Koch ihr gegenüber in einem Verhältnis der sexuellen Hörigkeit gestanden haben muß. Tatsächlich kümmerte sie sich sehr um den Dienstbetrieb ihres Mannes. Nach Angaben von Florstedt besaß Ilse Koch die Schlüssel zum Dienstzimmer und zu den Dienstschränken ihres Mannes; einmal habe sie ihm sogar seine Personalakte gezeigt.

»Frau Koch«, so betont der Anklageentwurf von 1944, »hat auch durchaus einen Charakter, der ihrem Mann an Habsucht, Hochmut und Grausamkeit nichts nachgibt. Bezeichnend dafür ist ihr Verhältnis zu ihrer Mutter. Diese lebt hochbetagt heute noch in den dürftigsten Verhältnissen... Nach den Angaben von Frau Raible hat sie der Mutter, als diese zu Hause bei ihr arbeitete, trotz des Überflusses an Nahrungsmitteln noch nicht einmal satt zu essen gegeben.«

Erst durch das Zusammentreffen verschiedener Umstände wurde der Koch das weitere Mitmachen zu gefährlich. So will sie, als sie Karl Kochs genauen Kontenstand erfahren habe, darüber erschrocken sein. Zugleich warnte Florstedt sie, das Treiben ihres Mannes sei weithin bekannt geworden und werde Unannehmlichkeiten nach sich ziehen, während Hoven, ihr anderer Liebhaber, ihr von dem ehebrecherischen Verhältnis Karl Kochs mit einer Tänzerin in Weimar berichtete. Sie glaubte nun, ihren Einfluß auf ihren Mann eingebüßt zu haben, und es sei für sie an der Zeit, die eigene Haut zu retten. Das schien ihr möglich, wenn sie sich an einen ihrer Galane, Florstedt oder Hoven, hing und ihren Mann rücksichtslos fallenließ. Unter diesen Vorzeichen kam es dann zu dem sogenannten Nervenzusammenbruch.

Morgen meint, Ilse Koch habe mehr »instinktiv« so gehandelt, zum einen aus Angst um ihr Schicksal, zum anderen aus Wut über den Ehebruch Karl Kochs. Jedenfalls erzählte sie Florstedt und Hoven erst getrennt, dann beiden gemeinsam in Gegenwart des SS-Abschnittsführers Weimar, SS-Gruppenführer Hennicke, daß überall in ihrem Haus in allen Ecken Geld herumliege, daß sich in einer Mappe ihres Mannes die vom Stabsscharführer Thalmann abgezeichneten Belege der schwarzen Kasse befänden usw. Sie schickte Hoven sogar los, auf dem Dachboden nach dem Bündel Geld zu suchen, das ihr Mann dort versteckt haben sollte. »In stärksten Worten«, so heißt es in dem Anklageentwurf, »beschimpfte sie ihren Mann als einen üblen Spitzbuben, Verbrecher und Mörder. Sie äußerte, daß sie sich nicht mitschuldig machen wolle, und beabsichtige, dem Reichsführer-SS alles zu offenbaren und sich unter dessen Schutz zu stellen. Sie hatte auch Angst, daß, wenn ihr Mann von ihren Aussagen erführe, dieser sie erschießen würde.«

Aber Florstedt, der statt Koch Kommandant von Buchenwald werden wollte und nun befürchtete, selbst aufzufliegen, riet der Koch davon ab, Himmler die Angelegenheit zu unterbreiten, ebenso Hoven, aus denselben Gründen. Schließlich steckten beide selbst seit Jahren tief mit in der Affäre. Beiden war auch nicht wohl bei dem Gedanken, daß Koch sie umbringen würde, wenn er Kenntnis von ihrer Rolle bekäme.

Außerdem war ja der Gruppenführer Hennicke als Buchenwald-Besucher dabei. Dieser hohe SS-General war in die KZ-Verhältnisse nicht sehr ein-

Häftlinge des KZ Buchenwald nach der Selbstbefreiung des Lagers im April 1945

geweiht, wie Morgen behauptet. Hoven versicherte ihm als Arzt, Frau Koch habe einen Anfall von Hysterie bekommen, und die Anschuldigungen gegen ihren Mann seien nicht ernst zu nehmen. Schließlich nahmen sich die Anwesenden das Versprechen ab, über den Vorfall zu schweigen.

Hoven wollte jedoch die Lage ausnutzen, um Karl Koch in besonderer Hinsicht abzulösen. Er heckte den Plan aus, in einem fingierten anonymen Brief an Ilse Koch den Weimarer Seitensprung ihres Mannes zu denunzieren. Florstedt stimmte dem zu, desgleichen die Koch. Hoven führte den Plan aus; anschließend brachte er Ilse Koch nach Dresden, wo eine Aussprache der Ehegatten stattfinden sollte. Mit dem Denunziantenbrief erpreßte die Koch ihren Mann, so daß er ihre Bedingungen annahm.

Florstedt übernahm es daraufhin, in Treue zu dem Exkommandanten dem »Gerichtsherren« bei den anstehenden Verhandlungen in Kassel den wahren Sachverhalt zu verheimlichen. Koch vertraute ihm. Hoven aber avancierte zum einzigen Herrn im Bett der Ilse Koch – mit Zustimmung des Ehemanns. Die Koch war sehr zufrieden. Sie blieb Ehefrau eines SS-Standartenführers und KZ-Kommandanten, der entsprechend verdiente, und durfte zugleich ungehindert mit einem mordenden Arzt der »perfekten Liebe« frönen …

Unmittelbar nach der Selbstbefreiung. Nach Jahren der Erniedrigung endlich wieder frei

Von nun an versucht sie, dem demütigen Hahnrei beizuspringen. Sie schreibt einen Brief an den Inspekteur der Konzentrationslager, behauptet darin, sie und ihr Mann würden zurückgezogen und asketisch leben, und bemüht sich, Karl Koch von aller Schuld reinzuwaschen, obwohl sie ihn gerade erst beschuldigt hatte. Sie deutet sogar vorsichtig an, daß der bewußte anonyme Brief von dem Erbprinzen zu Waldeck ausgegangen sei, dem persönlichen Widersacher ihres Mannes. Schließlich begann sie, Material gegen den neuen Lagerkommandanten Pister zu sammeln, um diesen zur Strecke zu bringen und Karl Koch zu gegebener Zeit die Rückkehr nach Buchenwald zu ermöglichen.

David Rousset bekam nach dem Krieg die SS-Unterlagen über diese Affäre in die Hand. Er schilderte 1948 die Intrigen jener um Ilse Koch gruppierten Abenteurerbande und die Aussöhnung des kriminellen Ehepaares: »Die Lage hat sich also ins Gegenteil verkehrt. Um sich selbst zu retten, muß Ilse jetzt ihren Ehemann retten. Sie geht in die Offensive.« Rousset referiert den Brief an den KZ-Inspekteur und fügt hinzu: »Zusammen mit ihrem Mann setzt sie lange Rechtfertigungsschreiben auf.« Nunmehr gibt sie ausdrücklich zu, daß sie über das gesamte kriminelle Treiben im Lager unterrichtet war. »Seit der Aussöhnung übernimmt sie dafür gemeinsam mit Koch offiziell die Verantwortung. Für unsere Demonstration ist dies das entscheidende juristische Argument, das es gestattet, Ilse Koch wegen ihrer Verbrechen zur Rechenschaft zu ziehen ... Wir haben gesehen, wie sie sich erst anschickte, den Ehemann zu denunzieren und zum Hauptankläger gegen ihn zu werden, um die eigene Haut zu retten. Sie ändert ihr Verhalten erst, als sie begreift, daß das auch ihre eigenen Interessen gefährden kann ... Sie hat ein einziges Anliegen: die Beute ihrer Raubzüge zu behalten, diese aus fremdem Leid und Leichenhaufen gezogene Rente, die sie in ein ansehnliches Bankkonto verwandelt hatte.«[14]

Für Karl Koch ist es jedoch zu spät. Man beschlagnahmt einen sehr belastenden Brief, in dem er seine Frau daran erinnert, wie sie sich beide 1941 gemeinsam zum erstenmal aus der Klemme gezogen haben. Der Prozeß fand statt; Koch, Hoven und Sommer erhielten Todesurteile. Waldemar Hoven erlebte noch das Ende des Krieges. Er wurde 1947 im Nürnberger Ärzteprozeß zum Tode verurteilt und hingerichtet. Martin Sommer erhielt »Frontbewährung« und überlebte schwer verwundet. Karl Koch wurde nach Buchenwald zurückgebracht und dort im Frühjahr 1945 hingerichtet.[15]

Abgang des Karl Koch.

Ilse Koch aber, freigesprochen, von der SS weißgewaschen, ist auf und davon ...

Achtes Kapitel

Das Ende

Die Wärterin, die am Morgen des 2. September 1967 Ilse Kochs Zelle Nr. 150 im Frauengefängnis Aichach (Oberbayern) betrat, fuhr entsetzt zurück. Hinter der Tür, an einem selbstgefertigten Strick aus dem in Streifen gerissenen Laken, hing die »Kommandeuse« von Buchenwald. Der Diensthabende, Oberamtmann Schöber, und ein herbeigerufener Arzt stellten den Tod der Gefangenen fest. Die Bestie, die sich einst am Schauspiel der Erhängten von Buchenwald ergötzt hatte, war selbst durch dieses gewaltsame Ende von der Bühne abgetreten.

Das Gefängnis Aichach, 1904 einem alten Schloß nachgebaut, baumumstanden und bis an die Fenstergitter efeuumrankt, hatte nicht das geringste mit dem Bunker des Martin Sommer gemein. Jede Gefangene hatte eine zentralgeheizte Einzelzelle mit Toilette und Waschbecken. Die 360 Frauen, die seinerzeit in Aichach einsaßen, konnten abends Kinovorführungen besuchen oder sich in dem mit Wandgemälden zu Motiven aus dem Mittelalter ausgestatteten großen Saal versammeln, um zu diskutieren oder zu singen. Es war kein Bagno. Dennoch war es ein Gefängnis, und Ilse Koch, seit 22 Jahren inhaftiert und selbst über die Sechzig hinaus, hatte alle Hoffnung aufgegeben.

Ein Jahr zuvor hatte die Münchener Staatsanwaltschaft das Gnadengesuch Ilse Kochs abgelehnt und erklärt, es gebe keinerlei Anlaß für eine solche Maßnahme. Seit der Einlieferung in Aichach hatte die Gefangene weder an den täglichen Spaziergängen im Gefängnishof noch an den Gottesdiensten teilgenommen. Sie las viel und lernte Französisch, Spanisch und Englisch. Die englische Sprache interessierte sie besonders. Sie rechnete damit, eines Tages begnadigt zu werden, und wollte dann nach Australien auswandern, wo ein Verwandter von Erna Raible, Otto Raible, in der Stadt Broome als katholischer Bischof amtierte.

Ich nehme an, daß Ilse Koch nicht damit gerechnet hatte, in Augsburg verurteilt zu werden. Bis dahin war sie immer um die verdiente Strafe herumgekommen. Außerdem fehlte es in der BRD nicht an Beispielen, die ihr Mut machen konnten. Ständig wurden Kriegsverbrecher aus dem Gefängnis entlassen oder so nachsichtig behandelt, daß sie sich um ihre Zukunft nicht zu sorgen brauchten.

Am Ende des Augsburger Prozesses demolierte sie nochmals die gesamte Zelleneinrichtung und schrie aus dem Fenster: »Ich will frei sein wie alle andern!«

Die Zeit verstrich. Sie versuchte mehrmals, eine Revision ihres Prozesses zu erreichen. Vergebens. Am 22. April 1952 verwarf die erste Kammer des Bundesgerichts ihre Berufung. Sie verklagte sogar die Regierung Bayerns auf Zahlung (und Nachzahlung) der Pension, die ihr vermeintlich als Witwe eines Obersten der Waffen-SS zustand. Die Klage wurde im Oktober 1966 abgewiesen. Sie rechnete auf eine eventuelle Begnadigung nach 20 Gefängnisjahren; wieder eine Ablehnung.

In einem Brief an ihren 1947 geborenen Sohn Uwe schrieb sie, sie könne nichts weiter tun, der Tod wäre für sie die Erlösung. Wenig später erhängte sie sich. Wie wir wissen, hatte Ilse Koch 1947, als sie im Gefängnis auf den Dachauer Prozeß wartete und das Schlimmste befürchtete, ein Kind bekommen. Damals konnten die alliierten Gerichte Kriegsverbrecher zum Tode verurteilen. Auch Frauen waren nicht von dieser Höchststrafe ausgenommen, es sei denn, sie waren schwanger.

William D. Denson, der amerikanische Ankläger beim Verfahren vor dem Militärgericht in Dachau, schrieb 1948 in der »Frankfurter Rundschau«: »Auf der Anklagebank behauptete Ilse Koch, sie wäre in Buchenwald wie eine ›Mutter‹ zu den Gefangenen gewesen. Das Ausmaß dieser mütterlichen Instinkte war leicht erkennbar, denn während ihrer Inhaftierung in Dachau wurde sie schwanger. Die Untersuchungen ergaben, daß der Vater ihres Kindes ihre alte Flamme Fritz Schäffer war, der zufällig auch in Dachau gefangengehalten wurde. Er hatte einen unterirdischen Tunnel bis zu Ilses Zelle gegraben.«[1]

Dieser Mann hieß in Wirklichkeit Friedrich Schäfer und saß im Gefängnis Dachau. Sein Strafregister beim Amtsgericht Darmstadt war überdurchschnittlich lang: Diebstahl, Betrug und sogar Raub. Zwischen 1930 und 1934 war er deswegen mehrmals verurteilt worden. Als »Grüner« kam er in verschiedene KZ und wurde aus dem KZ Dachau entlassen. Kurz vor Kriegsende war er erneut wegen gewöhnlicher Straftaten inhaftiert und zu 18 Monaten Gefängnis verurteilt worden.

War er wirklich in Dresden mit Ilse Köhler bekannt, ehe sie Karl Koch heiratete? Es gibt solche Vermutungen, aber das ist nicht sehr wahrscheinlich. Gehörte er zu den »Grünen«, die den Kochs in Esterwegen, Sachsenhausen oder Buchenwald dienten? Das hat meines Wissens niemand behauptet. Hat Schäfer den von William D. Denson erwähnten Tunnel gegraben? Viele bezweifeln es.

Schäfer hat Ilse Kochs Kindern Gisela und Artwin mehrere Briefe geschickt und sie aufgefordert, ihrer Mutter zu schreiben. Er teilte mit, daß er ganz in ihrer Nähe sei, sich für ihr Schicksal interessiere und ihnen in allem beistehen wolle. Ilse Kochs Mutter Anna Köhler ließ er wissen, er werde ihre Tochter heiraten, sobald sie wieder in Freiheit sei. Sie hätten sich übrigens schon verlobt.

Wie dem auch sei, während des Dachauer Prozesses ist Ilse Koch schwanger, und kurz nach dem Prozeß kommt Uwe im Gefängnis Landsberg zur Welt. Von dort wird er bald in ein bayrisches Waisenhaus gebracht.

Die Koch äußerte zu Erna Raible, wenn man wüßte, weshalb sie Uwe gewollt habe, würde man ihr Recht geben; und später meinte sie, diese Angelegenheit mit Schäfer sei vorbei. Der Kerl sitze ja nun schon wieder im Gefängnis.[2]

Karl und Ilse Koch waren von ihren SS-»Freunden« verhaftet worden, als sie gerade nach Žatec (Saaz) umziehen wollten, jenem »Kaff«, das die »Kommandeuse« als Zumutung empfand. Möbel und Kassen waren schon in einem Zimmer der Villa Koch gespeichert, die nun der Standartenführer Pister bewohnte.

Koch ahnt, was mit ihm geschehen wird. Er kennt die Musik, weil er sie oft selbst gespielt hat, und macht sich kaum Illusionen. Seine Frau dagegen bleibt zuversichtlich, auch als bereits sechs Jahre Gefängnis für sie beantragt

Feierlicher Appell der befreiten Buchenwaldhäftlinge am 11. Mai 1945

sind. Vor Gericht erscheint sie mit ondulierter roter Haarpracht, wirft Blicke um sich wie ein gehetztes Reh und lügt unverschämt. Vielleicht hat sie verdeckten Rückhalt. Sie verläßt das Weimarer Gefängnis – freigesprochen. – Der Krieg ist noch nicht zu Ende.

Erna Raible ist mit den Kindern aus Žatec (Saaz) in ihre kleine Wohnung in der Ludwigsburger Solitudeallee gezogen. Dort taucht Ilse Koch am Weihnachtstag 1944 auf. Nur flüchtig umarmt sie Gisela und Artwin. Sie ist noch immer elegant, »ganz die Kommandeuse«, wie Erna später äußert. Mit einer Spur von Bedauern sagt die Koch: »Wenn ich das gewußt hätte, dann hätte ich Karl nicht bloßgestellt.« Und gleich weiter, triumphierend: »Aber mich haben sie nicht behalten! Sie mußten mich freilassen! Man braucht den Richtern nur schöne Augen zu machen und das Blaue vom Himmel herunterzulügen.«

Die Bombenangriffe gehören zum Alltag. Erna nimmt die Kinder mit in den Keller. Ilse Koch geht hinterher. Eines Nachts, als Gisela und Artwin schlafen, fragt sie Erna nach ihrem Buchenwalder Schachspiel.

»Ach«, sagt Erna, »das, was so schwer war. Das ist noch in Saaz. Ich habe nicht alles mitnehmen können...«

»Weißt du, warum es so schwer war? Die Figuren waren aus reinem Gold!« sagte Ilse Koch nach kurzem Schweigen.

Sie ist nicht gewohnt, sich einzuschränken. Sie nimmt sich reichlich von allem, ohne Rücksicht auf die Kinder, die Hunger haben. Erna gerät darüber in Zorn. Eines Tages wirft sie die »Kommandeuse« hinaus. Soll sie sich eine andere Wohnung suchen und sich irgendwie durchschlagen. Die Kinder interessieren sie ja nur wegen der Lebensmittelkarten...

Die Koch wendet sich an die örtliche Leitung der NSDAP. Der Frau eines SS-Standartenführers wird sofort geholfen (was mit ihm geschah, wurde natürlich nicht publik gemacht). Sie kann sich am Alten Ossweilerweg einquartieren, in der Wohnung eines Unteroffiziers, der an der Front steht und dessen Frau bei einem Bombenangriff umgekommen ist.

Und dann ist der Krieg zu Ende. Daß Ilse Koch sofort versucht habe, ins Ausland zu flüchten, ist unbewiesen. Feststeht, daß sie Ludwigsburg nicht verlassen hat. Sie ging oft in dem kleinen »Salonwald« spazieren, den auch viele amerikanische Soldaten aufsuchten. Amerikaner holten sie von der Wohnung im Auto ab und fuhren sie wieder nach Hause.

Ein Amerikaner in Uniform ist es dann auch, der eines Tages bei Erna anklopft und, nach einigen Begrüßungsfloskeln, die Kinder fragt: »War es schön in Buchenwald?« Gisela war noch zu klein und kann sich nicht mehr daran erinnern. Artwin denkt vor allem an den Hund Artus. Der Amerikaner fragt, ob sich Erna weiter um die Kinder kümmert; denn deren Mutter ist in Haft. Ein ehemaliger Häftling des Lagers hat sie erkannt. Erna sorgt selbstverständlich für die Kinder.[3]

Die Jahre vergehen. Ilse Koch lügt beim Dachauer Prozeß, sucht verzweifelt nach einem Ausweg und hofft, daß sie auf Grund der Schwangerschaft noch einmal davonkommt. Als sie erfährt, daß Hoven gehängt wurde, schreit sie: »Geschieht dem Dreckskerl recht!« Ist es purer Zynismus oder wieder eine Finte, um die Wärter zu täuschen? Sie lügt auch beim Augsburger Prozeß. Sie spielt verrückt – vielleicht glaubt man ihr. Sie demoliert die Zelleneinrichtung, kreischt, läßt sich nicht vorführen.

Jahre gehen ins Land. Die Bestie von Buchenwald bekommt weiße Haare. Die Entwürdigten, die Gequälten, die Gefolterten, die Ermordeten von Buchenwald rücken in die Ferne der Zeit. Ilse Koch versucht, ihren Prozeß revidieren zu lassen, von sich reden zu machen und zu Geld zu kommen ... Immer wieder das Geld. Sie scheitert, nimmt den Strick.

Die Jahre sind vergangen.

Wir vergessen Buchenwald nie.

Glockenturm und Gruppenplastik der Nationalen Mahn- und Gedenkstätte Buchenwald. An der Bronzetür des Glockenturms sind die historischen Worte aus dem Schwur der ehemaligen Buchenwaldhäftlinge zu lesen: Die Vernichtung des Nazismus mit seinen Wurzeln ist unsere Losung. Der Aufbau einer neuen Welt des Friedens und der Freiheit ist unser Ziel.

Anhang 1

Die drei Prozesse gegen Ilse Koch

Ilse Koch hatte sich in drei Gerichtsverfahren zu verantworten. Gegen sie als einzige Angeklagte richtete sich das Verfahren vor dem Schwurgericht beim Landgericht Augsburg.

Vor dem SS-Gericht

Nach einem Intrigenspiel, das in diesem Buch dargestellt wird, eröffnete das SS-Gericht eine Untersuchung, die sich vom August 1943 bis Anfang April 1944 hinzog. Unter dem Datum vom 11. April 1944 setzte der SS-Richter Dr. Morgen eine Anklageschrift »gegen Koch u. a.« auf. Das Dokument stieß jedoch auf Einwände anderer SS-Juristen und wurde während des Sommers gekürzt und überarbeitet. Einem im Dachauer Prozeß vernommenen SS-Zeugen zufolge wurde Ilse Koch darin außer der Beteiligung an den verschiedenen dunklen Geschäften ihres Mannes vorgeworfen, sie sei die verhaßteste Person des ganzen Lagers gewesen, weil sie durch aufreizende Kleidung die sexuell notleidenden Häftlinge zum Hinsehen veranlaßt und dann Meldung an ihren Ehemann zur Bestrafung der Häftlinge erstattet habe. Die endgültige Anklageverfügung unterzeichneten am 17. August 1944 der SS-Obergruppenführer und General der Waffen-SS Breithaupt als Gerichtsherr und der SS-Hauptsturmführer und SS-Richter d. R. Dr. Morgen. Es fanden zwei Verhandlungen statt; beim ersten Termin im September vertrat Dr. Morgen die Anklage, beim zweiten im Dezember war ein Dr. Hansen Anklagevertreter.

Nach dem Krieg erklärten ehemalige SS-Juristen, daß gegen Ilse Koch nur wegen Hehlerei im Zusammenhang mit den Vermögensdelikten ihres Mannes verhandelt worden sei. Auch dabei kam es zu einem Freispruch »mangels Beweisen«. Niemand erhob eine Nachtragsklage wegen des Verhaltens der Koch gegenüber den Häftlingen, und im Urteil wurden ihre Verbrechen und Vergehen wider Leben und Gesundheit der Häftlinge mit keinem Wort erwähnt. Das Urteil des SS-Gerichts war unmittelbar vor dem Einmarsch der US-amerikanischen Truppen gefertigt *und alsbald verbrannt* worden.[1]

Vor dem US-amerikanischen Militärgericht in Dachau

Nachdem die amerikanischen Besatzungsbehörden Ilse Koch in Ludwigsburg verhaftet hatten, kam sie vor ein Militärgericht, das eine Reihe von Buchenwalder SS-Verbrechern abzuurteilen hatte. Die Anklageschrift betraf insgesamt 31 Personen. Sie trägt die Nummer 000-50-9, das Datum des 7. März 1947 und die Unterschrift des amerikanischen Offiziers Robert D. Durst als Anklagevertreter. Die Militärrichter in dieser Sache waren mit dem Sonderbefehl 18, Ziffer 4, des Oberbefehlshabers der amerikanischen Besatzungstruppen in Deutschland, General Lucius D. Clay, vom 1. April 1947 berufen worden. Die Hauptverhandlung begann in Dachau am 11. April, dem 2. Jahrestag der Selbstbefreiung von Buchenwald. Das Urteil erging am 12. August 1947. Ilse Koch wurde wegen Verletzung der Gesetze und Gebräuche des Krieges zu lebenslangem Gefängnis verurteilt. Von ihren in Dachau verhandelten Straftaten war im dritten Prozeß erneut die Rede.

Dieser Prozeß begann, nachdem General Clay die Strafe für Ilse Koch auf vier Jahre herabgesetzt hatte und die »Kommandeuse« aus dem amerikanischen Strafvollzug entlassen worden war. Um dieses Verfahren entstand ein langwieriger Rechtsstreit, bei dem sogar das Verfassungsgericht angerufen wurde; denn die Verteidigung bestritt die Rechtmäßigkeit eines neuen Prozesses wegen angeblich bereits in Dachau behandelter Straftaten. In diesem Streit behielt die Augsburger Staatsanwaltschaft die Oberhand. Ihre Argumente überzeugten: Die Anklageschrift der amerikanischen Militärjustiz bezog sich, von den Abkommen der Alliierten über die Verfolgung von Kriegsverbrechen ausgehend, auf Straftaten vom 1. September 1939 bis 8. Mai 1945 (Beginn und Ende des zweiten Weltkriegs in Europa) und in diesem Zeitraum auf Verbrechen und Vergehen gegen die Gesetze und Gebräuche des Krieges, die an Nichtdeutschen und speziell an Staatsangehörigen der alliierten Mächte begangen worden waren. Nicht abgeurteilt waren die Morde an deutschen Antifaschisten in Buchenwald, wie an Ernst Thälmann, dem Vorsitzenden der KPD, an Pfarrer Paul Schneider, an dem führenden SPD-Funktionär Ernst Heilmann und anderen Persönlichkeiten. Das KZ Buchenwald wurde aber bereits 1937 eingerichtet, und Opfer des Naziregimes waren dort zuerst und vor allem Deutsche. Die BRD-Justiz habe also das Recht, das Verfahren zu eröffnen, weil die Militärrichter der USA in Dachau den Zeitraum 1937 – August 1939 außer acht gelassen und Verbrechen gegen deutsche Staatsangehörige nur als »Background« (zur Illustration) zur Kenntnis genommen hatten.

Das Protokoll des Dachauer Prozesses zeigt tatsächlich, daß alle Aussagen über Straftaten Ilse Kochs wesentlich Handlungen gegen Nichtdeutsche betrafen (Aussagen Schilling, S. 444, Titz, S. 1253, Froboeß, S. 1360, 1363, 1366, Kronfelder, S. 1750, Gehm, S. 1337, 1345). In einigen Fällen wurde die Nationalität nicht genannt. Der Dachauer Prozeß war am 14. August 1947 abgeschlossen und Ilse Koch zu lebenslangem Gefängnis verurteilt worden. Am 8. Juni 1948 revidierte General Clay jedoch eigenmächtig und nichtöffentlich das Urteil und setzte die Strafe für Ilse Koch auf vier Jahre Gefängnis herab. Aber erst im September 1948 drang diese Nachricht dank einem amerikanischen Journalisten an die Öffentlichkeit. Das löste einen Skandal aus. Ein Ausschuß des USA-Kongresses untersuchte die Angelegenheit und empfahl, Ilse Koch der bundesdeutschen Justiz zu überantworten. Auf diese Weise erhielt die Justiz der BRD die Befugnis, Ilse Koch wegen der Straftaten abzuurteilen, die sie *von 1937 an gegen Deutsche begangen* hatte.

Die Verteidigung bestritt vergebens die Zuständigkeit des Schwurgerichts Augsburg für Straftaten gegen Österreicher und Juden, die sie als Ausländer betrachtet wissen wollte. Das Gericht stellte fest, daß die Österreicher behandelt wurden, als ob sie Deutsche seien (da ihr Land annektiert worden war), und daß die Juden vom Dachauer Gericht nicht gesondert von ihrer Nationalität behandelt wurden, so daß sich das Augsburger Gericht auch für Handlungen gegen die deutschen Opfer jüdischer Religion oder Herkunft als zuständig betrachtete.[2]

Der Augsburger Prozeß

Das Schwurgericht Augsburg leitete seine sachliche Zuständigkeit aus den §§ 1 und 2 der Verordnung über die Wiedereinführung der Schwurgerichte vom 14. Juni 1948 (Bayerisches Gesetz- und Verordnungsblatt 1948/243) in Verbindung mit § 80 Art. 8/III/116 des Bundesgesetzes zur Wiederherstellung der Rechtseinheit auf dem Gebiet der Gerichtsverfassung vom 12. September 1950 ab. Das Strafverfahren gegen Ilse Koch wurde am 1. Oktober 1950 eröffnet. Ein Auslieferungsersuchen der DDR (thüringisches Justizministerium), das darauf abzielte, Ilse Koch von dem für den Tatort ihrer Verbrechen zuständigen Gericht aburteilen zu lassen, lehnten die US-amerikanischen Behörden ab. Oberstaatsanwalt Dr. Johann Ilkow wurde mit der Anklage beauftragt. Ihm assistierte Dr. Jagomast aus Bamberg, zeitweiliger Mitarbeiter der Staatsanwaltschaft Augsburg. Beide waren Opfer des Naziregimes. Die Verteidigung übernahm Rechtsanwalt Seidl aus München, der schon als Verteidiger mehrerer anderer Kriegsverbrecher bekannt war. Ilkow, Jagomast und Seidl begaben sich zunächst in die USA, um die Akten des Dachauer Gerichts und des Untersuchungsausschusses des Kongresses einzusehen. Das Buchenwaldkomitee als Vertreter der ehemaligen Häftlinge forderte, in der Voruntersuchung die in beiden deutschen Staaten wohnenden Zeugen einzuvernehmen, um zu verhindern, daß die Angelegenheit vertuscht würde. Nach einem Treffen mit Repräsentanten des Buchenwaldkomitees in Hamburg akzeptierte Dr. Ilkow diese Forderung. Alle Schritte, die ein Gerichtsverfahren gegen Ilse Koch in Weimar ermöglichen sollten, wurden weiter systematisch abgelehnt, auch der Vorschlag, daß Dr. Ilkow persönlich dort tätig werden solle.

Inzwischen wurde Ilse Koch aus dem Kriegsverbrechergefängnis Landsberg entlassen und in die Frauenstrafanstalt Aichach eingeliefert. Die Hauptverhandlung, ursprünglich für Mai, dann für Juli, schließlich für September angesetzt, wurde endlich am 27. November 1950 eröffnet. Als Vorsitzender des Schwurgerichts Augsburg war Dr. Oppel vorgesehen, in letzter Minute jedoch durch Dr. Maginot ersetzt. Die ehemaligen Buchenwaldhäftlinge Ackermann (München), Kautsky (Graz), Lackner (Salzburg) und Knieper (Koblenz) wurden als Sachverständige bestellt. Tagungsort des Gerichts war der größte Saal Augsburgs im Kolpinghaus. Oberstaatsanwalt Dr. Ilkow vertrat die Anklage. Dr. Maginot führte den Vorsitz, unterstützt von zwei Beisitzern. Das Geschworenenkollegium hatte sechs Mitglieder und sechs Ersatzmitglieder.

Der erste Verhandlungstag und der Anfang des zweiten dienten der Verlesung der 139 Seiten langen Anklageschrift und der Beweisaufnahme zur Person der Angeklagten. Sie selbst war bis zum Ende des achten Verhandlungstags (7. Dezember 1950) auf der Anklagebank zugegen. Bis dahin wurden 46 Zeugen angehört. Am 8. Dezember weigerte sich die Koch, sich vorführen zu lassen. Sie hatte in der Nacht einen heftigen Nervenzusammenbruch inszeniert und die ganze Zelleneinrichtung demoliert. Man hatte sie in das städtische Westkrankenhaus eingeliefert.

Die herangezogenen medizinischen Sachverständigen äußerten die Überzeugung, daß Ilse Koch den Umnachtungszustand simuliere, und das Gericht beschloß, die Hauptverhandlung in Abwesenheit der Angeklagten weiterzuführen. Seine Schlußfolgerungen lauteten: »Die Zeugin R[aible], Stiefschwester des Ehemanns Koch, bekundete, die Koch habe bei ihrem Zuzug nach Ludwigsburg (Dezember 1944) nach erfolgter Freisprechung durch das SS-Gericht erklärt, ihr Ehemann sei bei der Verhandlung dagestanden und habe nichts gesagt, während sie – die Koch – sich schön angezogen, den Richtern schöne Augen gemacht und das Blaue vom Himmel heruntergelogen habe, was auch zu ihrem Freispruch geführt habe. Diese Äußerung, die übrigens auch das jeglicher Wahrheitsliebe bare Verhalten der Koch im gegenwärtigen Strafverfahren beleuchtete, legte für sich allein schon die Vermutung nahe, die Koch habe im Laufe der ersten 8 Verhandlungstage erkannt, daß der vor dem SS-Gericht mit so großem Erfolg eingeschlagene Weg diesmal nicht zum Zuge führen werde, und sich demgemäß entschlossen, durch Flucht in die Krankheit einen Ausweg zu schaffen. Diese Vermutung des Gerichts wurde durch das Gutachten der beiden Sachverständigen bestätigt und zur vollen Gewißheit umgewandelt. Dr. Sig[hart] bezeichnete das Verhalten der K. als eine Affektreaktion, die aber keineswegs unbewußt vor sich gegangen sei, sondern bewußt dem Wunsch der K. entsprochen habe, augenblicklich der ihr bedrohlich erscheinenden Situation zu entgehen. Von einer Psychose im eigentlichen Sinne könne nicht die Rede sein. Die K. sei am Schluß des 8. Verhandlungstags zweifelsfrei voll zurechnungsfähig gewesen. Sie habe sich vorsätzlich und mit dem Ziele, der Hauptverhandlung auf diese Weise Einhalt zu gebieten, in die affektive Lage versetzt, aus der sie sich momentan nicht ohne weiteres wieder frei machen könne, so daß die K. derzeit als nicht verhandlungsfähig bezeichnet werden müsse. Auch nach Dr. E[ngler] handelte es sich um eine Affektreaktion der K., ausgelöst durch Befürchtungen für ihre weitere Zukunft. Irgendwelche tiefere geistige Veränderungen waren bei der K. nicht festzustellen. Der Sachverständige bezeichnete das Verhalten der K. als eine psychische Reaktion, um den Prozeß zu sabotieren. Auch dieser Sachverständige erklärte die K. vor ihrer Flucht in die Krankheit für voll zurechnungsfähig, hielt sie aber, nachdem sie sich nun einmal in diesen Zustand vorsätzlich hineinmanövriert hatte, nicht für verhandlungsfähig.«[3]

Am 12. Dezember 1950, dem 10. Verhandlungstag, zeigt sich Ilse Koch wieder auf ihrer Bank, aber die Sachverständigen erklären sie für nicht verhandlungsfähig. Erst am 19. Verhandlungstag, dem 29. Dezember, erscheint sie wieder vor Gericht und erklärt, wenn sie von Zeugen irgendwie belastet worden sei, hätten sie die Unwahrheit gesagt. An den folgenden Tagen wirkt sie normal, antwortet auf gestellte Fragen und leugnet dabei weiter alles, was ihr vorgehalten wird.

Am 11. Januar erscheint sie nicht zur Verhandlung. Sie hat nachts wieder eine Szene gemacht und mit Selbstmord gedroht. Die Ärzte werten das als vorsätzliche Zweckreaktion mit dem Ziel der Sabotage des Prozesses. Die Verhandlung wird in Abwesenheit der Angeklagten fortgesetzt. Am nächsten Tag kommt sie wieder zur Verhandlung. Am Morgen des 15. Januar, an dem das Urteil verkündet werden soll, meldet sie sich krank. Die medizinischen Sachverständigen kommen erneut zu dem Schluß, daß sie simuliert. Sie wird in Abwesenheit zu lebenslangem Zuchthaus verurteilt.

241 Zeugen wurden geladen. Das Gericht zeigte den Belastungszeugen gegenüber äußerste Strenge. Es lehnte neun Zeugen mit der Begründung ab, daß sie Kopfverletzungen erlitten oder Nervenkrankheiten davongetragen hätten. Sieben Zeugen wurden ausgeschlossen, weil sie angaben, daß sie sich nicht mehr mit absoluter Präzision an die Fakten erinnern könnten; etwa zehn weitere ehemalige Häftlinge wurden aus verschiedenen, mindestens anfechtbaren Gründen nicht angehört. Die in der DDR lebenden Zeugen wurden bis auf drei, die sich zur Zeit des Prozesses in der BRD befanden, nicht gehört. Sechs Zeugen aus der BRD und Österreich, darunter der ehemalige Lagerälteste von Buchenwald, Hans Eiden, waren in der Zeit zwischen ihrer Ladung und der Eröffnung der Hauptverhandlung gestorben.

Die Entlastungszeugen waren sämtlich ehemalige SS-Leute oder mehr oder minder hoch vorbestrafte kriminelle Häftlinge. Bis auf einen, den ehemaligen Buchenwalder Rapportführer Strippel, der die wichtigsten Fakten der Anklage bestätigte, leugneten alle in Bausch und Bogen; manche gingen sogar so weit zu behaupten, Ilse Koch sei »wie eine Mutter« zu den Häftlingen gewesen. Derartig eklatante Versuche, die Bestie von Buchenwald reinzuwaschen, lösten große Empörung aus. Gegen die meisten Entlastungszeugen erhob die Staatsanwaltschaft sofort Anklage wegen Meineides.

Die schriftlich übermittelten Aussagen von neun in den USA lebenden ehemaligen Buchenwaldhäftlingen vor einem amerikanischen Untersuchungsrichter nahm das Gericht zwar entgegen, berücksichtigte sie aber nicht zur Urteilsbegründung. Die USA-Behörden untersagten dem amerikanischen Staatsanwalt Kempner, der die Vereinigten Staaten beim Nürnberger Prozeß vertreten hatte, in Augsburg als Zeuge aufzutreten.

Die Verurteilung Ilse Kochs zu lebenslangem Zuchthaus (die Todesstrafe gibt es in der BRD nicht) erfolgte wegen Anstiftung zum Mord, Anstiftung zum versuchten Mord und Anstiftung zu gefährlichen Körperverletzungen. Anzumerken ist, daß die aus der überwiegend katholischen Bevölkerung Bayerns ausgesuchten Geschworenen sehr stark von den Aussagen einiger von der Angeklagten mißhandelter Geistlicher beeindruckt waren.

Die ersten Anklagepunkte

Es ist von Interesse, genau zu wissen, welche wesentlichen Anklagen die BRD-Justiz bei der Eröffnung der gerichtlichen Untersuchung gegen Ilse Koch erhob. Wir haben in den Archiven das erste Dokument wiedergefunden, das der Untersuchungsrichter Dr. Jagomast aufgesetzt hatte, als sich die Beschuldigte erst seit einem Monat in der Strafanstalt Aichach befand. In der weiteren Untersuchung wurden die Akten vervollständigt und die erhobenen Beschuldigungen bekräftigt, aber man wird aus dem Dokument ersehen, daß die Schuld der Witwe des ehemaligen SS-Kommandanten von Buchenwald bereits zu jener Zeit erwiesen war. Nachstehend der Wortlaut der Sachverhaltsdarstellung des Untersuchungsrichters Dr. Jagomast:

»Der Untersuchungsrichter des Landgerichts

z. Zt. Bamberg,

Augsburg 17. Nov. 1949.

4 Js 360/49 StA. Augsburg

AK (V) 6/49

Sachverhalt

Gegen die Ilse *Koch* geb. Köhler, geb. am 22. 9. 1906 zu Dresden, Witwe des ehemaligen SS-Standartenführers und u.a. Kommandanten des KZ Buchenwald, Karl Koch, zuletzt wohnhaft in Ludwigsburg/Württemberg, seit 17. 10. 1949 in Untersuchungshaft in der Strafanstalt Aichach, ist durch den Untersuchungsrichter des Landgerichts Augsburg die gerichtliche Voruntersuchung wegen Mordes u. a. eröffnet worden.

Unter Zugrundelegung der bisherigen Zeugenaussagen kann z. Zt. – Stand 15. 11. 1949 – von Folgendem ausgegangen werden. Die Angeschuldigte Ilse *Koch* war die Frau des Anfang April 1945 hingerichteten SS-Standartenführers Karl Koch. Sie lebte in Buchenwald vom Herbst 1937 bis zum 24. 8. 1943, dem Tage ihrer Verhaftung durch das SS-Gericht.« (Tatsächlich hat sie sich, wie wir sahen, nach 1942 nur noch zeitweilig im Lager aufgehalten – d. Verf.) »Obwohl sie nur die Frau des Lagerkommandanten war und keine offizielle Stellung in der SS-Lagerleitung innehatte, hat sie mittelbar und unmittelbar größten Einfluß auf das Schicksal der Häftlinge ausgeübt. Sie hat sich dabei einer Reihe von Straftaten schuldig gemacht.

1.) Bei Ausritten oder auch, wenn sie auf den Lagerstraßen einherging, schlug sie auf ihr begegnende einzelne Häftlinge oder marschierende Kolonnen mit der Reitpeitsche oder einem Stock wahllos ein. Die Getroffenen erlitten dadurch blutunterlaufene Striemen, schmerzhafte Beulen und Platzwunden an Kopf, Gesicht, Brust oder Rücken. Die Zahl dieser Mißhandlungen läßt sich nicht genau feststellen, dürfte jedoch in die Hunderte gehen.

2.) Die Angeschuldigte notierte in einer Vielzahl von Fällen von ihrer Wohnung aus, bei Ausritten oder Gängen im Lager die sichtbar angebrachten Nummern von Häftlingen oder ließ diese von begleitenden SS-Wachleuten oder Vorarbeitern« (gemeint sind Kapos – d. Verf.) »aufschreiben und brachte sie dann der Lagerführung zur Kenntnis. Die Gemeldeten wurden mit einer Lagerstrafe belegt. Diese bestand in stundenlangem Strammstehen am Tor oder Kostentzug, meistens in der Verabreichung der Prügelstrafe – 10 – 50, in der Regel 25 Hiebe auf dem Bock –, verschiedentlich auch im sog. Baumhängen und in Arrest im Bunker. Die Zahl geht ebenfalls in die Hunderte. Diese Folgen ihrer Meldungen waren der Angeschuldigten bekannt. Sie war bei Exekutionen zugegen und wies im übrigen auch gelegentlich Häftlinge auf die Folgen einer von ihr vorgenommenen Meldung hin. Auch von den Leiden der Bunkerinsassen überzeugte sie sich durch persönliche Nachschau.

   In zahlreichen Fällen hat sie Angehörige der SS aufgefordert, Häftlinge zu schlagen oder durch schikanöse Sportübungen zu töten. Sie hat auch selbst derartige Befehle gegeben. Dabei erlitten zahlreiche Häftlinge zum Teil erhebliche körperliche Schäden. Die Folgen der geschilderten Behandlung waren in einigen Fällen Siechtum der betroffenen Häftlinge.

3.) Infolge der unter 2.) bewirkten Körperverletzung trat auch der Tod zahlloser Häftlinge ein. Von den mit der Prügelstrafe belegten starben an unmittelbaren Folgen der dabei erlittenen Verletzungen etwa 40 %. Soweit es sich bei den Ausgepeitschten um Juden handelte, wurden sie in der Regel in den Bunker als den Arrestort verbracht. Die dort übliche Behandlung, insbesondere durch den Bunkerhenker Martin *Sommer*, verursachte bei den meisten dorthin verbrachten Häftlingen den Tod. Die Zahl der auf Meldung der Ilse *Koch* in den Bunker verbrachten Häftlinge wird auf mindestens 50 geschätzt.

Viele Häftlinge fanden auch beim Bau der auf Veranlassung und für Zwecke der Angeschuldigten errichteten Reithalle den Tod, weil auf ihre Anordnung hin das Arbeitstempo derart gesteigert wurde, daß viele an Überanstrengung oder Erschöpfung zugrunde gingen.

4.) Anfang November 1939 machte die Angeschuldigte einen SS-Mann am Lagertor auf einen mit dem Steinbruchkommando einrückenden Häftling aufmerksam, worauf der SS-Mann den Häftling zu Boden warf und dann mit einem Stein so auf den Kopf schlug, daß er tot liegen blieb.

5.) Im Juni oder Juli 1941 ließ sie einen verletzten Häftling, den das einrückende Steinbruchkommando in einer Trage mit sich führte, aus der Trage werfen und von begleitenden SS-Leuten erschlagen.

6.) An einem nicht mehr genau feststellbaren Zeitpunkt, wahrscheinlich aber im Winter 1939/40, sah die Angeschuldigte auf einer Baustelle den wegen eines angeblichen Fluchtversuches schwer mißhandelten Häftling *Schwartz* bewußtlos am Boden liegen. Auf ihre Anordnung hin stießen ihn die SS-Hauptscharführer Sommer und Planck mit dem Gesicht in eine Pfütze. Planck hielt ihn in dieser Stellung solange fest, bis der Tod eingetreten war.

Im Laufe des Jahres 1940 forderte sie den Hauptscharführer *Planck* auf, den infolge der Auspeitschung bewegungslos am Boden liegenden Häftling Papai zu töten, worauf Planck diesem in den Bauch trat. Papai trug eine Zerreißung des Bauches vom Nabel bis zur Schamgegend davon, genas aber wider Erwarten infolge der aufopfernden Behandlung im Revier.

7.) Zu einer nicht mehr genau feststellbaren Zeit, wahrscheinlich aber im Sommer 1940, wurden alle tätowierten Häftlinge fotografiert. In der Folgezeit ist der größte Teil dieser Häftlinge abgespritzt, d. h. durch Verabreichung von Gifteinspritzungen getötet worden. Ihre Haut wanderte in die Pathologie, um dort zu Leder oder anderen Präparaten verarbeitet zu werden. Die Angeklagte zeigte größtes Interesse an schönen Tätowierungen. Sie selbst besaß aus Menschenhaut auch Gegenstände. In einer größeren Anzahl von Fällen hat sie auch Häftlinge wegen ihrer Tätowierungen aufgeschrieben oder durch ihre SS-Begleitung notieren lassen. Die Häftlinge erlitten dann das vorerwähnte Schicksal. Die Personalien, auch die Staatsangehörigkeit dieser Häftlinge ist bisher unbekannt. In einigen Fällen hat es sich einwandfrei um deutsche Häftlinge gehandelt.

Einer war der Häftling, der im Nacken die Tätowierung ›Mein Haupt gehört dem Henker‹ trug. Ein anderer Häftling soll ein Seemann aus Hamburg, ein politischer Häftling, der in der Gärtnerei beschäftigt war, gewesen sein. Ein weiterer soll Schausteller gewesen sein und aus Westfalen gestammt haben.

8.) Im Frühjahr 1941 wurden 24 jüdische Häftlinge von SS-Leuten ausgewählt und in das abfallende Buschgelände zwischen SS-Revier und Steinbruch geführt. Begleitet wurde der Zug von einer Eskorte zu Fuß und einigen berittenen SS-Männern. Ihnen schloß sich unterwegs die gleichfalls berittene Angeschuldigte an. Hinter den letzten Gebäuden nahm das Fuß-SS-Kommando in breiter Linie Aufstellung, die Häftlinge mußten weiterlaufen. Daran beteiligte sich auch die mit einer Pistole bewaffnete Angeschuldigte.

z. Zt. Bamberg, den 17. November 1949
Der Untersuchungsrichter des Landgerichts Augsburg:
(Dr. Jagomast) Oberlandesgerichtsrat«[4]

Ein Bericht des Berliner Rundfunks

Die französische Presse war damals so sehr mit zahlreichen innen- und außenpolitischen Problemen, z. B. dem Koreakrieg, beschäftigt, daß sie dem Prozeß der BRD-Justiz gegen Ilse Koch nur wenig Platz einräumte. Ihre Berichte sind generell von geringem Interesse.

Dagegen hat die Schilderung der ersten Verhandlungstage, die der Berliner Rundfunk in drei Sendungen am 27., 28. und 29. November 1950 gab, unseres Erachtens ein ziemlich genaues Bild vom Verlauf dieser Sitzungen geboten. Nachstehend der Wortlaut der Sendungen: »Ilse-Koch-Prozeß, 1. Tag. Veriogen – arrogant – unverschämt: Ilse Koch vor dem Augsburger Schwurgericht. Augsburg. – Die ›Kommandeuse‹ von Buchenwald, Ilse Koch, bewies durch ihr arrogantes, unverschämtes Betragen vor dem Augsburger Schwurgericht, daß sie heute noch dieselbe geblieben ist wie in den Tagen, da sie der Schrecken der Buchenwalder Häftlinge war.

Unter geringer Anteilnahme der Bevölkerung, aber um so größerem Aufwand an Wochenschau-, Foto- und Pressereportern begann am 27. November im Kolpinghaus in Augsburg vor dem Schwurgericht des Landgerichts Augsburg der große Schauprozeß gegen Ilse Koch. Die Besatzungsmacht war ebenfalls durch eine Reihe von Beobachtern beiderlei Geschlechts vertreten. Der erste Verhandlungstag wurde im wesentlichen durch die Verlesung der 139 engbeschriebene Schreibmaschinenseiten umfassenden Anklageschrift des Oberstaatsanwaltes Ilkow ausgefüllt.«

Anmerkung des Verfassers: Die Anklageschrift kennzeichnete zunächst die Lebens- und Arbeitsbedingungen in den Konzentrationslagern im allgemeinen und in Buchenwald im besonderen. Sie erwähnte die unmenschliche Schinderei, die Schikanen und die kriminellen Methoden, die in diesem Lager gegen die Häftlinge angewandt wurden. Tausende von Menschen sind in Buchenwald über den »Bock« gegangen, ungezählt sind jene, die dabei den Tod fanden. Insgesamt sind mindestens 65000 Häftlinge in diesem Lager umgekommen, auf barbarische Weise vernichtet worden.

Die schlimmsten Zeiten erlebten die Häftlinge von Buchenwald unter dem Regime des Kommandanten und der »Kommandeuse« Koch. Die Anklageschrift nennt Hunderte Fälle, in denen Ilse Koch persönlich die Schuld an Mißhandlungen und Morden hatte. Eine besondere Spezialität der Angeklagten bestand darin, sehr leicht bekleidet durchs Lager zu spazieren; wenn Häftlinge sich nach ihr umdrehten oder die geringste Bewegung merken ließen, wurden ihre Nummern aufgeschrieben. Die betreffenden Häftlinge ließ sie bestialisch bestrafen. Ihr Ehemann, der Lagerkommandant, war der Koch sexuell hörig und gehorchte ihr auf den leisesten Wink, so daß sie zahlreiche grausame Maßnahmen und gemeine Schikanen veranlassen konnte.

Allmählich war das Verhalten der beiden selbst für die SS untragbar geworden. 1944 wurde Karl Koch vor ein SS-Gericht gestellt, zum Tode verurteilt und im Frühjahr 1945, wenige Tage vor dem Eintreffen der Alliierten, im KZ Buchenwald hingerichtet. Das SS-Gericht sprach jedoch seine ebenfalls angeklagte Ehefrau frei. In der Anklageschrift hieß es, das Ehepaar Koch, das zuvor in dürftigen Verhältnissen gelebt hatte, habe infolge Erpressungen und schmutziger Machenschaften gegenüber den Häftlingen trotz luxuriöser Lebenshaltung Hunderttausende RM akkumuliert. Die seinerzeit von dem Untersuchungsrichter Dr. Morgen aufgesetzte Anklageschrift bringt unwiderlegbare Beweise für die Verbrechen von Karl und Ilse Koch. Dr. Morgen wurde als Zeuge geladen.

Insbesondere aus den 1947 gefertigten Unterlagen des Militärgerichts Dachau konnte der Angeklagten eine besondere Vorliebe für tätowierte Menschenhaut nachgewiesen werden. Dieses Gericht stützte sich auf mehrere Beweisstücke sowie auf zahlreiche Zeugenaussagen. Diese Aussagen betrafen vor allem ausländische Häftlinge, und in dem Verfahren wurde nicht auf deutsche Häftlinge eingegangen. Die Anklageschrift nannte hierzu keine Details. –

In der Sendung des Berliner Rundfunks hieß es weiter: »Im Anschluß an die Verlesung der Anklage wurde die Angeklagte zu ihrer Person vernommen. Sie gab sich wieder, ganz wie in früher durchgeführten Verfahren, als die harmlose treue Ehefrau und sorgende Mutter ihrer Kinder. Mit dem ganzen Lagerbetrieb habe sie überhaupt keine Kontakte gehabt. Sie sei nie an einen Platz gekommen, an dem Häftlinge waren, habe nie etwas gesehen, das gegen die Gesetze der Menschlichkeit verstoßen habe. Sie hat nie eine

Reitpeitsche besessen, kurz, alles, was durch mehr als 700 Zeugen, darunter sogar ihre ehemaligen Untergebenen und ihren früheren Liebhaber, SS-Arzt Dr. Hoven, durch Deutsche, Franzosen, Sowjetbürger, Italiener, Polen, Engländer und Angehörige fast aller anderen Nationen bestätigt wurde und im Verlaufe des Prozesses wiederholt werden wird, das alles ist erlogen. Mit erhobener Stimme unterbricht sie den Vorsitzenden, Landgerichtsdirektor Maginot, der ihr diese Hunderte von Zeugenaussagen vorhält, und sie behauptet frech und unverfroren: ›Ich stehe hier vor einer Verschwörung gegen mich.‹ Alle Häftlinge haben sich gegen sie verschworen und ›lassen ihre schmutzige Phantasie spielen und erfinden alle diese Sachen‹, um die vollkommen normale und sittenreine Frau und Mutter mit Schmutz zu bewerfen. Sie betont mehrmals, daß sie Entlastungszeugen bringen werde, um alle Behauptungen, die gegen sie vorgebracht werden, zu widerlegen. Ihr ganzes Benehmen sowohl während der Verlesung der Anklage, die sie mit hochmütiger, unbewegter Miene mit anhörte, wie besonders ihre erste Vernehmung zeigten deutlich, daß sie eine starke Hand hinter sich fühlen muß und daß sie sicher ist, daß die ehemaligen SS-Angehörigen nicht mehr wie in früheren Vernehmungen gegen sie aussagen werden.

Im Zusammenhang mit den Vorgängen im Lager Dachau, wo Ilse Koch ein Kind empfangen und geboren hat, mit ihrer Verurteilung und überraschenden Begnadigung – Rehabilitierung sagt die Koch – ist eine Erklärung des Vorsitzenden interessant. Er machte den Verteidiger (Rechtsanwalt Dr. Seidl, München) und den Anklagevertreter darauf aufmerksam, daß er einen amerikanischen Offizier, der im Dachauer Kriegsverbrecherprozeß als Verteidiger fungiert hatte, als Zeugen geladen habe. Die Amerikaner wünschten jedoch, daß die an ihn zu richtenden Fragen vorher schriftlich vorgelegt werden. Er bat die beiden Herren, ihre Fragen ebenfalls schriftlich beim Gericht einzureichen. Es ist dies ohne Zweifel das erste Mal, daß in Deutschland Fragen an einen Zeugen vor Gericht vorher zur Zensur vorgelegt werden müssen. Die Vernehmung der Angeklagten wird morgen fortgesetzt.

2. Tag. Am zweiten Verhandlungstag gegen die ›Kommandeuse‹ von Buchenwald, Ilse Koch, wird die Vernehmung der Angeklagten fortgesetzt.

Dabei kommt wiederum ihre unglaubliche Gefühlskälte an den Tag. So behauptet sie zum Beispiel, über das Steinbruch-Kommando befragt, daß die Häftlinge nur ›normale Steine, nicht zu groß und nicht zu klein‹, zu tragen gehabt hätten. Auf die Frage des Vorsitzenden, was sie als normal bezeichnet, gibt sie mit den Händen einen Durchmesser von 50 bis 60 cm an. Sie hat nach ihrer eigenen Aussage nie empfunden, daß es unmenschlich war, von den ausgehungerten Häftlingen zu verlangen, diese mindestens einen Zentner schweren Steine im Laufschritt befördern zu lassen. Sie hat nie gesehen, daß schwer beladene Wagen von Häftlingen – sogenannten singenden Pferden – gezogen werden mußten, obwohl diese Tag für Tag an den Fenstern ihrer Luxusvilla vorbeigetrieben wurden. Immerhin hat man nach den Worten des Vorsitzenden ›in diesem Verfahren schon erreicht, daß sie wenigstens den Stacheldrahtzaun gesehen hat‹. In früheren Verfahren hatte sie ihn nie gesehen. Auf die Frage Staatsanwalt Dr. Ilkows muß sie zugeben, im Dachauer Kriegsverbrecherprozeß unter Eid ausgesagt zu haben, daß sie nie Mitglied der NSDAP war. Der Staatsanwalt legte daraufhin zwei von ihr unterschriebene Urkunden vor, aus denen hervorgeht, daß sie seit 1932 Parteigenossin war. ›Natürlich‹ ist sie (1932) nur unter Zwang eingetreten. Ihr Mann hat ihr nie erzählt, was im Lager vorging, denn ›kein Mann, der seine Frau gern hat, wird ihr etwas von solchen Scheußlichkeiten erzählen‹.

Nach Abschluß der Vernehmung der Angeklagten schildert Dr. Kautsky, Zürich, als Sachverständiger die Verhältnisse des Lagers. Er hebt hervor, daß immer dann, wenn es möglich war, den BVern die Führung des Lagers aus der Hand zu nehmen, und politische Häftlinge diese übernahmen, eine fühlbare Besserung der hygienischen, moralischen und sonstigen Verhältnisse eintrat. Er schilderte dann an einzelnen Beispielen, wie junge SS-Leute, die zuerst als ganz normale, oft gutmütige primitive Menschen in das Lager kamen, dort in kurzer Zeit zu vertierten Sadisten wurden. Hierin lag ein System der SS-Führung, die damit diese Menschen in willfährige Werkzeuge verwandelte. Anschließend beantragte der Verteidiger die Ladung von drei deutschen Rechtsanwälten, die im Dachauer Prozeß als Verteidiger fungiert hatten. Offenbar versucht er, den Nachweis zu erbringen, daß sie bereits wegen der zur Anklage stehenden Verbrechen gegen Deutsche verurteilt wurde. Der Staatsanwalt erhob hiergegen Einspruch. Die Entscheidung des Gerichts über diese Frage erfolgt erst Mittwoch.

Interessant war ferner die Aussage des Sachverständigen Dr. Kautsky, der lange Zeit in der Leichenhalle gearbeitet hatte, daß in der Zeit der Massenhinrichtungen von sowjetischen Kriegsgefangenen die Asche der Ermordeten einfach in die Kanalisation geschüttet wurde. Es fiel dabei so viel Asche an, daß die Kanalisation verstopfte, obwohl diese durch steil abfallendes Gelände ging.

Es wurde dann die Stiefschwester Karl Kochs, Frau Raible, vernommen. Aus dieser Aussage ging hervor, daß die Angeklagte nicht nur die Häftlinge, sondern auch die Hausangestellten und Verwandten terrorisiert hatte. Nach der Verhaftung und Hinrichtung ihres Mannes wohnte die Koch kurze Zeit zuerst bei dieser und nach einem Zerwürfnis mit ihr bei der als nächste vernommenen Zeugin. Beide bekunden, daß sie (die Koch) vor allem nach Kriegsende bis zu ihrer Festnahme einen sehr lockeren Lebenswandel geführt (und) häufig Besuche von Männern, darunter auch amerikanischen Offizieren, empfangen hat. Sie soll einmal gesagt haben: ›Ich habe noch genügend Charme, um einen amerikanischen oder französischen Offizier für mich zu gewinnen, der mich dann beschützen wird.‹

Am Mittwoch erfolgt die Vernehmung von Senator Ackermann, München, als Sachverständiger, der vermutlich über die Menschenhautaffäre gehört werden soll.

3. Tag. Dr. Ackermann aus München, der als Arztschreiber in der Pathologie des KZ Buchenwald gearbeitet hatte: Bei ihm wurden täglich die Leichen angeliefert. Er hatte irgendeine Todesursache zu erfinden, um die Sterbepapiere fertigzumachen. Er hat bezeugt als Wahrheit, was von denen, die das ›Dritte Reich‹ verteidigen, immer noch geleugnet wird: Das Aussuchen der tätowierten Häftlinge, das Sammeln und die Auswahl ihrer Tätowierungen, das Sterben der Gezeichneten und die Präparierung ihrer Häute.

Der Zeuge Tobias aus Kempten wurde von dem Verteidiger der Frau Koch gerügt, weil er sich direkt an die Angeklagte wandte mit der Bemerkung: ›Es ist tieftraurig, daß Sie alles vergessen haben.‹ Die Erregung dieses Zeugen war den Anwesenden verständlich, als er seine Zeugenaussage mit der Bitte abschloß, ob er jetzt der Frau Koch 13 Zähne ausschlagen dürfe, weil sie ihm auch 13 Zähne mit Fußtritten und dem Knauf ihrer Reitpeitsche ausgeschlagen hatte. Die Koch antwortete darauf mit einem schnippischen Kopfzurückwerfen und dem Zurechtrücken ihrer ondulierten Haartolle.

Dann wurde eine Reihe von Zeugen vernommen, die alle der Koch nachwiesen, daß sie den ›Sport‹ verursacht hat. Das war also ein Jagen, ein Kriechen auf dem Bauch, ein Hin- und Herhüpfen, wobei die SS-Leute geschlagen haben und die Steine, die (die Häftlinge) auf den Schultern tragen mußten, auf sie niederprasselten. Daß sie (die Koch) Meldungen verursacht hat, daß Häftlinge in Wassergruben ersäuft wurden, im Bunker erschlagen, im Revier abgespritzt.

Ein Zeuge hat selbst die Leichen jeweils gesehen, die tätowiert waren und dann mit der Einspritzung, mit der Narbe von dem Stich der Spritze, in das Leichenhaus kamen. Das mörderische Arbeitstempo beim Bau der Reithalle forderte allein zwei Dutzend Tote infolge Fehlens jedes Gerüstschutzes. Die Frau Koch kam jeden Tag auf diese Arbeitsstelle und schlug die erschöpften Häftlinge laufend mit der Reitpeitsche.

Frau Koch leugnete jede Zeugenaussage. Sie allein spricht die Wahrheit, und alle Häftlinge lügen. Sie wiederholte, was sie am ersten Tag gesagt hat, es sei eine abgekartete Verschwörung der Häftlinge gegen sie. Der Anwalt der Frau Koch hat behauptet, daß die Frau Koch ja eine zarte Frau sei, unmöglich hätte sie einem Mann 13 Zähne ausschlagen können.«[5]

Anhang 2

Kurzbiographie Heinrich Himmlers

Seit November 1926 wurde die SS von einem Reichsführer-SS befehligt. Der erste Inhaber dieses Postens, der bis März 1927 amtierte, hieß Berchthold, der zweite war ein gewisser Heiden. Am 9. Januar 1929 wurde Himmler von Hitler zum Reichsführer-SS ernannt. Die SS bestand damals aus 280 Mann. Sie war ursprünglich eine Leibgarde für Hitler. Die Organisation war 1923 unter dem Namen Stabswache gegründet worden, nannte sich bald darauf Stoßtrupp Adolf Hitler und führte von 1925 an die Bezeichnung Schutzstaffel. Ihr Chef war damals Hitlers Kraftfahrer und Leibwächter Julius Schreck. Seit der Anfangszeit trugen die SS-Angehörigen, zum Unterschied von der SA, erst schwarze Kennfarben an der Uniform, dann eine komplette schwarze Uniform und den Totenkopf an der Mütze.

Heinrich Himmler wurde am 7. Oktober 1900 in München geboren. Sein Vater war königlicher Hauslehrer, bei der Pensionierung 1930 Geheimrat und Oberstudiendirektor des Wittelsbachergymnasiums in München. Der Vater war zeitweilig Erzieher des Wittelsbacher Prinzen Heinrich und gab seinem Sohn dessen Vornamen sowie den zweiten Vornamen Luitpold, der ebenfalls auf das bayrische Königshaus verwies.

1917 eingezogen, beendete Heinrich Himmler den Krieg als nicht voll ausgebildeter Fahnenjunker. Zur Zeit der Bayrischen Räterepublik, im Frühjahr 1919, trat er einem Freikorps gegen die Rote Armee bei. Im selben Jahr begann er ein Studium an der Landwirtschaftlichen Fakultät des Münchner Technikums. Als Student wandte sich der bisher strenge Katholik von seiner Kirche ab; hier begann sein Weg in die germanisch-deutsche »Gottgläubigkeit«.

Er wirkte mit bei den paramilitärisch-antikommunistischen Einwohnerwehren und war Antisemit, wie in seinen Kreisen üblich. 1922 beendete er sein Studium als Diplom-Landwirt, arbeitete etwa ein Jahr in einer Düngemittelfabrik in Schleißheim bei München und wurde dann arbeitslos.

Nach München zurückgekehrt, lernte er Hauptmann Ernst Röhm kennen, einen aktiven Konterrevolutionär, der als Stabsoffizier der Reichswehr die zahlreichen rechtsextremistischen Wehrverbände in Bayern betreute.

Röhm empfahl Himmler die Betätigung in der Formation »Reichsflagge«, nachmals »Reichskriegsflagge«, die Adolf Hitler – damals eine andere lokale Größe und bereits Führer der faschistischen NSDAP – unterstützte. Wie sein Mentor Röhm, wurde Himmler 1923 Mitlgied der faschistischen Partei und nahm im November 1923 als Fahnenträger der »Reichskriegsflagge« an dem faschistischen Hitler-Putsch in München teil.

Als dieser Putsch scheiterte, schloß er sich einer Nachfolgeorganisation der zeitweilig verbotenen NSDAP an und betrieb den Wiederaufbau der Nazipartei in Niederbayern. In dieser Zeit wurde er zum fanatischen Antisemiten, und sein Ökologismus, wie man heute sagen würde, steigerte sich bis zur Blut-und-Boden-Mystik.

1925 wurde er Mitglied Nr. 14303 der wieder zugelassenen NSDAP und trat der SS bei. 1926–1930 war Himmler Chef der Propagandaabteilung der Reichsleitung der NSDAP, außerdem ab 1927 stellvertretender Führer der SS. Er avancierte 1929 zum Reichsführer jener SS, die Hitler nunmehr ausdrücklich als »innerparteilichen Polizeidienst« bezeichnete. 1930 wurde Himmler Mitglied des Reichstages. 1932 schuf er den SD, den Geheimdienst der Nazipartei, und am 9. März 1933 wurde er Polizeipräsident von München. Himmler leitete seit dem 1. April 1933 die politische Polizei in Bayern und übernahm am 20. April 1934 die Gestapo in Preußen als stellvertretender Chef. Wenig später war Himmler Chef der Gestapo für ganz Deutschland, außerdem wurden ihm die Konzentrationslager unterstellt.

1928 hatte Himmler eine Krankenschwester, Tochter eines reichen Grundbesitzers, geheiratet und mit ihrem Geld ein Grundstück in dem Münchner Vorort Waldtrudering gekauft, um dort eine Hühnerfarm zu betreiben. Nach der Geburt einer Tochter scheiterte die Ehe. Die Farm gab Himmler nun auf. Zehn Jahre später ging er ein eheähnliches Verhältnis mit seiner Sekretärin Hedwig Potthast ein, dem zwei Kinder entstammten.

Als Hitler 1933 an die Macht geschoben wurde, war Himmler zunächst nur Polizeipräsident von München. Aber nach einem knappen halben Jahr wurde er Reichsleiter der NSDAP (2. Juni 1933), drei Jahre danach Chef der gesamten deutschen Polizei (17. Juni 1936), einige Jahre später außerdem Reichskommissar für die Festigung des deutschen Volkstums (7. Oktober 1939), Reichsminister des Innern und Generalbevollmächtigter für die Reichsverwaltung (25. August 1943), schließlich Oberbefehlshaber des Ersatzheeres und Chef der Heeresrüstung (21. Juli 1944). Zeitweilig war er nacheinander Oberbefehlshaber der Heeresgruppen Oberrhein und Weichsel.

Ihm unterstanden die Allgemeine SS, die Waffen-SS, die Umsiedlung der »Volksdeutschen« und die zwangsweise Aussiedlung der einheimischen Bevölkerung aus den okkupierten Gebieten, seit dem 17. Juni 1936 als Chef der deutschen Polizei die Ordnungspolizei und die Sicherheitspolizei, ferner die

Industrie- und Handelsunternehmen der SS, die gesamte Verwaltungsbürokratie des Reiches, der Länder und der als Reichsgaue bezeichneten annektierten Gebiete, außerdem der militärische und der »zivile« Nachrichtendienst mit ihren Spitzelarmeen, die Ersatz- und Ausbildungseinheiten des Heeres im Inland, die Heeresrüstung und in militärischer Hinsicht das letzte bewaffnete Aufgebot des untergehenden Naziregimes, der Volkssturm.

Nach dem Krieg versuchte Himmler, ausgestattet mit gefälschten Papieren und verkleidet, zwischen Soldaten der aufgelösten Wehrmacht unterzutauchen. Ehemalige sowjetische Kriegsgefangene entdeckten den Fliehenden und übergaben ihn an britische Soldaten. Tags darauf, am 23. Mai 1945, verübte Himmler Selbstmord.

Anhang 3

Die Aufnahmebedingungen der SS

Als Himmler die Führung der SS übernahm, erhielt er von Hitler den Auftrag, daraus »eine Eliteorganisation der Partei zu schaffen«[1]. Im April 1929 legte er Hitler und Franz Pfeffer v. Salomon, dem damaligen Stabschef der SA und formalen Vorgesetzten Himmlers, seine Vorstellungen von der Mitgliederauswahl für die SS vor. Übereinstimmend mit Hitlers rassistischen Grundsätzen und den Theorien Walther Darrés, von dem er einiges gelesen hatte, was später in dem Buch »Um Blut und Boden« veröffentlicht wurde, wollte er einen »Orden« schaffen, dessen Angehörige vor allem nach ihrer makellosen »arischen Rassenzugehörigkeit« und ihrer Bereitschaft zu blinder Unterwerfung ausgesucht werden sollten.[2]

Auf dieser Basis dekretierte er die Aufnahme- und Auslesekriterien für SS-Angehörige: »Die Erkenntnis vom Werte des Blutes und Bodens ist richtungweisend für die Auslese in der Schutzstaffel. Jeder Staffelmann muß vom Sinn und Wesen der nationalsozialistischen Bewegung tief durchdrungen sein. Er wird weltanschaulich und körperlich vorbildlich ausgebildet, damit er einzeln und im Verband im entschlossenen Kampf um die nationalsozialistische Weltanschauung erfolgreich eingesetzt werden kann.

Nur die blutsmäßig besten Deutschen sind für diesen Kampfeinsatz tauglich. Deshalb ist es notwendig, daß in den Reihen der Schutzstaffel unaufhörlich Auslese gehalten wird, erst grob, dann immer feiner. Diese beschränkt sich nicht nur auf die Männer, denn ihr Zweck ist die Erhaltung einer artreinen Sippe. Darum wird von jedem Schutzstaffelmann gefordert, daß er nur die ihm arteigene Frau heiratet. Von Jahr zu Jahr werden die Ansprüche gesteigert, die an die Reinerhaltung der Schutzstaffel gestellt werden.

Treue, Ehre, Gehorsam und Tapferkeit bestimmen das Handeln des Staffelmannes. Seine Waffe trägt die vom Führer verliehene Inschrift: ›Meine Ehre heißt Treue!‹ Beide Tugenden sind unlöslich miteinander verbunden. Wer hiergegen verstößt, ist unwürdig geworden, der Schutzstaffel anzugehören. Der Gehorsam wird bedingungslos gefordert. Er entspringt der Überzeugung, daß die nationalsozialistische Weltanschauung herrschen muß.

Wer sie besitzt und leidenschaftlich vertritt, unterwirft sich freiwillig dem Zwang zum Gehorsam. Deshalb ist der Schutzstaffelmann bereit, jeden Befehl, der vom Führer kommt oder von einem seiner Vorgesetzten gegeben wird, blindlings auszuführen, selbst wenn er von ihm die größten Opfer fordert … Er bekämpft offen und schonungslos die gefährlichsten Feinde des Staates: Juden, Freimaurer, Jesuiten und politische Geistlichkeit.«[3]

Ehe und Familie in der SS

Am 31. Dezember 1931 erließ Himmler den »SS-Befehl A Nr. 65«, den sogenannten Heiratsbefehl:

»1. Die SS ist ein nach besonderen Gesichtspunkten ausgewählter Verband deutscher nordisch-bestimmter Männer.

2. Entsprechend der nationalsozialistischen Weltanschauung und in der Erkenntnis, daß die Zukunft unseres Volkes in der Auslese und Erhaltung des rassisch und erbgesundheitlich guten Blutes beruht, führe ich mit Wirkung vom 1. Januar 1932 für alle unverheirateten Angehörigen der SS die ›*Heiratsgenehmigung*‹ ein.

3. Das erstrebte Ziel ist die erbgesundheitlich wertvolle Sippe deutscher nordisch-bestimmter Art.

4. Die Heiratsgenehmigung wird einzig und allein nach rassischen und erbgesundheitlichen Gesichtspunkten erteilt oder verweigert.

5. Jeder SS-Mann, der zu heiraten beabsichtigt, hat hierzu die Heiratsgenehmigung des Reichsführers SS einzuholen.

6. SS-Angehörige, die bei Verweigerung der Heiratsgenehmigung trotzdem heiraten, werden aus der SS gestrichen; der Austritt wird ihnen freigestellt.

7. Die sachgemäße Bearbeitung der Heiratsgesuche ist Aufgabe des ›Rasseamtes‹ der SS.

8. Das Rasseamt der SS führt das ›Sippenbuch der SS‹, in das die Familien nach Erteilung der Heiratsgenehmigung oder Bejahung des Eintragungsgesuches eingetragen werden.

9. Der Reichsführer SS, der Leiter des Rassenamtes und die Referenten dieses Amtes sind ehrenwörtlich zur Verschwiegenheit verpflichtet.

10. Die SS ist sich darüber klar, daß sie mit diesem Befehl einen Schritt von großer Bedeutung getan hat. Spott, Hohn und Mißverstehen berühren uns nicht; die Zukunft gehört uns.«[4]

Zur Erhaltung der »Rasse« sollten die SS-Leute Kinder zeugen, ob ehelich oder nicht. Dazu wurden sie insbesondere durch Himmlers »SS-Befehl für die gesamte SS und Polizei« vom 28. Oktober 1939 angewiesen: »Jeder Krieg ist ein Aderlaß des besten Blutes. Mancher Sieg der Waffen war für ein Volk zugleich eine vernichtende Niederlage seiner Lebenskraft und seines Blutes. Hierin ist der leider notwendige Tod der besten Männer, so bedauernswert er ist, noch nicht das Schlimmste. Viel schlimmer ist das Fehlen der während des Krieges von den Lebenden und der nach dem Krieg von den Toten nicht gezeugten Kinder. Die alte Weisheit, daß nur der ruhig sterben kann, der Söhne und Kinder hat, muß in diesem Krieg gerade für die Schutzstaffel wieder zur Wahrheit werden ... Über die Grenzen vielleicht sonst notwendiger bürgerlicher Gesetze und Gewohnheiten hinaus wird es auch außerhalb der Ehe für deutsche Frauen und Mädel guten Blutes eine hohe Aufgabe sein können, nicht aus Leichtsinn, sondern in tiefstem sittlichem Ernst Mütter der Kinder ins Feld ziehender Soldaten zu werden, von denen das Schicksal allein weiß, ob sie heimkehren oder für Deutschland fallen ...

In vergangenen Kriegen hat mancher Soldat aus Verantwortungsbewußtsein, um seine Frau, wenn sie wieder ein Kind mehr hatte, nicht nach seinem Tode in Sorge und Not zurücklassen zu müssen, sich entschlossen, während des Krieges keine weiteren Kinder zu zeugen. Diese Bedenken und Besorgnisse braucht Ihr SS-Männer nicht zu haben; sie sind durch folgende Regelung beseitigt:

1. Für alle ehelichen und unehelichen Kinder guten Blutes, deren Väter im Kriege gefallen sind, übernehmen besondere, von mir persönlich Beauftragte im Namen des Reichsführers SS die Vormundschaft ...

2. Für alle während des Krieges gezeugten Kinder ehelicher und unehelicher Art wird die Schutzstaffel während des Krieges für die werdenden Mütter und für die Kinder, wenn Not oder Bedrängnis vorhanden ist, sorgen ...«[5]

Anhang 4

Aufbau und Dienstgrade der SS

Himmler hatte die SS nach dem Modell neuzeitlicher Streitkräfte aufgebaut, aber den Formationen altertümelnde Bezeichnungen gegeben. Diese lauteten (in Klammern die sonst üblichen Bezeichnungen):

Schar, 8 Mann (Gruppe); Trupp, 20 bis 60 Mann (Zug); Sturm, 70 bis 120 Mann (Kompanie); Sturmbann, 250 bis 600 Mann (Bataillon); Standarte, 1000 bis 4000 Mann (Regiment); Untergruppe (Brigade); Brigade (Division); Gruppe (Armeekorps).

Im Krieg gab es außerdem zu Verbänden zusammengefaßte Truppenteile der Waffen-SS.

Die Dienstgrade lauteten (in Klammern die Entsprechungen bei der faschistischen Wehrmacht):

SS-Mann (Soldat); Staffelmann (Oberschütze); Staffelanwärter (Oberschütze); Sturmmann (Gefreiter); Rottenführer (Obergefreiter); Unterscharführer (Unteroffizier); Scharführer (Unterfeldwebel); Oberscharführer (Feldwebel); Hauptscharführer (Oberfeldwebel); Untersturmführer (Leutnant); Obersturmführer (Oberleutnant); Hauptsturmführer (Hauptmann); Sturmbannführer (Major); Obersturmbannführer (Oberstleutnant); Standartenführer (Oberst); Oberführer (Oberst); Brigadeführer (Generalmajor); Gruppenführer (Generalleutnant); Obergruppenführer (General der Infanterie, der Artillerie, der Panzertruppen usw.); Oberstgruppenführer (Generaloberst); Reichsführer der Schutzstaffel (Generalfeldmarschall).

Quellen und Literatur

Um den Bericht zu entlasten, wurden zahlreiche Informationen, die für ein gründliches Verständnis der Problematik des Falls Ilse Koch notwendig sind, in den Anmerkungen untergebracht. Dort finden sich namentlich die Quellenangaben für das vorliegende Werk sowie Erläuterungen zum Zusammenhang zwischen den erwähnten Ereignissen und ihrem Kontext.

Außerdem erschien es angebracht, diesen Apparat durch Anhänge zu unserer Studie zu ergänzen, so daß sich der Leser zusätzlich über einige besonders wichtige Momente des politischen Klimas, in dem sich die Angelegenheit Ilse Koch abspielte, informieren kann.

Es handelt sich zunächst um juristische Aspekte der Verfahren, die nacheinander gegen die Koch angestrengt wurden (Anhang 1), dann um den Rahmen der Ereignisse, die ihr Leben markiert haben (Anhang 2: Kurzbiographie Heinrich Himmlers; Anhang 3: Die Aufnahmebedingungen der SS). Anhang 4 verdeutlicht den Aufbau der SS und die Dienstgradbezeichnungen der SS.

Außer den Dokumenten der Prozesse gegen Ilse Koch vor dem amerikanischen Militärgericht in Dachau und vor dem Schwurgericht Augsburg verwendeten wir die Materialsammlungen der Historischen Abteilung der Nationalen Mahn- und Gedenkstätte Buchenwald, deren Leiter Dr. Bodo Ritscher wir für die freundschaftliche Unterstützung danken, des Zentralen Staatsarchivs der DDR in Potsdam sowie des Studienkreises zur Erforschung und Vermittlung der Geschichte des deutschen Widerstands 1933–1945 e. V. in Frankfurt (Main) – BRD.

Die Sitzungsprotokolle des Internationalen Militärgerichtshofs in Nürnberg enthalten ebenfalls sehr wichtige Zeugenaussagen, darunter die Aussagen des Nazis Dr. Ernst Kaltenbrunner und des ehemaligen SS-Richters Dr. Konrad Morgen sowie die Ausführungen unseres Buchenwald-Kameraden Prof. Alfred Balachowsky.

Wir haben Presseberichte aus der DDR und der BRD über die Nachkriegsphase der Angelegenheit Ilse Koch durchgesehen und dabei neben den im Text erwähnten Pressequellen berücksichtigt: Der Mittag, Düsseldorf,

21. November 1961; Kölnische Rundschau, 17. März 1962; Eßlinger Zeitung, 18. Dezember 1962; Augsburger Allgemeine, 26. Juli 1963 und 15. September 1966; Badische Neueste Nachrichten, Karlsruhe, 15. November 1963; BZ, Berlin(West), 16. September 1966; Stuttgarter Zeitung, 17. und 24. September 1966; Fränkische Landeszeitung, Ansbach, 20. und 24. September 1966; Deutsche Wochenzeitung, Hannover, 7. Oktober 1966; Buersche Zeitung, Gelsenkirchen-Buer, 18. Oktober 1966; Frankfurter Allgemeine Zeitung, 16. September und 16. November 1966; Frankfurter Rundschau, 20. September 1966. Für die vorausgegangene Zeit seien namentlich genannt: Tägliche Rundschau, Berlin, 8. Oktober, 28. und 30. November sowie 22. Dezember 1950; Neues Deutschland, Berlin, 7. Dezember 1950; Tagesspiegel, Berlin (West), 18. September 1948; Deutsche Zeitung und Wirtschaftszeitung, Köln, 17./18. März 1963; die tat, Frankfurt a. M., 16. Dezember 1950 und 20. Januar 1951.

Die französische Presse für denselben Zeitraum wurde ebenfalls durchgesehen, aber außer den im Text erwähnten Beiträgen und einer Artikelreihe von David Rousset im Franc-Tireur, 11.–18. November 1948, mit Belegen über den SS-Prozeß gegen die Kochs findet sich darin nicht viel.

Ganz besonders möchten wir dem Archivdienst der FNDIRP und speziell Daniel Anker und Roger Arnoult für ihre Unterstützung danken, ebenso unseren Freunden und Kameraden der Lagergemeinschaft Buchenwald-Dora und Kommandos, ohne deren Mitarbeit das Buch nie erschienen wäre. Es sei mir gestattet, hier auch meinen deutschen Freunden Walter Bartel, Herbert Weidlich und Gerhard Leo aus der DDR sowie Emil Carlebach und Walter Bloch aus der BRD Dank abzustatten. Desgleichen bedanke ich mich bei meiner Frau Jacqueline, die es mir durch ihre unermüdliche treue Hilfe ermöglicht hat, dieses bescheidene Forschungsresultat vorzulegen.

Das Literaturverzeichnis in dem Buch Les armes de l'espoir. Les Français à Buchenwald et à Dora, Paris 1977, enthält bereits einige Titel, die speziell die uns interessierende Periode behandeln, so insbesondere: Buchenwald. Mahnung und Verpflichtung, Dokumente und Berichte, Berlin 1961 (1983 in 4., völlig neu bearbeiteter Auflage erschienen – d. dt. Red.); Eugen Kogon, Der SS-Staat. Das System der deutschen Konzentrationslager, München 1946. Hinzuzufügen sind u. a.: Justiz und NS-Verbrechen. Sammlung deutscher Strafurteile wegen nationalsozialistischer Tötungsverbrechen 1945–1966, Amsterdam 1968 ff., sowie Ernst Haberland, Der Pelerinenmann, Berlin 1981. Wichtige Zeugenaussagen finden sich auch im Buch von Klaus Drobisch, Widerstand hinter Stacheldraht. Aus dem antifaschistischen Kampf im KZ Buchenwald, Berlin 1962, und in dem Buch desselben Verfassers Widerstand in Buchenwald, Berlin 1977, ferner in dem Buch von Günter Kühn/Wolfgang Weber, Stärker als die Wölfe. Ein Bericht über die illegale militärische Organisation im ehemaligen Konzentrationslager Buchenwald und den bewaffneten Aufstand, Berlin 1976, mit einer Vorbemerkung von Herbert Weidlich und einem Vorwort von Walter Bartel. Hingewiesen sei auch auf die in der BRD 1982 erschienene Schrift der Historikerin Irene Hübner: Unser Widerstand. Deutsche Frauen und Männer berichten über ihren Kampf gegen die Nazis; sie enthält zu Buchenwald die Aussagen von zwei der ältesten deutschen Häftlinge dieses KZ, Willi Bleicher und insbesondere Willy Schmidt, der dort seit Juli 1937 inhaftiert war. Die Durchsicht von Publikationen ehemaliger Buchenwald-Häftlinge – der »Information« der Nationalen Mahn- und Gedenkstätte Buchenwald sowie des Bulletins »Die Glocke vom Ettersberg« (BRD) – führte zu zahlreichen Aussagen und Präzisierungen, die wir während dreijähriger Recherchen durch die Befragung von Überlebenden aus Buchenwald in beiden deutschen Staaten bereichern konnten.

Anmerkungen

Erstes Kapitel

1 Siehe D. Di Constanza, La Chienne de Buchenwald, Paris 1952 (a. d. Ital.) Dort wird diese These ausführlich entwickelt. Es handelt sich um eine sehr romanhafte Biographie der Ilse Koch, die einige historisch belegte Fakten mit reiner Fiktion vermengt.

2 Revue vom 23. August 1952.

3 Siehe ebenda.

4 Im September 1939 gehörten der NSDAP 8 bis 10 Millionen Mitglieder an.

5 J. C. Fest, Einführung zu: Heinrich Himmler. Geheimreden 1933 bis 1945 und andere Aussprachen, hrsg. von B. F. Smith und A. F. Peterson, mit einer Einführung von J. C. Fest (im folgenden: H. Himmler, Geheimreden), Frankfurt a. M. – Berlin (West) – Wien 1974, S. 22; zu Joachim C. Fest siehe Unbewältigte Vergangenheit. Kritik der bürgerlichen Geschichtsschreibung in der BRD, Berlin 1977, S. 22, 127, 341, 345f., 355f.

6 Zit. nach: H. Himmler, Geheimreden, S. 21.

7 Ebenda, S. 20.

8 In einer Rede vor den SS-Gruppenführern am 8. November 1937 erklärte Himmler: »Ich habe deswegen von einer Stelle einen Kredit aufgenommen, um zunächst das hauptamtliche, später das gesamte Führerkorps und schließlich die gesamte SS absolut zu entschulden. Ich habe eine eigene Dienststelle in meinem Stab dafür eingerichtet, eine Abteilung ›Wirtschaftshilfe‹, an die in dieser Hinsicht herangetreten werden kann und die auch von sich aus an die einzelnen SS-Führer herantritt … Wenn Verpflichtungen von einigen hundert oder tausend Mark da sind – in sehr vielen Fällen ist das manchmal erschreckend –, können wir sagen: gut, wir erklären uns zur Entschuldung bereit. Der Beauftragte von mir verhandelt mit den Gläubigern über die Schuldsumme, meistens wissen die Leute ja, daß es sich um eingefrorene Gelder – ich bin kein Bankfachmann, aber so viel verstehe ich davon – handelt, die sie praktisch nicht hereinbringen können, Gelder, die ihnen aus einem Konkurs, einem Bankrott oder irgendwelchen Mißhelligkeiten im Leben des Schuldners zustehen … Die Gläubiger sind daher meistens froh, wenn sie bei einer Schuldsumme von RM 3000,– von heute auf morgen RM 1500,–, 1600,– oder 1800,– blank ausgezahlt bekommen und die ganze Sache abschreiben können …« (H. Himmler, Geheimreden, S. 87f.).

9 Eine Sammlung von Himmler-Reden befindet sich im Bundesarchiv in Koblenz (BRD). Im vorliegenden Buch wird die von den amerikanischen Historikern Bradley F. Smith und Agnes F. Peterson veröffentlichte Auswahl herangezogen (siehe Note 5; französische Übersetzung: Heinrich Himmler – Discours secrets, Paris 1978). Verwendet wird weiter die Ausgabe: Reichsführer! Briefe von und an Himmler, hrsg. von H. Heiber, Stuttgart 1968 (im folgenden: Reichsführer! Briefe; französische Übersetzung: Himmler aux cent visages, Paris 1969).

10 Siehe Archivalien des »SS-Gerichts« in der Historischen Abteilung der Nationalen Mahn- und Gedenkstätte Buchenwald; siehe auch Der Morgen, Berlin, 23. August 1952; siehe auch Der Spiegel, Hamburg, 11. September 1967.

11 Zu diesen Dienststellen gehörten namentlich die VOMI für die »Volksdeutschen« im Ausland, der VDA sowie die verbrecherische Organisation »Lebensborn e. V.«, die das Ziel hatte, »gute Arier« zusammenzuführen, um dem Dritten Reich außerehelich »rassisch hochwertige« Kinder zu verschaffen, ferner geschädigte Kinder durch Ermordung zu beseitigen und, später, aus den von der Wehrmacht okkupierten Ländern entführte junge Menschen mit »germanischen Rassemerkmalen« nach Nazikriterien zu »erziehen«, um sie zu »guten Deutschen« zu machen, die nichts mehr von ihren früheren Bindungen wissen.

12 H. Himmler, Geheimreden, S. 31ff.

13 Ebenda, S. 105.

14 Hier besteht eine Unstimmigkeit. Die Materialien des Augsburger Prozesses geben an, daß Karl Koch erst in Esterwegen eingesetzt und dann nach Berlin versetzt wurde. Die Anklageschrift des »SS-Gerichts« erwähnt die Berliner Episode in Kochs SS-Karriere nicht. Die im Buchenwald-Archiv aufbewahrten Dokumente der Gestapo nennen die Reihenfolge Berlin–Esterwegen. Faktisch ändert das jedoch nichts am Wesen der Sache.

15 Aussage von Kurt Riemer. Weitere Aussagen über die SS-Greueltaten im Columbiahaus finden sich in der in Tempelhof, Berlin (W), herausgegebenen Broschüre Erlebte Geschichte sowie in der 1936 illegal erschienenen Schrift der SPD: Columbiahaus, und in R. Diels: Luzifer ante portas, Stuttgart 1950. Rudolf Diels, vor Hitlers Machtantritt Leiter der Politischen Abteilung im Berliner Polizeipräsidium und später der erste Chef der preußischen Gestapo, war mitverantwortlich für die Verbrechen im Columbiahaus, das er selbst als Stätte der schlimmsten Martyrien bezeichnete.

16 Theodor Eicke ermordete 1934 als Brigadeführer den SA-Führer Ernst Röhm in der Zelle 474 des Gefängnisses Stadelheim. Er wurde danach Gruppenführer, Führer der SS-Totenkopfverbände und Inspekteur der Konzentrationslager. 1943, inzwischen SS-Obergruppenführer und General der Waffen-SS, kam er als Kommandeur der 3. SS-Panzerdivision »Totenkopf« in der Sowjetunion ums Leben.

17 Siehe die Materialien des Augsburger Prozesses; siehe auch Buchenwald. Mahnung und Verpflichtung, Berlin 1983, S. 61, 737.

18 Siehe die Materialien des Augsburger Prozesses.

19 H. Himmler, Geheimreden, S. 85f.

20 Revue vom 23. August 1952.

21 H. Himmler, Geheimreden, S. 82.

22 Ebenda, S. 82f.

23 Ebenda, S. 115.
24 Ebenda, S. 122.
25 Ebenda.

Zweites Kapitel

1 Selbstverständlich haben die französischen Organisationen der ehemaligen Deportierten seinerzeit energisch gegen die Begnadigung der Ilse Koch durch General Clay protestiert. Die führende Rolle in der großen Protestbewegung spielten die FNDIRP und das Internationale Komitee der ehemaligen Buchenwaldhäftlinge, aber auch andere Kreise der französischen Öffentlichkeit bekundeten ihre Empörung. So erhoben u. a. der Verband der Kriegsteilnehmer und Kriegsgefangenen des Départements Seine, der Solidaritätsbund der jüdischen Widerstandskämpfer, Hunderte von Geistlichen, Politikern, Künstlern und Schriftstellern sowie die französische Sektion der IVDJ ihre Stimme (FNDIRP-Archiv, Roger Arnoult).

2 Siehe Libération, Paris, 18. Oktober 1949.

3 Neues Deutschland, Berlin, Ausg. A, 24. November 1950.

4 Siehe Weißbuch über die amerikanisch-englische Interventionspolitik in Westdeutschland und das Wiedererstehen des deutschen Imperialismus, Berlin 1951, S. 153ff.

5 Die Entscheidung General Clays rief in den USA Überraschung und Entrüstung hervor, besonders unter den Offizieren, die während des Krieges und nach Kriegsende Kenntnis von den Naziverbrechen erhalten hatten. Ihr Druck setzte ein parlamentarisches Verfahren in Gang, das schließlich zu dem Ersuchen an die bundesdeutschen Behörden führte, den Prozeß gegen Ilse Koch wiederaufzunehmen (siehe Anhang 1: Die drei Prozesse gegen Ilse Koch). Die Untersuchungsausschüsse des USA-Senats hörten sowohl Opfer der Angeschuldigten als auch speziell die Gerichtsoffiziere und Juristen, die sich mit dem Fall der Koch befaßt hatten, als Zeugen an. 1948 und 1949 erschienen zwei Berichte, die die schwere Schuld der Koch nachwiesen und die Entscheidung General Clays verurteilten: Conduct of Ilse Koch War Crimes Trial. Interim Report of Subcommittee of the Committee on Expenditures in the Executive Departments, United States Senate, 80th Congress, 3. T., 1948, sowie: Conduct of Ilse Koch War Crimes Trial. Hearings before the Investigations Subcommittee of the Committee on Expenditures in the Executive Departments, 5. T., 1949 (siehe Archiv Daniel Anker, Briefwechsel mit Surowitz und Ruskin, Rechtsanwälte in New York).

6 Ursprünglich war die Bezeichnung »KL Ettersberg« vorgesehen. Der Name wurde fallengelassen, als die NS-Kulturgemeinde in Weimar Einspruch erhob; sie war, wohlgemerkt, dagegen, dem KZ eine Bezeichnung zu geben, die mit der Erinnerung an Goethe verbunden ist. Der Dichter hatte den Ettersberg gern besucht (siehe Johann Peter Eckermann, Gespräche mit Goethe in den letzten Jahren seines Lebens. 1823 bis 1832, Berlin 1956, S. 361). Dort schrieb Goethe 1776 das erste der zwei unter dem Titel »Wandrers Nachtlied« bekannt gewordenen Gedichte. Die Häftlinge konnten in Buchenwald noch eine starke Eiche sehen, die schon dem großen Dichter aufgefallen sein soll; sie ist 1944 bei dem amerikanischen Luftangriff auf

das Lager verbrannt. Gegen den Gedanken, das Lager nach dem nächstgelegenen Dorf Hottelstedt zu benennen, wandte sich SS-Gruppenführer Eicke, weil dann der Wohnungsgeldzuschuß für die Bewacher nach dem kleinen Dörfchen bemessen worden wäre, so daß sie finanzielle Nachteile gehabt hätten. Er empfahl den Namen »K. L. Hochwald, Post Weimar«. Himmler entschied sich schließlich für »Konzentrationslager Buchenwald, Post Weimar«.

7 Siehe Stadtarchiv Weimar, Bahnanschluß Buchenwald, B. 10.

8 Siehe IML – Buchenwald, I 9/1, Bl. 00297, 00796, 00064, 00077, 00060.

9 Siehe ebenda, Bl. 00021.

10 Siehe ebenda, Bl. 00124.

11 Siehe ebenda, Bl. 00148–00152.

12 Siehe Buchenwald. Mahnung und Verpflichtung, Dokumente und Berichte, Berlin 1983, S. 698ff.

13 Siehe ebenda, S. 701.

14 Siehe Buchenwald-Archiv (im folgenden BA), 461–1.

15 Paul Woitkowski, geboren 1892, von 1928 bis 1933 Mitglied des Preußischen Landtages, von 1933 an in Haft, 1937 bis 1945 im KZ Buchenwald, gestorben 1960.

16 Siehe BA, 46–13.

17 Die hohe Totenzahl in den Konzentrationslagern war schon 1935 einigen hohen Justizbeamten aufgefallen, die zwar kaum Gegner des neuen Regimes, aber noch nicht auf seine kriminellen Methoden eingestellt waren. Himmler antwortete beispielsweise am 6. November 1935 in seiner Eigenschaft als Beauftragter und Inspekteur der preußischen Geheimen Staatspolizei dem Reichsjustizminister Franz Gürtner, daß er dessen Schreiben vom 16. Oktober sowie die »Aufstellung von Todesfällen in den Konzentrationslagern« Hitler selbst vorgelegt habe. Die Schlußfolgerung: »Besondere Maßnahmen werden bei der ohnehin gewissenhaftesten Leitung der Konzentrationslager nicht als notwendig erachtet.« (Reichsführer! Briefe, S. 43.)

18 Siehe Buchenwald. Mahnung und Verpflichtung, S. 91.

19 Alle Vorfälle, die hier zusammenfassend wiedergegeben wurden, sind in die Urteilsbegründung des Schwurgerichts Augsburg aufgenommen worden (siehe Justiz und NS-Verbrechen. Sammlung deutscher Strafurteile wegen nationalsozialistischer Tötungsverbrechen 1945–1966, Bd. 8, Amsterdam 1972, S. 29–137, insbesondere die Abschnitte G und H). Das Gericht hatte bereits alle Zeugenaussagen, die ihm aus verschiedenen, oft sehr anfechtbaren Gründen zweifelhaft schienen, verworfen. Die Vorfälle bestätigen übrigens nur das Gesamtbild der Haltung Ilse Kochs in dieser Hinsicht.

20 Der Rapportführer war meist ein Unteroffizier, der seinen Vorgesetzten regelmäßig den Rapport über den Zustand des Lagers zu geben hatte. Die Rapportführer, die im Schichtsystem arbeiteten, waren die unmittelbaren Verbindungsmänner zwischen SS-Lagerführung und Lager. Das Organisationsschema der Konzentrationslager war so kompliziert, daß sich die meisten ausländischen Deportierten nicht hindurchfanden und nur die ältesten deutschen Häftlinge die Verschlingungen zu enträtseln verstanden. Wir halten es für wichtig, das Schema hier in den Grundzügen zu kennzeichnen. Die Lager-SS gliederte sich in drei Abteilungen: die Abteilung I war die Kommandantur, die Abteilung II der Kommandanturstab

(Verwaltung), die Abteilung III die Lagerführung. Außerhalb dieser Abteilungen standen die SS-Truppen (die Garnison) mit ihrem eigenen Kommando, aus deren Reihen sich die Wachmannschaften, die Streifen usw. rekrutierten. Jedes Lager unterstand einem Kommandanten im Offiziersrang. In den meisten Fällen waren sie mindestens Sturmbannführer (Major) oder Obersturmbannführer (Oberstleutnant). Die größten Lager wurden von Offizieren im Oberstenrang befehligt (Koch war SS-Oberst). Ihre Gehilfen waren die Schutzhaftlagerführer, gewöhnlich drei, die unter dem Befehl des Kommandanten Schichtdienst versahen und alle angeordneten oder für notwendig erachteten Maßnahmen zu treffen hatten. Die Rapportführer hatten die Verbindung zwischen Lagerführung und Lager in beiden Richtungen zu halten. Ihnen unterstanden die Blockführer, die SS-Büttel für die einzelnen Wohnblocks der Häftlinge, im allgemeinen SS-Unteroffiziersdienstgrade und hartgesottene Terroristen, die außerhalb des Lagers wohnten, aber zu jeder Zeit in die Blocks kommen konnten. Die Häftlinge waren in Arbeitskommandos eingeteilt, die von Kommandoführern der SS beaufsichtigt wurden, meist ebenso üblen Individuen. Für alle mit der Arbeit zusammenhängenden Fragen war der Arbeitsdienstführer verantwortlich, der auch bestimmte, wer in eines der (zum Teil weit entfernten) Außenkommandos oder auf Transport zu gehen hatte, und der über die Einteilung und Stärke der Arbeitskommandos im Lager und in den Betrieben des Lagers entschied. Die Gestapo war im Lager durch die Politische Abteilung vertreten, die im Prinzip von der Lagerleitung unabhängig war. Wie bei jedem Inhaftierungssystem (siehe Cayenne), wurden die Häftlinge selbst zu Lagerfunktionen herangezogen. Die SS hatte die Idee, die Häftlingsfunktionen zum Abklatsch ihres eigenen Organisationsschemas zu machen, um dieses sozusagen zu doublieren und die Arbeit von den Gefangenen machen zu lassen. Anfangs setzte sie nur kriminelle Häftlinge (grünes Dreieck) in solche Funktionen ein. Nach einem langen Kampf, von dem in diesem Buch berichtet wird, gelang es den politischen Häftlingen (rotes Dreieck), zuerst nur den Deutschen, dann auch Ausländern, Leitungsfunktionen zu besetzen. Das änderte zwar nicht das System, wohl aber die Modalitäten seiner Anwendung. Die Überfüllung der Lager, besonders auch in Buchenwald, sowie die Demoralisierung und vor allem die Korruption der SS bewirkten, daß ihr die Verwaltung des Lagers zum Teil entglitt. Der unentbehrlich gewordene Knecht konnte schließlich auf manchen Gebieten sehr wirksam zum Wohl der Häftlinge eingreifen ... Diese sehr hegelianische Dialektik war – bei all ihren Grenzen – in Buchenwald wegen der Anzahl und der Qualität der deutschen und ausländischen politischen Häftlinge besonders deutlich, konnte aber natürlich am Wesen des KZ-Systems nichts ändern. Die Häftlingsorganisation arbeitete parallel zur SS-Organisation, mit folgender Struktur: Dem Lagerkommandanten standen ein Lagerältester oder mehrere gegenüber, denen später Lagerkontrolleure beigegeben wurden. Gegenpart der Blockführer waren die Blockältesten, mit je einem »Stubendienst« für die beiden Hälften jeder Unterkunft. Bei den Kommandoführern gab es die Kapos (von italienisch »capo«, lateinisch »caput«, Haupt oder Anführer), mit Vorarbeitern als Gehilfen. Dem Arbeitsdienstführer war u. a. die Arbeitsstatistik zugeordnet. Die Politische Abteilung (Gestapo) hatte kein solches Gegenstück, beschäftigte aber einige Häftlinge. Der Rapportführer-Dienst war doubliert durch die Schreibstube, die nur zeitweilig unter Aufsicht eines SS-Mannes stand. Eugen Kogon erläutert: »Die gesamte innere Verwaltung des Lagers, Karteiführung, Blockeinweisung, Appellvorbereitung, Verpflegungszuteilung und dergleichen mehr wurde von ihr geregelt. Ihre Bedeutung für das Lager war enorm, ihre Leistung absolut positiv« (seit die »Politischen« sich um sie kümmerten – d. Verf.). »Es ist nicht übertrieben zu sagen, daß buchstäblich Tausende von Kameraden im Laufe der Jahre mit Hilfe der Schreibstuben in den Lagern vor dem Tod gerettet, vor schweren Gesundheitsschädigungen bewahrt und in Positionen gebracht worden sind, wo sie wirklich zum Vorteil der Häftlinge wirken konnten.« Dasselbe gilt für die Arbeitsstatistik. Kogon schreibt: »Hunderte wertvoller Menschen konnten nur mit Hilfe der Arbeitsstatistik gerettet werden, teils indem sie von Todestransportlisten heimlich gestrichen, teils indem sie wegen Lebensgefährdung im Stammlager in Außenkommandos geschmuggelt wurden.« So hat, was die Franzosen betrifft, Daniel Anker bei der Rettung von Kameraden eine entscheidende Rolle gespielt. In Buchenwald gelang es den Häftlingen von Juni 1942 an, unter Führung der Kontrolleure eine innere Ordnungsgruppe aufzubauen, den Lagerschutz, der die Lebensmittelmagazine usw. zu bewachen hatte; damit konnte erreicht werden, daß nachts keine SS-Streifen mehr ins Lager kamen und daß Neuankömmlinge nicht mehr von der SS empfangen wurden. Kogon erklärt: »Es hat natürlich das eine oder andere Mitglied des Lagerschutzes gegeben, das man nach der angewandten Tonart als verhinderten SS-Mann hätte bezeichnen können. Aber das war nicht ausschlaggebend, sondern das Ziel: eine Kerntruppe der Häftlinge gegen die SS zu erhalten. Wie wäre es dem Lager als Ganzem und Tausenden von einzelnen bei Einlieferungen, bei Abtransporten und, last not least, in den letzten Tagen Buchenwalds vor der Befreiung ergangen, wenn der Lagerschutz nicht für eine tadellose Ordnungstarnwand gegenüber der SS gesorgt hätte! Dieses ungeheure Verdienst deckt manchen begangenen Fehler reichlich zu. Im übrigen verlor auch der Ton manches von seiner Rauhheit, als es gelang, den Lagerschutz zu internationalisieren.« (E. Kogon, Der SS-Staat, München 1946, S. 33f., 38.) In der letzten Existenzphase des Lagers konnten namentlich französische Häftlinge in den Lagerschutz aufgenommen werden. – Die im Text erwähnten Schilder standen neben dem Lagertor und dienten als Orientierungspunkte, wenn Häftlinge einzeln oder gruppenweise ans Tor befohlen wurden.

21 Stefan Heymann, der seit 1933 in Haft war, die Lager Bruchsal und Dachau durchlief, von 1938 bis 1942 in Buchenwald inhaftiert war und 1945 nach einem Aufenthalt in Auschwitz nach Buchenwald zurückgeschickt wurde, erzählt die Geschichte des Buchenwaldliedes wie folgt: »Ende 1938 erklärte der damalige Lagerführer Rödl: ›Alle anderen Lager haben ein Lied, wir müssen auch ein Buchenwaldlied bekommen. Wer eins macht, bekommt zehn Mark.‹ Es wurden nun viele Entwürfe von ›Dichtern‹ und ›Komponisten‹ gemacht, aber sie taugten alle nichts oder fanden bei der SS-Führung keinen Beifall. Nur jenes Lied, das dann ja auch zur offiziellen ›Buchenwald-Hymne‹ erklärt wurde, setzte sich durch, weil der damalige Kapo der Poststelle, ein BVer, über die nötigen Verbindungen bei der SS verfügte. Der genannte ... Kapo bezeichnete sich als Verfasser von Wort und Melodie des Liedes. In Wahrheit ist das Lied von zwei österreichischen Häftlingen gemacht worden: Der Text von Löhner-Beda, dem Librettisten Lehárs, die Musik von Leo-

poldi, einem Wiener Kabarettsänger. Löhner-Beda ist in einem Nebenlager von Auschwitz gestorben. Leopoldi konnte noch rechtzeitig nach den Vereinigten Staaten von Amerika auswandern. Selbstverständlich erfuhr die Lagerleitung nicht, wer die wirklichen Verfasser des Liedes waren. Text und Melodie des Liedes mußten auf den Blocks in der Freizeit eingeübt werden, bis es eines Tages nach dem Abendappell – es war Ende Dezember 1938, bitterkalt und alles tief verschneit – hieß: ›Das Buchenwaldlied singen!‹ Selbstverständlich konnte das beim ersten Mal – 11000 Menschen standen auf dem Appellplatz – nicht klappen. Wütend ließ der stinkbesoffene Rödl aufhören und gab den Befehl, daß jeder Block auf dem Appellplatz solange für sich üben müsse, bis das Lied klappte. Man kann sich denken, welch infernalisches Konzert auf dem Platz losging. Als Rödl merkte, daß es auf diese Weise nicht ging, ließ er Strophe für Strophe gemeinsam singen und immer aufs neue wiederholen. Erst nachdem das ganze Lager auf diese Weise etwa vier Stunden in bitterster Kälte gestanden hatte, gab er den Befehl zum Abmarsch. Aber während sonst jeder Block einfach kehrtmachte und ins Lager zurückging, war es diesmal anders. In Zehnerreihen ausgerichtet, mußte jeder Block am Tor bei Rödl und anderen betrunkenen SS-Führern stramm vorbeimarschieren und dabei das Buchenwaldlied singen. Wehe dem Block, der nicht genau ausgerichtet ankam oder bei dem das Singen noch nicht ganz nach Rödls Wunsch klappte! Er mußte unbarmherzig zurück und nochmals vorbeimarschieren. Endlich, gegen 22 Uhr, kamen wir ausgehungert und steifgefroren auf unsere Blocks. Diese Szene im tiefsten Winter, als die hungernden und frierenden Menschen im grellen Licht der Scheinwerfer singend im tiefen Schnee auf dem Appellplatz standen, hat sich jedem Teilnehmer unauslöschlich ins Gedächtnis gegraben.« (Buchenwald. Mahnung und Verpflichtung, S. 227.) Eugen Kogon stellt die Fakten genauso dar; er fügt hinzu, daß Rödl dem Kapo der Poststelle die zehn Mark Belohnung versprochen hatte (siehe Der SS-Staat, S. 52ff.). Wir reproduzieren hier das »Buchenwalder Lagerlied« nach dem Faksimile in: Buchenwald. Mahnung und Verpflichtung, Bildteil, Abb. 37a, b:

»Wenn der Tag erwacht, eh' die Sonne lacht,
die Kolonnen ziehen zu des Tages Mühen
hinein in den grauenden Morgen.
Und der Wald ist schwarz und der Himmel rot,
und wir tragen im Brotsack ein Stückchen Brot
und im Herzen, im Herzen die Sorgen.

O Buchenwald, ich kann dich nicht vergessen,
weil du mein Schicksal bist.
Wer dich verließ, der kann es erst ermessen,
wie wundervoll die Freiheit ist.
O Buchenwald, wir jammern nicht und klagen,
und was auch unsere Zukunft sei,
wir wollen trotzdem ja zum Leben sagen,
denn einmal kommt der Tag, dann sind wir frei.

Unser Blut ist heiß und das Mädel fern,
und der Wind singt leis', und ich hab sie so gern,
wenn treu, wenn treu sie mir bliebe.
Die Steine sind hart, aber fest unser Schritt,
und wir tragen die Picken und Spaten mit
und im Herzen, im Herzen die Liebe.

O Buchenwald...

Die Nacht ist so kurz und der Tag so lang,
doch ein Lied erklingt, das die Heimat sang.
Wir lassen den Mut uns nicht rauben.
Halte Schritt, Kamerad, und verlier nicht den Mut,
denn wir tragen den Willen zum Leben im Blut
und im Herzen, im Herzen den Glauben.

O Buchenwald ...«

22 Die Fotoabteilung unterstand dem Erkennungsdienst des Lagers, der zur Politischen Abteilung gehörte. In der Fotoabteilung wurde jeder Häftling bei der Einlieferung fotografiert. Die SS-Leute setzten mitunter die Häftlingsfotografen zu speziellen Zwecken ein. Himmler hatte untersagt, Hinrichtungen von Häftlingen in den KZ oder anderswo zu fotografieren. In einem von ihm unterzeichneten Befehl vom 15. Juli 1942 hieß es: »Das Fotografieren von Exekutionen in- und außerhalb des Reichsgebietes ist verboten. Es ist auch verboten, Nichtangehörige der Waffen-SS zum Fotografieren von Exekutionen zu veranlassen. Die Erlaubnis zur Herstellung von Aufnahmen für dienstliche Zwecke kann nur durch die Leiter der Staatspolizei(leit)stellen erteilt werden. Gegebenenfalls sind bisher hergestellte Aufnahmen einzuziehen und zu vernichten.« Himmler kommentierte: »Exekutionen sind in einem Krieg leider notwendig. Sie zu fotografieren ist ebenso geschmacklos wie schädlich für unser Vaterland, da der Gegner solche Fotografien in seiner Propaganda mißbraucht.« (Reichsführer! Briefe, S. 268.) Der deutsche Häftling Edo Leitner, der in der Fotoabteilung gearbeitet hat, berichtet, daß dort außer erkennungsdienstlichen Fotos auch ziemlich viele Amateurfotos der SS bearbeitet werden mußten – Filme entwickeln, vergrößern, kopieren usw. So bekamen die Häftlinge eines Tages von einem SS-Mann einen Rollfilm zum Entwikkeln, der die Ermordung von Einwohnern eines Dorfes in der Sowjetunion zeigte. Hintereinander waren vier oder fünf Tore aus senkrechten Pfosten und Querbalken so aufgestellt, daß ein offener, mit alten Männern, Frauen und Kindern besetzter Lastwagen darunter durchfahren konnte, wobei jeweils die letzten vier Insassen an einem der Querbalken erhängt wurden (Die Glocke vom Ettersberg, Frankfurt a. M., H. 4/1981, S. 6). Der deutsche kommunistische Häftling Rudolf Opitz wurde am 7. August 1939 im Bunker von Buchenwald ermordet, weil er illegal Fotos vom Lager in Besitz hatte (Buchenwald. Mahnung und Verpflichtung, S. 740).

23 Oskar Fischer war einer der ersten politischen Häftlinge von Buchenwald. Er hatte

derartige Autorität, selbst bei der SS, daß er schon zu einer Zeit als Blockältester eingesetzt wurde, als diese Funktion praktisch den »Grünen« vorbehalten war. Paul Woitkowski, der hier schon zitiert wurde, erinnert sich, daß Fischer – obwohl Blockältester – die 25 Stockhiebe erhielt, weil er versucht hatte, Woitkowski bei der Einlieferung Wasser zu geben. Fischers Name wird ohne Hinweis auf seine positive Rolle in dem Artikel des »News Chronicle« erwähnt, auf den wir weiter unten in einer Anmerkung eingehen. Als sich der Häftling Weinreiter im Dezember 1937 im Lager verbarg, um zu fliehen, wurden bei der Suche vier Häftlinge, darunter Oskar Fischer und der Sozialdemokrat Johannes Bremer, von der SS »auf der Flucht« erschossen.

24 Pfarrer Paul Schneider von der Bekennenden Kirche wurde im November 1937 nach Buchenwald gebracht. Kurz nach der hier beschriebenen Szene geschah das, wovon Eugen Kogon berichtet: »Als er bei der damals eine Zeitlang üblichen Flaggenparade, das heißt dem täglichen Hissen der Nazifahne, nicht die Mütze abnahm, erhielt er sofort 25 Stockhiebe und wurde in den Bunker geworfen. Dort blieb er mehr als 18 Monate, bis er nach qualvollen Leiden endlich ermordet wurde. Der Kommunist Fritz Männchen, der einige Zeit mit dem Pfarrer zusammen in einer Zelle war, berichtet, daß Schneider bei jedem Öffnen von Sommer mit einem Ochsenziemer geschlagen wurde. Später war die Zelle Schneiders ständig verdunkelt. Auf dem Boden stand das Wasser 5 cm hoch, die Wände waren völlig naß. Der Pfarrer durfte sich während seiner ganzen Bunkerhaft niemals waschen, er wurde auch niemals zum Baden geführt, wie es bei anderen Arrestanten der Fall war. Infolgedessen waren seine Kleider völlig verlaust, am ganzen Körper hatte er bis zu faustgroße Löcher von Schlägen. Die Wunden eiterten ständig, da er selbstverständlich kein Verbandszeug oder ähnliches zum Behandeln erhielt. Es ist beinahe unfaßbar, daß ein Mensch ein derartiges Martyrium so lange aushalten konnte. Gerade das scheint Sommer besonders gereizt zu haben. Er wollte ihn absolut nicht einfach töten, sondern allmählich zu Tode quälen. Schneider erhielt nur in ganz unregelmäßigen Zeitabständen zu essen, so daß er zum Skelett abgemagert war. Als es Sommer schließlich doch zu lange dauerte, gab er ihm eines Tages ein Herzlähmungsmittel in das Essen. Da der Pfarrer aber stets, wenn er etwas erhielt, nur sehr wenig aß, wirkte das Mittel nicht. Infolgedessen ließ Sommer ihm vom Lagerarzt unter dem Vorwand einer Hilfe – Schneider wurde zuletzt auch tatsächlich öfter in den Häftlingskrankenbau getragen und bekam dort Herzstärkungsmittel – gleichzeitig eiskalte Wickel geben, die so lange erneuert wurden, bis er einen Herzkollaps bekam und starb. Noch am Tage vor seinem Tod wurde er von Sommer mit dem Ochsenziemer geprügelt. Pfarrer Schneiders Frau und Kinder baten die Kommandantur, ihren toten Mann und Vater noch einmal sehen zu dürfen, was von Koch aus Propagandagründen genehmigt wurde! Um die entsetzliche Entstellung der Leiche zu verdecken, wurde der tote Kamerad von einem SS-Friseur geschminkt und bekam eine Perücke aufgesetzt! Dann wurde er unter Blumenschmuck feierlich in der Truppengarage aufgebahrt. Nachdem die Familie unter Tränen von ihrem Vater Abschied genommen hatte, wurden die Angehörigen von Koch hinausgeleitet. Bei der Verabschiedung sagte er zu Frau Schneider: ›Ihr Mann war mein bester Häftling. Gerade als ich ihm seine Entlassung mitteilen wollte, starb er an Herzschlag!‹« (E. Kogon, Der SS-Staat, S. 159f.). Anm. d. dt.

Red.: Über die Dauer der Bunkerhaftzeit des Pfarrers Paul Schneider gibt es unterschiedliche Angaben (zwischen 14 und 18 Monaten). Nach »Buchenwald. Mahnung und Verpflichtung«, Berlin 1983, kam Schneider am 27. 11. 1937 ins KZ Buchenwald, wurde am 20. 4. 1938 in den Bunker geworfen und am 18. 7. 1939 durch die SS im Häftlingskrankenbau ermordet (S. 124, 738, 740).

25 Siehe BA, Reihe 81–2, B. 94 b, 100, 101, 103, 151, 156 b, 157, 159.

26 H. Himmler, Geheimreden, S. 32.

27 Ebenda, S. 97.

28 Ebenda, S. 111f.

29 Ebenda, S. 198.

30 Ebenda, S. 200.

31 Reichsführer! Briefe, S. 188.

32 Siehe Justiz und NS-Verbrechen, Bd. 8.

33 H. Himmler, Geheimreden, S. 83.

34 Ebenda.

Drittes Kapitel

1 Reichsführer! Briefe, S. 53f.

2 Mehrere große KZ befanden sich im Emsländer Moor.

3 H. Himmler, Rede über Wesen und Aufgabe der SS und der Polizei. Nationalpolitischer Lehrgang der Wehrmacht vom Januar 1937. Zit. nach: Der Prozeß gegen die Hauptkriegsverbrecher vor dem Internationalen Militärgerichtshof in Nürnberg (im folgenden: IMG), Bd. 29, Nürnberg 1948, S. 221f.

4 Anklageschrift in dem Verfahren gegen Koch, Ilse, wegen Mordes u.a. 4 Js 360/49–o Js 1/49, S. 24ff.

5 Ebenda.

6 Siehe ebenda.

7 Zit. nach: München-Augsburger Abendzeitung, München, 4. Oktober 1967.

8 Himmler hat Buchenwald zum Beispiel im Mai 1938 besucht, wie der am Anfang dieses Kapitels wiedergegebene Brief belegt. Im Januar 1937 sagte er in einer Rede: »Ich gehe die Lager selber immer einmal im Jahr durch und komme plötzlich unangesagt, um mir den Betrieb anzusehen.« (IMG, Bd. 29, S. 22.)
Außerdem gibt es einen besonders interessanten Geheimbrief Himmlers vom 5. März 1943 an SS-Obergruppenführer Oswald Pohl, den Chef des WVHA, verfaßt nach einer Besichtigung der Rüstungsproduktion in Buchenwald, und zwar gerade zu der Zeit, als sich die faschistischen KZ von bloßen Unterdrückungs- und Vernichtungsinstrumenten zu Arbeitskraftreservoiren für die Kriegsindustrie wandelten, ohne dabei ihre ursprüngliche Bestimmung zu verlieren. Wir geben dieses Dokument hier im Wortlaut wieder: »Lieber Pohl! Ich habe bei meinem Rückflug von München von Prag aus einen Abstecher nach Weimar gemacht, um mir die dortige Fabrikation und das Vorangehen unserer Karabineranfertigung anzusehen. Ich habe dort verschiedene Dinge festgestellt und teile Ihnen dazu folgendes mit:
1. Den Bahnbau von Weimar nach Buchenwald halte ich für höchst notwendig. Heute im totalen Krieg zur Erleichterung der Fabrikation und zur Ersparnis

von Treibstoff, Öl und Gummi. Ebenso wichtig ist er aber für die Zeit nach dem Kriege. Ich habe in einer Besprechung mit Staatssekretär Ortlepp* sowie dem Oberbürgermeister der Stadt Weimar, der mir einen höchst unsympathischen Eindruck machte, die Dinge klargestellt.

2. Selbstverständlich habe ich den Standpunkt der Stadt Weimar, die Trasse dieser Bahn nicht vor dem Ettersberg oder mitten durch den Wald zu ziehen, anerkannt. Ich habe mich aber in schärfster Form dagegen gewandt, daß der Bahnbau vor 2 Monaten aus grundsätzlichen Erwägungen vom Reichsstatthalter abgelehnt wurde.

3. Ich habe dem SS-Brigadeführer Staatssekretär Ortlepp den Auftrag gegeben, den Reichsstatthalter und Gauleiter** klar und eindeutig zu fragen, ob sich der Standpunkt des Gaues bzw. des Gauleiters selbst zum Vorhandensein des Lagers Buchenwald geändert habe oder nicht. Ich trug ihm auf, mitzuteilen, ich könnte mich des Eindrucks nicht erwehren, daß man in Weimar auf alle möglichen Dinge mehr Bedacht lege als auf die Ausnützung der in diesem Lager vorhandenen Arbeitskräfte. Der Weimarer Bürgermeister bedauert, daß das Lager dort oben mitten in der Lunge der Stadt Weimar ist und bei allen Verhandlungen hört man immer wieder: ›Aber es muß nach dem Kriege abgerissen werden. Das ist ja nur provisorisch‹ und ähnliches. Ich ließ dem Bauleiter auch mitteilen, daß ich im Falle, wenn ich nicht ein klares ›Ja‹ erhielte, selbstverständlich nach dem Krieg aus Thüringen mit dem Lager herausgehen würde, daß ich dann aber auch selbstverständlich alle Schulen und sonstigen Dienststellen der SS und Polizei aus Thüringen herausnehmen würde.

4. Wegen der Karabiner-Fabrikation habe ich den beiliegenden Brief an Minister Speer*** geschrieben.

Seien Sie doch so gut und schreiben Sie mir, wenn in Zukunft eine derartige Frage nicht recht vorangeht, unverzüglich persönlich. Ich glaube, daß wir im jetzigen Zeitpunkt unerhört viel bei den Werken draußen sein müssen, um mit der Peitsche unserer Worte anzutreiben und mit unserer Energie an Ort und Stelle zu helfen. Der Führer rechnet derartig stark mit unserer Produktion und unserer Hilfe und damit, daß wir uns durch alle Schwierigkeiten durchboxen, sie über den Haufen werfen und eben produzieren. Ich bitte Sie und Glücks* herzlich, es darf keine Woche vergehen, wo nicht einer von Ihnen unvermutet in dem oder in jenem Lager ist und antreibt, antreibt, antreibt.

5. Im Lager Buchenwald habe ich auch festgestellt, daß dort noch kein Lager-Bordell ist. Ich bitte Sie, sich den ganzen Fragen eines Akkordsystems unter unseren Häftlingen intensiv zu widmen. Ich stelle mir vor, daß die erste Stufe die Zuteilung von Zigaretten und ähnlichen Zulagen ist.

Die 2. Stufe für den angelernten Arbeiter muß ein kleiner Lohn sein von minimum 10–20 Reichspfennigen am Tage. Er darf aber nur als Akkordlohn ausbezahlt werden, so daß auch die Möglichkeit besteht, daß der Mann bei guter Leistung und gutem Akkord auch bis zu 30 und 40 Reichspfennigen am Tage verdient.

Die 3. Stufe muß in jedem Lager die Möglichkeit sein, daß der Mann ein- oder zweimal in der Woche das Lager-Bordell besucht. Dieser ganze letzte Komplex ist nicht übertrieben schön, aber er ist natürlich, und wenn ich diese Natürlichkeit als Antriebsmittel für höhere Leistungen habe, so finde ich, daß wir verpflichtet sind, diesen Ansporn auszunützen. Sehen Sie doch zu, ob sie nicht einen Mann bekommen, der in einer genialen und geradezu künstlerischen Weise dieses ganze Leistungssystem in allen Lagern entwickelt. Es muß doch möglich sein, daß wir Deutsche dieselbe Intelligenz aufbringen wie der Russe, der durch sein Lohn- und Nahrungssystem dieses an und für sich träge russische Volk zu den unglaublichsten Leistungen antreibt und hier geradezu ein perpetuum mobile erfunden hat. Diese Umstellung auf das Leistungssystem müssen wir in den Lagern bis spätestens 1. Mai überall durchgeführt haben. Heil Hitler! Ihr gez. H. Himmler« (Reichsführer! Briefe, S. 194ff.).

Anmerkungen: *Walter Ortlepp war Staatssekretär und Leiter des Thüringischen Ministeriums des Inneren. **Gemeint ist Fritz Sauckel. Das KZ Buchenwald auf dem Ettersberg, ihrem »Hausberg«, war den Bürgern von Weimar reichlich lästig. Seit die SS dort noch Produktionsbetriebe und u.a. eine Gewehrfabrik angelegt hatte, was weitere Forderungen und Einschränkungen mit sich brachte, war es zu zahlreichen Reibungen zwischen den thüringischen Behörden und der SS gekommen. ***Albert Speer, Reichsminister für Bewaffnung und Munition. *SS-Brigadeführer Richard Glücks, Chef der Amtsgruppe D, der KZ-Verwaltung, in Pohls WVHA.

Zu diesem Schreiben ist einiges zu bemerken. Erstens wurde der Bahnbau zwischen Weimar und Buchenwald sofort aktiv betrieben und noch vor dem Jahresende 1943 abgeschlossen. Man sieht, daß er ökonomischen und militärischen Zwekken diente und nichts damit zu tun hatte, etwa die Leiden der Häftlinge zu mindern, die bislang die ungefähr 10 km zwischen der Stadt und dem Lager zu Fuß unter Prügeln zurücklegen mußten. Zweitens bekamen die in der Produktion eingesetzten Häftlinge tatsächlich danach einen betrügerischen »Lohn« in speziellem Lagergeld, wofür sie sich höchstens ein paar Zigaretten und manchmal Seife, Zahnpasta und dergleichen kaufen konnten. Drittens wurde auf Wunsch Himmlers ein Lagerbordell eingerichtet, der »Sonderbau«. Zutritt hatten nur Deutsche, und die deutschen politischen Häftlinge mieden es fast ausnahmslos. Viertens beweisen Himmlers Erwägungen über das Leistungsprinzip in der UdSSR, daß die Naziführer keinen Deut von der patriotischen Haltung der Sowjetvölker unter den Bedingungen des Krieges, geschweige denn vom Charakter der ausbeutungsfreien Gesellschaftsordnung begriffen hatten. Fünftens wird Himmlers Interesse an der Häftlingsarbeit in der Rüstungsproduktion durch folgende Stelle aus seiner Rede vor den Reichsleitern und Gauleitern in Poznań (Posen) vom 6. Oktober 1943 belegt: »Eine sehr große Rolle spielt die von Kreisen außerhalb der Partei im Frieden so sehr verurteilte Einrichtung der Konzentrationslager. Ich glaube, wir alten Nazis sind uns darüber klar, wenn diese 50000 bis 60000 politischen und kriminellen Verbrecher draußen nicht in den Konzentrationslagern wären, dann, meine Parteigenossen, würden wir uns schwer tun. So aber sind sie zusammen mit rund weiteren 150000, darunter einer kleinen Anzahl Juden, einer großen Anzahl Polen und Russen und sonstigen Gesindels in den Konzentrationslagern und leisten für den Parteigenossen Speer und seine so lebenswichtigen Aufgaben im Monat jetzt rund 15 Millionen Arbeitsstunden. Auch da werden wir nach dem Kriege vielleicht das eine oder andere in unserem Rechenschaftsbericht auflegen können, was wir arbeiten durften und konnten.« (H. Himmler, Geheimreden S. 168.) Man beachte, daß die zu

Millionen inhaftierten Juden außer »einer kleinen Anzahl« nicht als Arbeitskräfte verbucht werden. Sie wurden in der Tat in besonderen Lagern, wie in Auschwitz, gleich nach der Ankunft vernichtet.

9 In einem Brief an den »Reichsarzt-SS und -Polizei«, SS-Obergruppenführer Prof. Dr. Ernst-Robert Grawitz, schreibt Himmler am 20. Januar 1945 mit Bezug auf einen Bericht dieses »Fachmanns«, der ihm gemeldet hatte, »daß in den Konzentrationslagern Krebskranke nicht vorhanden sind«: »Dies wird mir durch einen Brief des SS-Obergruppenführers Keppler (Staatssekretär z.b.V. im Auswärtigen Amt – d. Verf.) ... bestätigt ... Beachtlich ist das Bild der robusten Gesundheit dieser Häftlinge in bezug auf Krebserkrankung, wobei interessant wäre festzustellen, woran die einzelnen sonst sterben ... Ich beauftrage Sie mit der Untersuchung der Ursachen, weshalb die Häftlinge nicht krebskrank sind.« (Reichsführer! Briefe, S. 303.)

10 Rede H. Himmlers auf der SS-Gruppenführertagung in Poznań (Posen) am 4. Oktober 1943. In: IMG, Bd. 29, S. 170.

11 Rede H. Himmlers auf dem Nationalpolitischen Lehrgang der Wehrmacht im Januar 1937. In: IMG, Bd. 29, S. 219.

12 Laut Schreiben des SS-Hauptsturmführers Dr. Brandt vom 8. Juni 1939 sah Himmler vor, daß die SS-Führer ihren Frauen »bei der Geburt des ersten Kindes eine Brosche schenken«, und zwar »mit den in Hagalform angeordneten Runen«. Hagal ist die H-Rune. (Siehe Reichsführer! Briefe, S. 64.)

13 Am 16. November 1937 befiehlt Himmler: »Ich setze fest, daß die einzelnen SS-Einheiten anschließend an ihre Sonnenwendfeier mit den Frauen oder Verlobten der Männer das Julfest feiern.« Am 8. November 1938 läßt er die SS-Studentenheime auffordern, »junge Dichter zu veranlassen, zum Julfest deutsche Lieder zu verfassen, die ... anstelle der christlichen Lieder gesungen werden können«. (Ebenda, S. 48, 61.)

14 In einem Brief an den SS-Obergruppenführer Günther Pancke, Höherer SS- und Polizeiführer in Dänemark, rügt Himmler am 16. Mai 1944: »Alles in allem habe ich den Eindruck, daß Sie in Ihrer Ehe die notwendige Führung sowie die Erziehung Ihrer jungen Frau noch nicht in dem Maße übernommen haben, wie ich es von einem SS-Führer erwarten muß.« In einem Schreiben vom 15. Mai 1942 unterrichtet Himmlers Mitarbeiter Dr. Brandt, nunmehr SS-Obersturmbannführer, den SS-Standartenführer Max Sollmann, Vorstand des »Lebensborn e. V.«, der Reichsführer-SS wünsche, »daß eine kleine Sonderkartei aufgestellt wird für alle die Mütter und Kindeseltern, die eine griechische Nase bzw. einen Ansatz dazu haben«. Am 13. Februar 1944 teilt der SS-Hauptsturmführer Meine dem Rasse- und Siedlungshauptamt der SS mit, Himmler habe geäußert, daß auch dieses Amt sich bemühen solle, ihn »auf SS-Angehörige und ihre Bräute aufmerksam zu machen, die griechische Nasen aufweisen«. (Ebenda, S. 120, 264.)

15 Aus einem Schreiben Himmlers an das »Ahnenerbe e. V.« vom 9. Oktober 1942: »Gelegentlich eines Gespräches machte mich der Reichsmarschall« (gemeint ist Hermann Göring – d. Verf.) »darauf aufmerksam, daß er bemerkt habe, daß an früheren Hinrichtungsplätzen heute noch die Raben in besonderem Maße kreisen oder sich dort niederlassen. Ich ersuche, dieser Frage einmal nachzugehen, wenn nicht jetzt, so doch im Frieden (Zusammenarbeit zwischen der Abteilung Zoologie und der Abteilung, die Thing-, Gerichts- und Hochgerichtsstätten bearbeitet und kartiert).« (Ebenda, S. 159.)

16 Hanns Hörbiger (1860–1931), ein österreichischer Ingenieur, hatte die wissenschaftlich unhaltbare Hypothese von der glazialen Herkunft des Alls aufgestellt. Himmler und Hitler glaubten an die Theorien Hörbigers. Die hier wiedergegebenen Worte stützen sich auf Briefe Himmlers vom 28. März, 23. Juli und 12. August 1938 sowie vom 10. September 1941 (siehe ebenda, S. 52, 56f., 97). SS-Sturmbannführer Tratz leitete das »Haus der Natur« in Salzburg, eine Einrichtung des »Ahnenerbe e. V.«.

17 Himmler wurde von Dr. Otto Wacker, kommissarischer Amtschef im Reichsministerium für Wissenschaft, Erziehung und Volksbildung, auf den SS-Offizier Friedrich Polte aufmerksam gemacht. Dieser sei verantwortlich dafür, daß den Stellen des Reichsführers-SS ein Gutachten Prof. Paul Guthnicks zugespielt wurde, worin die Pseudotheorien Hörbigers als bedauerlicher wissenschaftlicher Rückschritt und Ausgeburt wissenschaftlicher »Untermenschen«, ja Bolschewisten bezeichnet wurden. Polte muß sich wieder aus der Patsche gezogen haben, denn er avancierte zum SS-Obersturmbannführer im RSHA. Wir wissen hingegen nicht, was aus dem unvorsichtigen Prof. Guthnick geworden ist, der wohl nicht wußte, daß Himmler und Hitler die Auffassungen Hörbigers schätzten. Der rechtsbürgerliche Hitlerbiograph Joachim Fest verknüpft diese Vorliebe des Faschistenführers mit dessen Interessen an den »großen Weltkrisen ..., in denen Zeitalter geboren werden oder zugrundegehen und das Schicksal der Menschheit auf dem Spiele steht«. Wenn sich Hitler, schreibt Fest, »der Welteislehre Hörbigers zuwandte, so überzeugte ihn daran vor allem die Rückführung von Erdgeschichte und Menschheitsentwicklung auf gewaltige kosmische Katastrophen. Wie fasziniert spürte er Untergänge nahen ...« (J. C. Fest, Hitler, S. 297.)

18 Siehe W. T. H. Wulff, Ce que j'ai lu dans les astres, Paris 1969, S. 126, 131. Himmler forderte bei Wulff unter anderem die ausführlichen Horoskope von J. W. Stalin, Winston S. Churchill und Franklin D. Roosevelt an. Er zog ihn heran, um den Ort zu erkunden, wo Benito Mussolini nach seinem Sturz gefangengehalten wurde. Wulff behauptet (siehe ebenda, S. 172), gegen Kriegsende habe ihn Himmler unaufhörlich gefragt, wie lange Hitler noch leben werde, weil er gehofft habe, mit Zustimmung der Westalliierten dessen Nachfolger zu werden. Diese Aussage Wulffs ist zwar interessant, aber offensichtlich zweifelhaft. Sicher ist jedoch, daß Himmler die Astrologie – wie jede Pseudowissenschaft – ernst nahm und ihre Fachausdrücke gebrauchte.

19 Zu diesem Prozeß siehe J. Dornberger, Schizophrenic Germany, New York 1961, S. 34f.; siehe auch Ch. Bloch, La nuit des longs couteaux, Paris 1967, mit einer vollständigeren Darstellung. Die Vorfälle werden in allen Schriften über Himmler erwähnt, aber der Name Karl Kochs taucht dabei unseres Wissens nicht auf. Allerdings spielte er damals noch eine untergeordnete Rolle.

20 Dieser Umstand wurde mir von einem deutschen Häftling berichtet, als ich selbst in Buchenwald war; aber ich kann ihn nicht dokumentarisch belegen.

21 Siehe E. Kogon, Der SS-Staat, München 1946.

22 Ebenda, S. 288f.

23 Die Napolas (Nationalpolitische Lehranstalten) waren politische Schulen für aktive junge Nazis schlechthin, die Junkerschulen dagegen dienten ausschließlich der Ausbildung von SS-Kadern. Nach und nach entstanden fünf Junkerschulen: in Bad

Tölz (Bayern) schon 1932, dann auch in Braunschweig, Posen-Trekau, Klagenfurth und schließlich in Prag. Der Drill war dort äußerst brutal, ähnlich dem in der preußischen Armee unter Friedrich II.

24 E. Niekisch, Das Reich der niederen Dämonen, Berlin 1957, S. 277.

25 Es steht fest, daß die meisten SS-Angehörigen üble Rohlinge waren, fanatisiert bis zum Äußersten und ohne jedes menschliche Mitgefühl. Andererseits wäre es undenkbar, daß nicht wenigstens eine winzige Minderheit Widerwillen gegen die geistige Abrichtung und die barbarischen Aufträge empfunden haben sollte. Ein ehemaliger Buchenwaldhäftling und Zeuge im Augsburger Prozeß erwähnte einen SS-Scharführer und Kommandoführer, der ihm mehrmals und sogar unter Tränen zu verstehen gegeben hatte, wie sehr er sich der Untaten seiner Kumpane schämte. Eugen Kogon meint, daß man primitiv sein mußte, um trotz aller Gegenbeweise der Realität noch an die von Himmler proklamierten »allgemeinen Idealziele« zu glauben. Er fügt hinzu: »Der wirkliche SS-Idealist, der die Dinge zumindest allmählich durchschaute, mußte verzweifeln, und dann gab es für ihn nur drei Wege: aus der SS herauszukommen, und sei es am Ende durch Selbstmord (den eine gewisse Anzahl begangen hat), oder einen Don-Quijote-Kampf um Recht und Ideal zu führen, was baldigen Konflikt und Tod einbrachte, oder an die Front zu gehen und dort zu fallen. 1944 hat es bestimmt keinen alten SS-Angehörigen mehr gegeben, der gelebt und an Ideale geglaubt hätte.« (Der SS-Staat, S. 290f.) Es ist interessant, diese Ansicht mit einer Stelle aus Himmlers Rede vor den SS-Gruppenführern im Führerheim der Standarte »Deutschland« vom 8. November 1938 zu vergleichen: »Mir ist aufgefallen, daß in diesem Jahr eine verhältnismäßig große Anzahl von Selbstmorden in der SS stattgefunden hat.« Himmler stellte fest, sie seien besonders in einer gewissen Altersschicht vorgekommen, und kommentierte, »daß ein Teil bestimmter Jahrgänge, die heute rund 28 bis 30 Jahre alt sind, zum willensmäßig Schwächsten gehören, was Deutschland aufzuweisen hat. Diese Menschen sind in einer geistig verheerenden Umgebung der Novemberrepublik« (d. h. der Weimarer Republik – d. Verf.) »aufgewachsen und haben in manchen Dingen derartig merkwürdige Ansichten ... Diese Generation ... leidet an ungezählten Komplexen, weiß alles besser und ist unerhört überempfindlich.« (H. Himmler, Geheimreden, S. 44.)

26 Siehe Munzinger-Archiv, Lieferung 8/68, 24. Februar 1968, S. 1046f.

27 Am 19. Mai 1943 hatte Hitler angeordnet, »international gebundene Männer« aus maßgebenden Stellen in Staat, Partei und Wehrmacht zu entfernen. Am 18. August 1943 beauftragte Himmler den Chef des SS-Personalhauptamts, SS-Gruppenführer Maximilian von Herff, die Anordnung auszuführen, ihm selbst aber »die Meldung vorher vorzulegen«. Er fügte hinzu: »Gemeldet müssen bei dieser Gelegenheit werden alle unsere Prinzen. Bei einem Teil – wie z. B. bei dem SS-Obergruppenführer Erbprinz zu Waldeck – kann die internationale Verflechtung in der engeren Familie ohne weiteres ausgeschaltet werden. Bei unserem guten Prinzen Christoph von Hessen, der eine Griechin zur Frau hat, liegt diese Ausschaltung nicht vor. Genannt werden müßte z. B. auch SS-Standartenführer Voss, der meines Erachtens eine südamerikanische Spanierin zur Frau hat. Dies sind nur einige Beispiele, die mir gerade einfallen.« (Reichsführer! Briefe, S. 229.) Voss war Geschäftsführer der Waffenunion Škoda in Brno (Brünn). Prinz Christoph von Hessen, verheiratet

mit Sophie Prinzessin von Griechenland und Dänemark, war SS-Oberführer im Persönlichen Stab Himmlers. Er kam am 7. Oktober 1943 in Italien ums Leben.

28 Siehe die Akten des Augsburger Prozesses.

29 Siehe ebenda.

30 In seinen Reden und Briefen äußerte sich Himmler oft und betrübt über den Alkoholismus in der SS. So erklärte er am 9. Juni 1942 in einer Rede vor den Oberabschnittsführern und Hauptamtschefs der SS und der Polizei: »Eine Frage, die ich ... leider Gottes sehr oft zu behandeln habe, ist die des Alkohols. Meine Herren, ich habe hier schon ein paar Mal meinen Standpunkt klargelegt ... Wenn Sie die Legion von Männern in Deutschland zusammenstellen würden, die im Großen oder Kleinen, sei es ein Unteroffizier oder ein höherer Führer, durch Alkohol vor die Hunde gegangen sind, würden Sie alle erschrecken.« (H. Himmler, Geheimreden, S. 155.)

31 Siehe K. Titz, Ich war Kalfaktor der »gnädigen Frau«, BA 812–2. Kurt Titz hat die KZ-Haft überlebt. Er verbrachte sieben Monate im Bunker von Buchenwald, überstand dort mehrere Giftmordanschläge, wurde dann nach Flossenbürg, Groß Rosen und (am 29. Januar 1943) nach Sachsenhausen verlegt und im September wieder nach Buchenwald gebracht. Inzwischen waren Koch und seine Frau in Haft genommen worden. Titz sollte vom »SS-Gericht« als Zeuge gegen sie vernommen werden; er wurde in Weimar bei der Gestapo festgehalten. Sechs Monate danach war er Zeuge im Verfahren gegen Koch. Als die Amerikaner in Weimar einmarschierten, wurde er freigelassen. Wie es scheint, ist Titz nur deshalb am Leben geblieben, weil er sowohl von seinen Mithäftlingen als auch von der Gruppe in der SS, die den kompromittierten ehemaligen Kommandanten von Buchenwald unbedingt beseitigen wollte, vor den Anschlägen der Kochs geschützt wurde. Seine Erlebnisse sind faszinierend, wenn auch in einigen Punkten undurchsichtig.

32 Siehe Revue vom 23. August 1952.

33 Siehe BA 81–2, Nr. 157, 152, 153, 154. Siehe auch ebenda, Nr. 85.

34 Wir müssen die Philosophie Friedrich Nietzsches ausgewogen beurteilen, aber es bleibt Tatsache, daß sein Gesamtwerk dem Rassismus und Antisemitismus der Hitlerfaschisten Vorschub geleistet hat; insbesondere F. Nietzsche, Zur Genealogie der Moral.

35 Siehe J. C. Fest, Hitler, S. 302.

36 Zit. nach: Ebenda, S. 303.

37 Ebenda.

38 Rede auf dem Reichsbauerntag in Goslar am 12. November 1935. In: H. Himmler, Geheimreden, S. 56.

39 Rede vor den Reichsstatthaltern und Gauleitern in Posen am 6. Oktober 1943. In: Ebenda, S. 169f.

40 Verschiedene Presseorgane sind seinerzeit auf die Terrorakte gegen die jüdischen Häftlinge in Buchenwald eingegangen. Am 28. August 1938 berichtete die in Basel herausgegebene »Rundschau über Politik, Wirtschaft und Arbeiterbewegung« (H. 43/1938, S. 1451) über die Grausamkeiten der SS unter dem Kommando des Standartenführers Koch und des Lagerführers Rödl aus München. Die Zeitschrift schrieb: »Von den Lagerinsassen, insgesamt etwa 3500, sind rund 2500 politische Gefangene, darunter Sozialdemokraten, Kommunisten, Bibelforscher, Juden ...

Die Bewachung besteht aus etwa 1800 bis 2000 SS-Männern, ausgesuchten Rohlingen und Schlägern, die dazu erzogen sind, in den ihnen anvertrauten Unglücklichen nur ›Untermenschen‹ zu sehen, die man quälen und töten darf, ohne daß ein Hahn danach kräht … ›News Chronicle‹ meldete dieser Tage, daß allein im Monat Juli mehr als 80 Juden in Buchenwald den Tod fanden. Der jüngste war der 21jährige Erich Löwenberg und der älteste der 70jährige Ludwig Jahn, außerdem war der Berliner Zahnarzt Dr. Flatau darunter … ›Manchester Guardian‹ vom 5. August 1938 berichtet aus Buchenwald, daß eines Morgens unter den Gefangenen sieben Freiwillige für eine bestimmte Arbeit angefordert wurden. Als sich niemand meldete, wurden fünf Männer ausgewählt, die zum Lagerausgang marschieren mußten. Schüsse wurden gehört, die Männer wurden nie wieder gesehen, nur ihre blutbefleckten und von Kugeln zerfetzten Kleider kamen ins Lager zurück. Unter diesen Todesopfern befand sich der Sozialdemokrat und frühere Stadtrat Bischof sowie ein Gefangener namens Fischer. Die Namen der anderen drei sind unbekannt. Die Angehörigen, die sich bei der Polizei voller Sorge nach dem Schicksal der Gefangenen erkundigten, erhalten gewöhnlich in einem Paket die Aschenreste zurück mit der Aufforderung, drei Mark an Kosten für die Einäscherung zu zahlen.« (Zit. nach: Buchenwald. Mahnung und Verpflichtung, S. 85f.) Henri Amouroux schreibt in seiner »Großen Geschichte der Franzosen unter der Okkupation«: »Der Schrecken der Konzentrationslager wird dann zu einer der großen furchtbaren Entdeckungen der Monate nach der Befreiung. Dabei hatten es die Franzosen gewußt. Oder sie hätten es mindestens *wissen können*, denn das 1939 ins Französische übersetzte britische Weißbuch hatte haarsträubende Einzelheiten über Buchenwald gebracht. In der Tat hatten die Nazibehörden einige jüdische Deutsche, die im Juni 1938 verhaftet worden waren, zur Auswanderung entlassen. Im Ausland eingetroffen, haben sie ausgesagt. Sie sprachen von der ungeheuerlichen Arbeitszeit: 16 Stunden am Tag nur schwere Steine transportieren. Sie erwähnten die körperlichen Züchtigungen. Sie erzählten von ihrer Unterbringung. ›Drei Mann je Strohsack, in vier Etagen, eingepökelt wie die Sardinen. Um Platz zu schaffen, mußten wir auf dem querliegenden Strohsack auf der Seite liegen. Wer sich auf den Rücken legte, bekam Knüppelhiebe.‹ Sie berichteten von den endlosen Appellen, von den Selbstmorden, von der Grausamkeit der Bewacher, sehr junger Leute von 17 bis 18 Jahren. Und von dem Tod nach dem Tode: ›Die Leichen wurden gewöhnlich nach dem Krematorium in Weimar gebracht und dort eingeäschert. Die Familie wurde mit einer offenen, unfrankierten Postkarte aus dem Büro des Lagerkommandanten offiziell vom Tod des Gefangenen unterrichtet.‹ Aber diese Informationen werden den Franzosen übermittelt, als sich ihr Land im Krieg mit Deutschland befindet. Gewiß neigt die Minderheit, die von ihnen erfährt, zu der Annahme, die Informationen seien stark propagandistisch beeinflußt. Und kann man das Unglaubliche glauben, sich das Unvorstellbare vorstellen?« (H. Amouroux, La Grande Histoire des Français sous l'Occupation, Bd. 5, Paris o. J., S. 228.)

41 Siehe Buchenwald. Mahnung und Verpflichtung, S. 172.

42 Siehe ebenda, S. 173.

43 Ebenda.

44 Siehe BA 31–574; siehe auch Buchenwald. Mahnung und Verpflichtung, S. 451.

Viertes Kapitel

1 SS-Hauptscharführer Hubert Leclaire trug zwar einen französischen Namen, aber er war ein deutscher Erzfaschist und leitete die Politische Abteilung im KZ. Er war roh und brutal und wurde von den Häftlingen sehr gefürchtet. Die Politische Abteilung war die Vertretung der Gestapo in Buchenwald. Sie war relativ unabhängig von der SS-Lagerführung und unterstand der Gestapo in Weimar. Zu der Zeit des erwähnten Vorfalls war die Gestapo in Weimar schon beauftragt, gegen den Kommandanten von Buchenwald und dessen Frau zu ermitteln.

2 Siehe Justiz und NS-Verbrechen. Sammlung deutscher Strafurteile wegen nationalsozialistischer Tötungsverbrechen 1945–1966, Amsterdam 1968ff., Bd. 8, S. 92.

3 BA 81–2–153.

4 Deutsche Ausrüstungswerke, ein Rüstungsunternehmen der SS, der erste in Buchenwald eingerichtete Betrieb.

5 Siehe P. Grünewald, Die ersten polnischen Häftlinge im KZ Buchenwald-Dora im September 1939. In: Die Glocke vom Ettersberg, Frankfurt a. M., H. 4/1980, S. 5.

6 Siehe die Aussage von Henryk Sokolak, BA 7–115, 2; siehe auch Buchenwald. Mahnung und Verpflichtung, Berlin 1983, S. 199ff.

7 Stammlager und Offizierslager für sowjetische Kriegsgefangene.

8 Rede vor Befehlshabern der Kriegsmarine in Weimar am 16. Dezember 1943. In: H. Himmler, Geheimreden, S. 201.

9 Fall Barbarossa. Dokumente zur Vorbereitung der faschistischen Wehrmacht auf die Aggression gegen die Sowjetunion (1940/41), ausgew. u. eingel. von Dr. Erhard Moritz, Berlin 1970, S. 285f., 321ff.

10 Zit. nach: Der zweite Weltkrieg. Dokumente, ausgew. u. eingel. von Gerhard Förster/Olaf Groehler, Berlin 1974, S. 104.

11 Siehe Deutschland im zweiten Weltkrieg, Bd. 1, Berlin 1974, S. 559ff.; siehe auch Geschichte des zweiten Weltkrieges 1939–1945 in zwölf Bänden, Bd. 3, Berlin 1977, S. 276f.

12 Fall Barbarossa, S. 318; siehe auch N. Müller, Wehrmacht und Okkupation 1941–1944, Berlin 1971, S. 310f., 317f.; siehe auch H. Krausnick/H.-H. Wilhelm, Die Truppe des Weltanschauungskrieges, Stuttgart 1981; siehe auch C. Streit, Keine Kameraden. Die Wehrmacht und die sowjetischen Kriegsgefangenen 1941–1945, Stuttgart 1978.

13 Fall Barbarossa, S. 321ff.; siehe auch Fall 12. Das Urteil gegen das Oberkommando der Wehrmacht, Berlin 1961, S. 91ff. Die Ankunft sowjetischer Kriegsgefangener in Buchenwald am 18. Oktober 1941 führte zu einer politischen Kundgebung, der harte Strafen folgten. Dieser erste größere Transport umfaßte etwa 2000 Mann. Es war ein Elendszug. Um die Baracken 1, 7, 13, 19, 25 und 30 war Stacheldraht gezogen worden, sie bildeten ein besonderes Lager innerhalb des KZ. Die SS hatte den Häftlingen ausdrücklich jeden Kontakt mit den Kriegsgefangenen verboten. Aber als diese zwischen den Blockreihen 36 bis 40 und 30 bis 34 entlanggeführt wurden, kamen aus allen Baracken, sich nach allen Seiten umsehend, Häftlinge mit roten Dreiecken hervor, steckten dem nächsten Kriegsgefangenen schnell etwas Eßbares zu und verschwanden wieder. Von dieser Solidaritätsaktion schloß sich niemand von den »Politischen« aus. Am nächsten Morgen brüllte der Lagerführer Florstedt

durchs Mikrophon: »Die Roten haben entgegen dem Befehl des Kommandanten den bolschewistischen Untermenschen Brot zugesteckt. Dafür wird das ganze Lager mit einem Tag Essenentzug bestraft. Bedankt euch bei den Roten!« Außerdem erhielten die drei kommunistischen Blockältesten je 25 Schläge auf das nackte Gesäß. Danach kamen sie in das Strafkommando Steinbruch. (Siehe K. Trostorff, Ein Stück Brot für Alexej. In: Buchenwald-Information, H. 4/1981, S. 5f.)

14 Siehe Buchenwald. Mahnung und Verpflichtung, S. 742.

15 Dieses Mordverfahren wurde von den Häftlingen enttarnt und öffentlich gebrandmarkt, so namentlich in dem Buch von Eugen Kogon und in einer Reihe von Berichten (siehe Buchenwald. Mahnung und Verpflichtung, Berlin 1983, S. 337ff.). Ein SS-Mann, der an der Mordaktion teilgenommen hatte, der ehemalige Hauptscharführer Wilhelm Schäfer, wurde im Mai 1961 vom Obersten Gericht der DDR in Berlin abgeurteilt. Die Schilderung des Vernichtungsverfahrens, die er vor Gericht gab, stimmt mit den Angaben der überlebenden Häftlinge überein (siehe ebenda, S. 340f.). Eugen Kogon berichtet, daß auch deutsche Zivilpersonen und einige Wehrmachtoffiziere nach demselben Verfahren im Pferdestall ermordet wurden (siehe E. Kogon, Der SS-Staat, München 1946, S. 134). Die gleiche Einrichtung gab es im KZ Sachsenhausen.

16 Siehe Buchenwald. Mahnung und Verpflichtung, S. 340.

17 Siehe ebenda.

18 E. Kogon, S. 255.

19 Ebenda, S. 252f.

20 Siehe Buchenwald. Mahnung und Verpflichtung, S. 195f.

21 Siehe BA 73–26, 562–19; siehe auch Buchenwald. Mahnung und Verpflichtung, S. 578.

22 Siehe P. Durand, Les armes de l'espoir. Les Français à Buchenwald et à Dora, Paris 1977; siehe auch Deutsche Widerstandskämpfer 1933–1945. Biographien und Briefe, Bd. 1, Berlin 1970, S. 560f.

23 Siehe Buchenwald. Mahnung und Verpflichtung, Berlin 1983, S. 306.

24 Siehe ebenda, S. 180.

25 Siehe Buchenwald. Mahnung und Verpflichtung, S. 330ff.; siehe auch BA 55–16, 81–2–155, 502–23, 562–19, 712–1 und IML-Buchenwald III 1/13; siehe auch E. Kogon, S. 111: »Krämer war eine starke, mutige Persönlichkeit, ungeheuer fleißig und sehr organisationsbegabt. Er wurde im Laufe der Zeit ein vorzüglicher Wundbehandler und Operateur.«

26 Siehe H. Kühnrich, Der KZ-Staat, Berlin 1980, S. 89; siehe auch SS im Einsatz. Eine Dokumentation über die Verbrechen der SS, Berlin 1964, S. 419ff.

27 Reichsführer! Briefe, S. 83. Allein vom Frühjahr 1940 bis zum Herbst 1941 wurden 60000 als »unheilbar krank« bezeichnete Deutsche umgebracht. (Siehe R. Thalmann, Être femme sous le IIIe Reich, Paris 1981, S. 188; siehe auch Deutschland im zweiten Weltkrieg, Bd. 1, S. 211f.).

28 Reichsführer! Briefe, S. 133.

29 Zit. nach: Buchenwald. Mahnung und Verpflichtung, S. 355.

Fünftes Kapitel

1 E. Kogon, Der SS-Staat, München 1946, S. 105.
2 Ebenda, S. 111.
3 Reichsführer! Briefe, S. 54.
4 E. Kogon, S. 125.
5 Die französische Historikerin Rita Thalmann zeigt in ihrer Schrift »Être femme sous le IIIe Reich«, daß die Opposition der deutschen Frauen gegen Faschismus und Krieg erheblich größere Ausmaße erreichte, als oft angenommen wird. »Der Anteil der Frauen an der deutschen Opposition«, schreibt sie, »betrug fast 20 %.« (S. 206.) Sehr viele Frauen lehnten den Einsatz in der Kriegsproduktion ab, den die Nazis – entgegen ihrer Auffassung über die Rolle der Frau und ihrer Parole: »Die Frau gehört an den Kochtopf« – ziemlich wider Willen in die Wege geleitet hatten. Aus einem in Himmlers Korrespondenz gefundenen Bericht des SS-Gruppenführers Gottlob Berger vom 2. April 1942 geht hervor, daß Rednerinnen der NS-Frauenschaft, die in dieser Zeit in Berliner Betrieben sprechen sollten, ausgepfiffen worden und gar nicht zum Reden gekommen seien (Reichsführer! Briefe, S. 113). Die faschistische »Reichsfrauenführerin« Gertrud Scholtz-Klink war übrigens seit 1940 mit dem SS-Obergruppenführer August Heißmeyer verheiratet.
6 Die französische Ausgabe erschien unter dem Titel »Nu parmi les loups« im Pariser Verlag Editeurs français réunis.
7 Siehe E. Haberland, Der Pelerinenmann, Berlin 1981.
8 So mutige deutsche Kommunisten wie Emil Carlebach, der Hunderten von jüdischen Kindern das Leben retten konnte, oder Robert Siewert, dem es gelang, ein Maurerlehrlingskommando aus polnischen Kindern aufzubauen, haben sich in Buchenwald außerordentlich verdient gemacht. Sie konnten diese Kinder nur deswegen vor dem Tod und vor der Demoralisierung durch verkommene »Grüne« schützen, weil sie selbst ständig von der illegalen Organisation im Lager unterstützt wurden.
9 E. Haberland, S. 140.
10 Ebenda.
11 Siehe die Aussage von Karl Reimann, BA 31–115.
12 Siehe unter anderem die Aussagen von Max Schneider, Albert Rödiger, Felix Amann und August Tylla, BA 81–2–153, 152, 156a und 151.
13 Buchenwald. Mahnung und Verpflichtung, Berlin 1960, Bildt., Abb. 39; ebenda, Berlin 1983, Abb. 48, 49, 50.
14 SS-Obergruppenführer Dr. Ernst Kaltenbrunner, Chef des RSHA nach der Hinrichtung Heydrichs durch tschechoslowakische Patrioten in Prag. Kaltenbrunner und Heydrich waren die wichtigsten Gehilfen Himmlers.
15 Reichsleiter Martin Bormann, nächst Hitler der höchste Führer der Nazipartei.
16 IMG, Bd. 5, Nürnberg 1948, S. 228f.
17 Siehe P. Durand, Las armes de l'espoir. Les Français à Buchenwald et à Dora, Paris 1977.
18 IMG, Bd. 6, Nürnberg 1948, S. 347f. Ein Fernschreiben aus Oranienburg-Sachsenhausen vom 17. April 1944, unterzeichnet von SS-Standartenführer Dr. Lolling, einem der Leiter des SS-Sanitätswesens, an den SS-Standortarzt Weimar-Buchen-

wald enthält die Forderung, die »dort vorhandenen 142 Stück Tätowierungen ... durch Kurier baldmöglichst nach hier zu bringen«. Der Erledigungsvermerk hält fest, daß die Tätowierungen »am Abend des 19. 4. 44 durch Kurier der Kommandantur nach dort gebracht« wurden (Buchenwald. Mahnung und Verpflichtung, Berlin 1983, Bildt., Abb. 48). Hervorzuheben sind die hohe Anzahl der betreffenden »Stücke« und die Tatsache, daß die Sendung lange nach dem Ausscheiden Kochs als Lagerkommandant abging.

Sechstes Kapitel

1 Siehe Buchenwald. Mahnung und Verpflichtung, Berlin 1983, S. 710ff.
2 Siehe H. Kühnrich, Der KZ-Staat, Berlin 1980, S. 127.
3 Siehe Buchenwald. Mahnung und Verpflichtung, S. 708.
4 Siehe ebenda.
5 Siehe SS im Einsatz. Eine Dokumentation über die Verbrechen der SS, Berlin 1964, S. 229ff.
6 Siehe H. Kühnrich, S. 131.
7 Siehe ebenda, S. 135f.
8 Zit. nach: Ebenda, S. 124.
9 Siehe das Schreiben des SS-Gruppenführers Wolff im Auftrag Himmlers vom 13. September 1939. In: Reichsführer! Briefe von und an Himmler, hrsg. von H. Heiber, Stuttgart 1968, S. 65.
10 Siehe das Schreiben vom 15. September 1939. In: Ebenda, S. 51f.
11 E. Kogon, Der SS-Staat, München 1946, S. 237.
12 Siehe Reichsführer! Briefe, S. 67.
13 E. Kogon, S. 239. (In dem Falkenhaus wurden zeitweilig der ehemalige französische Ministerpräsident Léon Blum, die italienische Prinzessin Mafalda und andere ausländische Persönlichkeiten inhaftiert.)
14 Siehe Der Wolf ist tot! In: Die Glocke vom Ettersberg, Frankfurt a. M., H. 9/1960, S. 6. Als Autor ist der ehemalige Buchenwald-Häftling Nr. 2991 angegeben, ohne Namensnennung.
15 Siehe H. Kühnrich, S. 133.
16 Siehe ebenda, S. 182: das Faksimile eines Schreibens des Standortarztes der Waffen-SS Weimar an die Amtsgruppe D – Konzentrationslager – des SS-WVHA über die Ablieferung von 491,720 g Gold an den Verwaltungsführer des KZ Buchenwald allein im Monat Januar 1944. Der ehemalige SS-Hauptscharführer Helbig, vom März 1943 bis zum Mai 1944 Leiter des Krematoriums in Buchenwald, hat bei seiner Vernehmung nach dem Krieg erklärt, daß toten Häftlingen die Goldzähne gezogen wurden und daß er selbst das Gold regelmäßig dem Lagerarzt gegen Quittung ablieferte (siehe Glowna Komisja, Fotokopie 60 b, Dok. 104). Er vergaß hinzuzufügen, daß er selbst, der Lagerarzt und ihre Dienstvorgesetzten einen Teil dieses Goldes für sich behielten.
17 Siehe E. Kogon, S. 240f.
18 Siehe die Aussage von Emil Carlebach. In: Buchenwald. Mahnung und Verpflichtung, S. 451.

19 Siehe ebenda, S. 96.
20 Carl Gärtig, geboren 1902, 1933–1934 KZ Lichtenburg, 1934–1938 Zuchthaus Kassel, 1938–1945 KZ Buchenwald.
21 BA 566–7.
22 Siehe E. Kogon, S. 242. Der Autor präzisiert, daß die von Schmidt in ganz Deutschland getätigten Einkäufe einen Wert bis zu 120000 RM monatlich erreichten – wohlgemerkt: Häftlingsgelder!
23 Pohl hatte sich für die Einrichtung seines Gutes etwa 1 Million RM verschafft. Eine beachtliche Summe! Siehe Todeslager Sachsenhausen. Ein Dokumentarbericht vom Sachsenhausen-Prozeß, Berlin 1948, S. 51; siehe auch Arnold Weiss-Rüthel, Nacht und Nebel. Ein Sachsenhausen-Buch, Berlin–Potsdam 1949, S. 123, 127, 150, 171f.
24 Siehe E. Kogon, S. 238, 243.
25 Siehe die »Anklageverfügung« gegen Karl Koch u. a. vom 17. August 1944, Aktenzeichen »SS- und Polizeigericht z. b. V. beim Hauptamt SS-Gericht – St. L. I 51/44 geh.«, BA 84–0–1; Nr. 07; siehe auch Revue vom 23. August 1952; siehe auch E. Kogon, S. 248ff.

Siebentes Kapitel

1 H. Himmler, Geheimreden, Frankfurt a. M. – Berlin (West) – Wien 1974, S. 74.
2 Reichsführer! Briefe von und an Himmler, hrsg. von H. Heiber, Stuttgart 1968, S. 80. Das Schreiben ist vom 29. Mai 1940. Am 16. Januar 1944 läßt Himmler den Sturmbannführer Dr. Schäfer mit der »Wiederzüchtung des winterfesten Mongolenpferdes« beauftragen (ebenda, S. 250).
3 Schreiben vom 2. Juli 1941. In: Ebenda, S. 90.
4 E. Kogon, Der SS-Staat, München 1946, S. 249.
5 Buchenwald, Mahnung und Verpflichtung, Berlin 1983, S. 369. Zum Lebenslauf Morgens und zu seiner Sonderkommission in Buchenwald siehe seine Zeugenaussagen beim Prozeß gegen die Hauptkriegsverbrecher vor dem Internationalen Militärgerichtshof in Nürnberg, Sitzungen vom 7. und 8. August 1946. In: IMG, Bd. XX, Nürnberg 1948, S. 531ff.; siehe auch J. Mader, Himmlers »Sonderkommission«. In: Die Glocke vom Ettersberg, Frankfurt a. M., H. 3/1980, S. 3; siehe auch Gerechtigkeit im K. L. Buchenwald? In: Ebenda, H. 4/1959, S. 1f. Trotz der Proteste der ehemaligen Häftlinge hat Morgen nach dem Krieg in der BRD, in Frankfurt (Main), als Rechtsanwalt praktiziert, ohne für seine Tätigkeit im Dienst der Nazis behelligt worden zu sein. Bernhard Wehner, Mitglied der Nazipartei und der SA seit 1931, wurde 1935 leitender Mitarbeiter der Kriminalpolizei in Berlin, danach kam er als SS-Sturmführer in das RSHA. Im September 1939 wurde er Leiter der »Sonderkommission der SIPO-SD (Sicherheitspolizei-Sicherheitsdienst) im besetzten Polen«. 1942, nach der Hinrichtung Reinhard Heydrichs in Prag, wirkt er bei den grausamen Unterdrückungsmaßnahmen gegen die tschechischen Patrioten mit. 1943 ist er Mitglied der Sonderkommission zur Untersuchung bestimmter Schiebungen in den KZ. Nach 1945 arbeitet er zunächst bei dem Hamburger Nachrichtenmagazin »Der Spiegel«. Von 1951 bis zur Pensionierung ist er Kriminalpoli-

zeidirektor in Düsseldorf. Er war auch Chefredakteur der in Wiesloch bei Heidelberg herausgegebenen Monatszeitschrift »Kriminalistik, Zeitschrift für die gesamte kriminalistische Wissenschaft und Praxis«. (Siehe Le Patriote résistant, Paris, Dezember 1980.)

6 IMG, Bd. XX, S. 531 ff.

7 Ebenda.

8 Jean Collinet wird von William D. Denson, dem amerikanischen Ankläger im Dachauer Prozeß gegen die Henker von Buchenwald, erwähnt: »Als Jean nach Buchenwald kam, war er ein kräftiger und hübscher blonder Junge. Deshalb war er vielen Lagerinsassen im Gedächtnis geblieben. Sein Verhängnis war, daß er auffiel, denn abgesehen von seiner äußeren Erscheinung hatte er ein weiteres auffälliges Merkmal – einen voll aufgetakelten Schoner eintätowiert auf seiner Brust. Jean war noch nicht lange im Lager, als Ilses scharfe Augen ihn aufspürten. Eines Tages arbeitete er draußen, nur mit einer Hose bekleidet, und der Schoner wurde in seiner ganzen Pracht sichtbar. Ein anderer Gefangener, Karl Ackermann, beobachtete, wie Ilse sich Jeans Nummer sorgfältig notierte.
Jean wurde nie wieder gesehen. Dafür aber sein Schoner: Dr. Kurt Sitte entdeckte die Haut mit dem Schoner, als sie im pathologischen Labor des Lagers zum Trocknen aufgehängt worden war. Und nicht viel später sah auch Herbert Froboeß, der die Fußböden im Hause des Kommandanten bohnern mußte, den Schoner. Er zierte jetzt eine Buchhülle in Ilses Zimmer. Auch ein Lampenschirm, eine Briefmappe und ein Paar Handschuhe, alle aus Menschenhaut, wurden in Ilses Zimmer gefunden. Der Fuß der Lampe hatte außerdem die Form eines menschlichen Knochens.« (W. D. Denson, Ich war Ankläger gegen Ilse Koch. In: Frankfurter Rundschau, 8. Oktober 1948.)

9 Die »Anklageverfügung« enthält nichts über verschiedene Dinge, die von mehreren glaubwürdigen Zeugen genannt wurden, wie das Haus am Edersee, das sich die Kochs von unterschlagenen Geldern bauen ließen, und den Brillanten im Wert von 8000 RM, den der Kommandant für seine Frau gekauft hatte.

10 Siehe P. Durand, Les armes de l'expoir. Les Français à Buchenwald et à Dora, Paris 1977.

11 E. Kogon, S. 155.

12 BA 84 0–1–07.

13 Siehe BA 84 0–1–09.

14 Franc-Tireur, Paris, 18. November 1948. Rousset hatte Einblick in den Bericht über Buchenwald, den Eugen Kogon für die Aufklärergruppe des USA-Leutnants Albert G. Rosenberg anfertigte. Dieses »Intelligence Team« ließ sich am 16. April 1945 in dem Lager nieder, das sich am 11. April selbst befreit hatte, um hier die Funktionsweise der hitlerfaschistischen KZ zu studieren. Buchenwald war in der Tat das erste große Lager, das die Alliierten im Westen befreit kennenlernten, und das Wissen um die Mechanismen des KZ-Systems war für sie von erstrangiger Bedeutung. Die Aufklärergruppe des Leutnants Rosenberg stellte eine umfangreiche Dokumentation zusammen und übergab sie der Abteilung für psychologische Kriegführung beim Hauptquartier der alliierten Expeditionsstreitkräfte in Paris (SHAEF Psychological Warfare Division; sowie dem Stab der amerikanischen 12. Armeegruppe in Bad Nauheim zusammen mit Kogons Bericht. Dieser Bericht

umfaßte 400 Schreibmaschinenseiten; er wurde in den vier Wochen nach der Befreiung auf der Basis von Aussagen zahlreicher mit den Geheimnissen von Buchenwald besonders gut vertrauter Häftlinge abgefaßt. Ein Teil dieser Aussagen wird im Archiv des Lagers aufbewahrt.

15 Karl Koch war 1944 vom SS-Polizeigericht wegen Korruption zum Tode verurteilt worden. Martin Sommer, 1958 zu lebenslänglicher Haft verurteilt, erhielt 1971 durch das bayrische Justizministerium Haftverschonung. Der Erbprinz Josias zu Waldeck-Pyrmont mußte sich zusammen mit seinen Mitangeklagten vor dem US-amerikanischen Militärgericht in Dachau für die Verbrechen in Buchenwald verantworten. Er erhielt am 14. August 1947 eine lebenslängliche Freiheitsstrafe. Diese Strafe wurde 1948 auf 20 Jahre und am 18. September 1949 auf fünf Jahre reduziert. Im Dezember 1950 beschloß das US-amerikanische Hauptquartier in Europa, ihn »aus Gesundheitsgründen« vorzeitig freizulassen. Er zog sich auf sein Gut Schaumburg bei Kassel zurück, wo er im Dezember 1967 im Alter von 71 Jahren verstarb (siehe Munzinger-Archiv, Lieferung 8/68 vom 24. Februar 1968). Florstedt wurde Kochs Nachfolger im KZ Lublin. In einem Schreiben Himmlers an Martin Bormann vom 10. Februar 1944 hieß es: »Der schuldige Kommandant, SS-Sturmbannführer Florstedt, ist bereits seit 2 Monaten in Haft.« (Reichsführer! Briefe, S. 251.) Die Abrechnung ging also weiter. Hackmann, Kochs ehemaliger Adjutant, der diesen nach Lublin begleitet hatte, wurde zum Tode verurteilt, aber Himmler gab ihm die Chance der »Bewährung«. Nach dem Krieg befand er sich auf freiem Fuß und guter Dinge in der BRD. Dort wurde er schließlich im Majdanek-Prozeß, der sich vom November 1975 bis zum Sommer 1981 hinschleppte, für seine Verbrechen zu nur 10 Jahren Freiheitsstrafe verurteilt. Erinnern wir uns, daß in Majdanek mindestens 400000 Menschen umgekommen sind, und zwar größtenteils in den Gaskammern. Darunter befanden sich viele Juden aus dem Warschauer Ghetto. Am 3. November 1943, während Hackmanns Kommandantenzeit in Majdanek, brachten die SS-Leute allein an diesem einen Tag bei einem Massaker, das sie zynisch »Erntefest« nannten, 18000 Häftlinge mit Maschinengewehren um. Die Überlebenden wurden am 24. Juli 1944 evakuiert und sollten nach Auschwitz kommen. Dort trafen jedoch nur wenige von ihnen ein. (Siehe La Déportation, Paris o. J.)

Achtes Kapitel

1 Frankfurter Rundschau, 8. Oktober 1948.

2 Siehe Revue vom 23. August 1952.

3 Siehe ebenda; siehe auch verschiedene Beiträge der BRD-Presse aus derselben Zeit, die mit diesen Angaben übereinstimmen.

Anhang 1

1 Siehe das Urteil des Schwurgerichts beim Landgericht Augsburg gegen Koch, Ilse, Ks 22/50, vom 15. 1. 1951, Abschnitt E. I., Das Verfahren vor dem SS- und Polizei-

gericht. In: Justiz und NS-Verbrechen, Bd. 8, Amsterdam 1972, S. 56f.

2 Siehe ebenda, Abschnitt E. II., Der Dachauer Buchenwald-Prozeß. In: Justiz und NS-Verbrechen, Bd. 8, S. 57ff.

3 Justiz und NS-Verbrechen, Bd. 8, S. 54.

4 BA 81–2–85.

5 BA 81–2–180 bis 182.

Anhang 3

1 Zit. nach: Der Prozeß gegen die Hauptkriegsverbrecher vor dem Internationalen Militärgerichtshof in Nürnberg (im folgenden: IMG), Bd. 29, Nürnberg 1948, S. 206. Siehe H. Himmler, Wesen und Aufgabe der SS und Polizei. In: Nationalpolitischer Lehrgang der Wehrmacht vom 15. bis 23. Januar 1937, Berlin 1937.

2 Erst am 20. Juli 1934, nach der »Nacht der langen Messer«, wurde die SS offiziell aus dem Unterstellungsverhältnis unter den Stabschef der SA gelöst, obwohl dieses Verhältnis bereits zu Lebzeiten des am 1. Juli 1934 ermordeten SA-Stabschefs Röhm nur noch theoretisch bestand. Die Stärke der SS wuchs damals von 100000 auf 200000 Mann, während die SA von 3 Millionen auf 1,2 Millionen nunmehr unbewaffnete Mitglieder reduziert wurde. Die SS hatte seinerzeit drei Hauptformationen: die Allgemeine SS, die Verfügungstruppe (der Nazi-Parteiführung, praktisch eine Eingreiftruppe) und die SS-Wachverbände. Aus der Allgemeinen SS gingen dann die SS-Totenkopfverbände für die Bewachung der KZ, aus der Verfügungstruppe mit Kriegsbeginn die Waffen-SS hervor. Entgegen den Behauptungen besonders der Organisationen ehemaliger Angehöriger der Waffen-SS, die in der BRD offiziell zugelassen sind und mehr oder minder illegale »Zweigstellen« in verschiedenen anderen Ländern einschließlich Frankreichs besitzen, war die Waffen-SS nach ihrem Aufbau, ihrer Unterstellung, ihrer Ideologie und ihrer Praxis eine echte SS-Organisation. Ihr oberster Chef war Himmler als Reichsführer-SS. Auch die Waffen-SS gehört damit zu den verbrecherischen Organisationen im Sinne der alliierten Beschlüsse und der Urteile des Internationalen Militärgerichtshofs in Nürnberg. (Siehe SS im Einsatz, Berlin 1964, S. 15ff.; siehe auch H. Höhne, Der Orden unter dem Totenkopf. Die Geschichte der SS, Gütersloh 1967; siehe auch J. Ackermann, Vor 50 Jahren begann die eigentliche Geschichte der SS. In: Süddeutsche Zeitung, München, 23. Januar 1979.)

3 Zit. nach: IMG, Bd. 31, Nürnberg 1948, S. 42f. Siehe Organisationsbuch der NSDAP, München 1943.

4 Zit. nach: IMG, Bd. 30, Nürnberg 1948, S. 134. Siehe Die SS. Aufgabe und Organisation der Schutzstaffeln der NSDAP, Berlin 1939.

5 Zit. nach: IMG, Bd. 31, S. 181f. Siehe SS. Der Soldatenfreund. Taschenjahrbuch für die Wehrmacht mit Kalendarium für 1943, Ausgabe D: Waffen-SS, Hannover 1942.

Personenregister

Abkürzungsverzeichnis

AG	Aktiengesellschaft
Art.	Artillerie
BA	Buchenwaldarchiv der Nationalen Mahn- und Gedenkstätte Buchenwald
BRD	Bundesrepublik Deutschland
BVer	Krimineller Häftling in befristeter Vorbeugungshaft (grünes Dreieck auf der Häftlingskleidung, daher auch als »Grüne« bezeichnet)
DAW	Deutsche Ausrüstungswerke GmbH
DDR	Deutsche Demokratische Republik
DEST	Deutsche Erd- und Steinwerke GmbH
DM	Deutsche Mark
e. V.	eingetragener Verein
Flak	Fliegerabwehrkanone
FNDIRP	Nationale Vereinigung der Deportierten, Internierten, Widerstandskämpfer und Patrioten (Frankreich)
Gestapo	Geheime Staatspolizei
GmbH	Gesellschaft mit beschränkter Haftung
GPU	Staatliche politische Kontrolle. Diese Bezeichnung galt nur bis 1922. 1941 hieß diese Institution Hauptverwaltung für Staatssicherheit (GUGB)
IG	Interessengemeinschaft
ILK	Internationales Lagerkomitee
IMO	Internationale Militärorganisation
IPA	Illegales Parteiaktiv
IVDJ	Internationale Vereinigung Demokratischer Juristen
KG	Kommanditgesellschaft
KL	Konzentrationslager
KZ	Konzentrationslager
MG	Maschinengewehr
Napola	Nationalpolitische Lehranstalt
Nazi	Nationalsozialist; Mitglied der NSDAP
NSDAP	Nationalsozialistische Deutsche Arbeiterpartei
Oflag	Offizierslager
OKH	Oberkommando des Heeres
OKW	Oberkommando der Wehrmacht
RA	Rechtsanwalt
RM	Reichsmark
RSHA	Reichssicherheitshauptamt
SA	Sturmabteilung
SD	Sicherheitsdienst
SHAEF	Abteilung für psychologische Kriegführung beim Hauptquartier der Alliierten Expeditionsstreitkräfte in Paris
Sipo	Sicherheitspolizei
SS	Schutzstaffel
Stalag	Stammlager
UdSSR	Union der Sozialistischen Sowjetrepubliken
UFA	Universum-Film AG
USA	Vereinigte Staaten von Amerika

VDA	Volksbund für das Deutschtum im Ausland
VOMI	Volksdeutsche Mittelstelle
VR	Volksrepublik
WVHA	Wirtschaftsverwaltungshauptamt der SS

Inhaltsverzeichnis